希腊简史

[美] 彼得·帕利 ◎ 著　蒋洁 ◎ 译

天津出版传媒集团

天津人民出版社

图书在版编目（CIP）数据

希腊简史 /（美）彼得·帕利著；蒋洁译 . -- 天津：
天津人民出版社，2022.8

ISBN 978-7-201-18307-7

Ⅰ.①希… Ⅱ.①彼… ②蒋… Ⅲ.①希腊—历史
Ⅳ.① K545

中国版本图书馆 CIP 数据核字 (2022) 第 070300 号

希腊简史
XILA JIANSHI

出　　版	天津人民出版社
出 版 人	刘　庆
地　　址	天津市和平区西康路 35 号康岳大厦
邮政编码	300051
邮购电话	（022）23332469
电子邮箱	reader@tjrmcbs.com

责任编辑	李　羚
装帧设计	冯英翠

制版印刷	固安县保利达印务有限公司
经　　销	新华书店
开　　本	710 毫米 ×960 毫米　1/16
印　　张	20.5
字　　数	220 千字
版次印次	2022 年 8 月第 1 版　2022 年 8 月第 1 次印刷
定　　价	49.80 元

公元前146年，罗马将军穆米乌斯在科林斯大获全胜，曾经辉煌自由的希腊各城邦纷纷臣服于罗马的权威之下，被改编为亚该亚名下的行省。

然而，罗马军队虽征服了希腊，但希腊文化却征服了罗马。由于地理位置原因，古希腊在知识积累上具有非常大的优势——被群岛环绕，也意味着古希腊被诸多古文明围绕在了中心。群岛文明使古希腊具备了良好的工商业基础，蓬勃发展的手工业，极度发达的进、出口贸易，成熟的货币体系，无不彰显着古希腊资源的充足和经济实力的雄厚。而在积累的同时，古希腊人也成了知识的收集者，无论是埃及、波斯，还是美索不达米亚，它们几千年来的积累和发展，促进了古希腊文明的茁壮成长。

这是一个富有想象力的民族，因此，古希腊在哲学、政治、文学、雕塑、绘画和建筑艺术等方面取得了重大进展，并通过罗马，对当今世界文明产生了深厚且深远的影响。可以说，古希腊是整个欧洲文明重要的发源地，很多西方文明都是建立在灿烂辉煌的古希腊文明之上的。

历史，可以让我们充分了解文明产生时的原委，让我们了解当时的环境，它不仅仅是一个记录国家兴衰的工具，而是让我们通过阅读，站在古希腊的土地上，更好地融入到那属于古希腊人的、光彩炫目的时代。

希腊的历史是复杂的，特洛伊战争由什么而起？为什么希腊人如此执着于神谕？雅典和斯巴达明明是对立的，为什么又一致对外？本书将希腊史时期划分为五个阶段，以希腊神话故事为切入口，佐以当时希腊著名哲学家、诗人等人的诗歌，以及大量的插图，力图以详尽、有趣味的方式讲述古希腊人的历史。

在第一阶段中，著名的特洛伊城池是靠木马计谋才被攻克的；战神阿瑞斯会用神器武装他所青睐之人，并赋予他们神力；伊菲托斯去德尔斐的阿波罗神庙中请示神谕，神谕回复表示赞同他举行奥林匹克运动会的想法……尽管希腊神话故事中真假参半，并且经过了诗人和大众天马行空的描述，事实已经难寻踪迹，但我们必须承认，在种种混沌、神秘的人物形象中隐藏着崇高的真理——希腊神话中的神是最接近人类的，他们也和人类一样，会被嫉妒、怨恨所驱使，屈服于心中的邪念。

而拨开神话的面纱，离开了第一阶段带有神话气质的历史，作者彼得·帕利在第二阶段至第五阶段中，从希波战争爆发，到斯巴达占领雅典，再到罗马征服希腊，则选择了较为全面、更为客观的方式，用较大篇幅进行了叙述。

希腊是保留民族文化传统最多的国家之一，各种考古、艺术或民俗博物馆遍布全国，其对世界历史的影响力，通过亚历山大大帝和罗马帝国传播至东方世界和西方世界，研究古希腊历史，可以让我们更好地了解古希腊乃至欧洲的文化。

这是一本比较系统的希腊简史，文中的时间，我们尊重作者与原书保留了一致。由于该书成书时间较早，历史研究有一定的局限性，时间上与现代的说法可能不同，因此，对于此种情况，我们在正文中添加了说明。除此之外，为帮助读者理解本书内容，译者在翻译过程中，对于与现代说法不同的事物名词、地理位置等添加了注释，若无特别说明，本书所出现的注释均为译者注。作者彼得·帕利，原名萨缪尔·格利斯沃德·古德里奇，美国作家，爱好旅行，知识渊博。其作品通俗易懂，风趣幽默，被翻译成多国语言远销海外。

这或许不是一本讲述希腊文明成就以及对后世的影响的书，但看了这本书，对于了解希腊文明会有非常大的帮助。可以把它当作一本历史读物，也可以把它看作一本有关希腊历史的故事合集，希望这本书能以一个愉快、有趣味的方式，将希腊历史相关知识带给读者。

译者序

本书英文版原著作者为美国作家S.G.古德里奇，后改名为彼得·帕利（Peter Parley），著有《彼得·帕利讲历史》系列书籍。

谈及希腊，读者脑海中也许会浮现奥林匹斯山之巅的天王宙斯，浩瀚无垠的大海上手持三叉戟呼风唤雨的海神波塞冬，或是辉煌壮丽的雅典城，英勇无畏的斯巴达勇士，教授哲学真理的苏格拉底（Socrates）、柏拉图（Plato）、亚里士多德（Aristotle），抑或那一片充满浪漫气息的爱琴海。在这片海被赋予浪漫的色彩之前孕育了灿烂的欧洲文明，希腊历史也大抵滥觞于此。

对于中国神话，我们并不陌生，"盘古开天辟地""女娲补天""后羿射日"等，可以说，一部中国神话史就是一部华夏民族的早期形成史。同样的，当我们想要更加了解其他国家的历史时，可以先从其神话故事中了解此民族的特征，再从重要的历史事件及著名人物事迹中深入习得该国历史。本书便是以此为主线，首先讲述了希腊的神话故事和人物，继而叙述希腊民族文明发展的各个阶段的重大事件和人物。

正如培根所言，"读史使人明智"，望读者在探究希腊历史过程中有自己的一分感悟。鉴于本书出版于1850年前后，彼时希腊神话与罗马神话中的人物事件多混为一谈，叫人难以区分，原著作者也将希腊神话人物名称与罗马神话人物相混淆。自成书距今100多年，期间众多学者对希腊历史加以研究考证、整理编排，尤其是德国著名诗人古斯塔夫·施瓦布（Gustav Schwab）在《希腊神话故事》一书中将希腊与罗马神话人物做出了较为清晰的区分，也获得了众多学者的认可，故译者在翻译过程中多参考施瓦布老先生的作品，将原文混淆的人物加以更正，望读者知悉。另外，译者本人水平有限，疏漏在所难免，尚祈广大读者不吝赐教，批评指正。

目录

Contents

希腊简史

人类早期历史概览

我们即将翻开人类历史最富趣味、最具启发性的篇章之一——希腊史。本书将带领读者回溯遥远的过去，了解希腊民族如何从原始野蛮的状态发展到现代文明。

希腊民族头脑活跃，具有丰富的人文精神和人格优势。同时，他们所处的地域得天独厚，非常适合发展天性。他们在蔚蓝的天空下，在绝美的风景中探寻着自己的命运。正是因为这些特点，希腊史成了最为后人喜爱的人类史之一。

在讲述希腊史之前，我们有必要简单了解一下故事开始时世界的背景。一些位于地中海东端附近的亚细亚和非洲的民族，似乎最早建立起政权，并开始发展艺术、文学和科学。

通常各民族早期的历史扑朔迷离、真假难分，但我们仍能确定的是：在公元前2000年前，埃及与亚述（Assyria）发展迅速，甚至成立了正式政权，建造了城镇，并包含许多文明元素。

作为推动人类发展进步的重要工具和人类思想解放的钥匙，古埃及的象形文字是世界上最早的文字之一，同时科学也在那里诞生并得以发展。埃及亦是众多艺术的发源地，这些艺术后来传入希腊，历经一次次的优化，最终流传到我们这一代。

巴比伦（Babylon）和亚述的创建者——迦勒底人最早开始关注天体，正因如此，他们在天文方面的研究一直领先于早期其他民族。

公元前1900年，迦勒底牧羊人亚伯拉罕带领以色列人（即希伯来人）崛起，他的后人在埃及居住了一段时间，但后来摩西带领他们离开了埃及，迁徙至迦南（今巴勒斯坦）定居。

公元前2000年左右，腓尼基人（Phoenician）占领了地中海东岸与巴勒斯坦（Palestine）相邻的沿海地区，贸易活动得到空前发展，一度领先当时其他地区。后来腓尼基商人被称为"Prince"[1]，他们所展现的航海精神超越了所有同时代人。

上述民族在人类历史早期阶段就引人注目。其中有些民族人口众多、发展迅速，而彼时的欧罗巴（今欧洲）仍是一片蛮荒之地，欧洲的首批原住居民便是来自上述某些地区，欧洲后来的迅速发展很大程度上得益于借鉴而来的知识与文明。

---

[1] 意思是"第一公民、首席"，该词到后来才有了"国君、王子"等含义。

希腊现况

地中海东岸是美索不达米亚文明（即两河文明）的起源地，沿岸地区人口稠密，人们很容易经水路抵达希腊，故希腊可能是欧洲最早的人类定居地之一，欧洲史大抵滥觞于此。

希腊位于地中海北部，由一个向南伸入大海的半岛组成，全岛长约300英里[1]，但现今[2]的希腊领土大概只占古希腊版图的三分之二。

当今希腊领土面积约为15000平方英里[3]，为马萨诸塞州[4]面积的两倍，今希腊人口有90万，是纽约市人口的两倍多。

希腊的海岸线非常曲折，港湾众多，也因此吸引着各个时代的希腊人参加海上探险活动。

希腊西北侧临爱奥尼亚海（Ionian），1800—1807年爱奥尼亚群岛组成爱奥尼亚共和国（又称七岛共和国），1814年起爱奥尼亚共和国由英国统治（1864年归属希腊）。这七座岛屿名称如下：

---

[1]　1英里≈1.609千米。

[2]　该书成书于1850年前后，下文中出现的"如今""至今""现代"等类似表达均以此时间为基准。

[3]　1平方英里≈2.59平方千米。

[4]　美国的一个州，面积2.1万平方千米。

今称	古称	今首都
科孚岛	科西拉岛	科孚
帕克索岛	帕克索斯岛	加戈
圣毛拉岛	鲁卡迪亚	圣毛拉
泰拉基岛	伊萨卡岛	瓦西
凯法利尼亚岛	凯法利尼亚岛	阿尔戈斯托利
赞特岛	扎金索斯岛	赞特
塞里戈岛	塞西拉岛	莫松

希腊东临爱琴海（Aegean Sea），南抵克里特岛（Crete），属地中海的一部分。爱琴海岛屿星罗棋布，其中有40座较大岛屿。下表列出了主要岛屿：[1]

今称	古称	今中心[1]
内格罗蓬特岛	埃维厄岛	内格罗蓬特
斯塔拉明岛	利姆诺斯岛	
海德拉岛	海德里亚岛	海德拉
帕罗斯岛	帕罗斯岛	
安提帕罗斯岛	奥莱罗斯岛	
纳克西亚岛	纳克索斯岛	纳克索斯
德洛斯岛	德洛斯岛	德洛斯
圣托里尼岛	锡拉岛	
米洛岛	米洛斯岛	
阿尔真泰拉岛	基摩洛斯岛	
萨拉米斯岛	萨拉米斯岛	
锡拉岛	锡罗斯岛	
安德罗斯岛	安德罗斯岛	
蒂恩岛	蒂恩岛	

[1] 这里的中心并不是首都，因为这些岛屿都没有发展成国家，只是一个岛屿。今中心表格中空着的，代表没有中心。

希腊南部坐落着史上著名的克里特岛（今干地亚），该岛是地中海最大的岛屿。亚细亚沿岸还有塞浦路斯岛（Cyprus）、罗德岛（Rhodes）、科斯岛（Cos）、萨摩斯岛（Samos）、希俄斯岛（Chios）等。

今称	古称	今中心
忒涅多斯岛	忒涅多斯岛	
米蒂利尼岛	莱斯博斯岛	
希俄斯岛	塞欧岛	
萨摩斯岛	萨摩斯岛	
帕特摩斯岛	帕尔摩岛	
罗德岛	罗德岛	
干地亚岛	克里特岛	干地亚
塞浦路斯岛	塞浦路斯岛	塞浦路斯

此表格中除干地亚岛外，其他岛屿均属亚细亚，但它们的历史与希腊密不可分。

希腊与弗吉尼亚（美国东部一州）处于同一纬度，气候相近，但气温稍高。希腊地区山脉众多，其中一些山的山顶常年积雪。希腊土地肥沃，盛产小麦、葡萄、无花果、橘子等。

希腊一直以风景如画和山脉雄伟闻名，古人认为这些地方是神的住所，山谷由山林水泽仙女掌管，其他地方也都有各类神灵各司其职。迷人的海湾，清澈的河流及神圣的气氛，赋予万物无可比拟的魅力，使希腊成为古代诗歌、音乐和艺术的不朽主题。

1809—1811年，英国拜伦勋爵于希腊独立战争前夕访问了希腊，彼时希腊饱受战争和压迫者的摧残，国家所呈现的凄美景象让拜伦悲从中来。后来他在长篇叙事诗《异教徒》（*The Giaour*）中将希腊比喻为方死之人：

在腐烂的手指

拂过曾盛极一时的美景之前；

最后他大声呼喊：

海岸边风景如是——

这里是希腊，可已不是活着的希腊！

1821年，希腊人站起来反抗土耳其统治，历经12年浴血奋战，终于获得独立。1832年希腊王国成立，德国巴伐利亚州的奥托王子（奥托一世）被选为首任国王。雅典是古希腊最负盛名的城市，也是今希腊首都。

或许我们可以期待独立的希腊民族终有一日能恢复希腊昔日的荣耀。

古希腊地理

　　古希腊全盛时期疆土不仅包括当今希腊领土，还包括巴尔干半岛北部地区（包括古马其顿在内），最长达400英里，面积最大时约40000平方英里。

　　希腊半岛的南部今称摩里亚半岛（Morea），古称伯罗奔尼撒半岛（Peloponnesus），面积和马萨诸塞州相近。摩里亚半岛分为如下几个区域：拉科尼亚（Laconia）、阿尔戈利斯（Argolis）、亚该亚（Achaia）、阿卡迪亚（Arcadia）、伊利斯（Elis）和麦西尼（Messené）。

　　希腊半岛中部是现在的利维迪亚（Lividia），古称赫拉斯[1]，其面积约等于美国康涅狄格州（13023平方千米）和罗德岛州（4005平方千米）的面积之和。主要区域包括阿卡纳尼亚（Acarnanian）、埃托利亚（Etolia）、多里斯（Doris）、洛克里斯（Locris）、福基斯（Phocis）、维奥蒂亚（Boeotia）、阿提卡（Attica）和加里斯。主要城市是阿提卡的雅典和维奥蒂亚的底比斯。

　　临亚得里亚海的希腊北部如今被称为阿尔巴尼亚州[2]，古称伊庇鲁斯（Epirus）。原色萨利地区如今仍被称为色萨利（Thessaly）。希腊北部主要城市为拉里萨（Larissa），传说众神之王宙斯的住所奥林匹斯山，以及被无数歌谣誉为世上景观之最的坦佩谷[3]，都在此处。

　　希腊领土的第四部分是一些散布在爱奥尼亚海和爱琴海上的岛屿。后来，半

---

[1]　Hellas，意为"希腊人居住的地方"。

[2]　Albania，1912年阿尔巴尼亚宣布独立。

[3]　被希腊诗人誉为"阿波罗和缪斯喜爱的去处"。

岛北部的马其顿（Macedonia）也并入了希腊版图[1]。

马其顿以东是色雷斯（Thrace），这两个地区现被合称为鲁米利亚（Roumelia）。色雷斯并非一直都属于希腊，公元前6世纪被波斯征服，后来被马其顿的腓力[2]征服，其子亚历山大三世（即亚历山大大帝）继任后继续统治着这片土地。因此许多定居于希腊的人都有色雷斯血统。

尽管希腊疆域最大时也不及纽约州（约141300平方千米），但据说在其鼎盛时期，即公元前450年的伯里克利时代，该地区人口超300万。与世界上其他地区相比，希腊的山脉、河流、山谷和岛屿确实不是那么宏伟壮丽，但这些山河湖海与古希腊的圣贤联系在一起后，被赋予了永恒的魅力。

除了这些让贤人雅士心旷神怡的自然景观外，希腊的一些古老的艺术遗迹，如雅典的忒修斯神庙遗址、雅典娜神庙遗址、摩里亚的阿波罗神庙遗址，以及许多散布在全国各地的遗迹，将创作者的极高天赋彰显无遗。意大利的藏馆之中收藏了一些举世闻名的古希腊雕塑。希腊的文学著作虽仅有部分得以保存，但它们仍是人类历史上的一笔宝贵财富。

---

[1] 1991年北马其顿宣布独立。后改名为"北马其顿共和国"。

[2] Philip，腓力二世，前382—前336年。

希腊

简史

第二编
希腊史时期划分

本书计划将希腊历史按重大历史节点划分为五个阶段，依次是：

第一阶段——从远古时期开始至公元前884年[1]奥林匹克运动会设立。

此阶段将概述希腊传统史和其间著名诗人及作品。

第二阶段——从公元前884年奥林匹克运动会设立至公元前493年希波战争爆发。

此阶段希腊的民族性格已趋于稳定，因此将详述该时期希腊主要政治家，还将从外貌、着装、职业、礼节、风俗、军事以及建筑等方面进行叙述。随后会概述该时期著名诗人、圣贤和哲学家。

第三阶段——从公元前493年希波战争爆发[2]至公元前404年斯巴达占领雅典。

此阶段将主要讲述希波战争之后希腊地区的政局，以及斯巴达和雅典的恩怨纷争，在此基础上还将叙述该时期著名的戏剧家、诗人、史学家、哲学家、诡辩家和艺术家。

第四阶段——从公元前404年斯巴达占领雅典至公元前146年罗马征服希腊。

此阶段主要围绕斯巴达战胜雅典后，整个希腊地区的发展历史展开，在此基础上还将介绍此时期的戏剧家、诗人、史学家、哲学家、诡辩家和艺术家。

第五阶段——从公元前146年罗马征服希腊至今。

---

[1] 伊菲图斯是古代奥运会的创始人。公元前884年，他与斯巴达和皮沙城邦订立神圣休战协定。古代第一次奥运会就是在这样的条件下得以在公元前776年在奥林匹亚举行。

[2] 希波战争：现希波战争普遍被认为发生在公元前499年至前449年，以爱奥尼亚起义为序幕。

第一阶段
希腊诗歌与传统史——
从远古时期至奥林匹克运动会设立

第1章　泰坦族

希腊历史始于公元前1800多年以前。公元前875年斯巴达的莱克格斯[1]制定法令规章之前的希腊史主要通过口耳相传的方式以传统和诗歌流传下来，严格来说，算不上真正意义上的历史。

然而，无论是否有虚构成分，这段漫长的历史都值得我们研究。因为希腊人似乎对此深信不疑，诗人笔下无数次歌颂着那些故事和英雄人物。这些故事和英雄人物甚至还成为希腊人宗教信仰的一部分。

根据希腊诗人的说法，希腊原住民是被称为佩拉斯吉人（Pelasgians）的蛮族，他们生活在山洞中，以坚果和树根为食，以野兽皮为衣服，与狮子和熊争夺森林的统治权。

据说，一位名叫乌拉诺斯（Uranus）的埃及王子到达希腊后与大地女神盖亚[2]结合生下12位泰坦巨神（Titans），后来泰坦族反抗并推翻了他的统治。乌拉诺斯之子克洛诺斯（Cronos）继位后担心发生在父亲身上的事会在自己身上重演，便狠心决定处死他所有刚出生的孩子。

---

[1]　Lycurgus，又译"吕库古"。

[2]　Gaea，即罗马神话中的特拉（Terra）。

在第六个孩子宙斯（Zeus）刚出生时，瑞亚（Rhea）将孩子藏到了克里特岛以躲避他父亲的暴行。后来宙斯从克里特岛回到奥林匹斯山，推翻了父亲克洛诺斯的统治。泰坦族甚是嫉妒这位新王，企图背叛他，但泰坦族最终战败并被逐出了希腊。

宙斯与波塞冬（Poseidon）和哈迪斯（Hades）两位兄长三分天下。波塞冬分得了海洋的统治权，哈迪斯统治冥界，宙斯则以非凡的智慧统治着天空，他还将宫殿设在色萨利的奥林匹斯山上。此山海拔7000英尺[1]，是希腊最高峰。

虽然这些神话故事中的人物事迹很可能来源于现实，但经由诗人和大众天马行空的描述，泰坦族和诸王故事的真相已经难寻踪迹。克洛诺斯、宙斯、波塞冬和哈迪斯都被神化，奥林匹斯山的山顶被认为是众神的寓所，凡人各事务皆由诸神掌管。

后来哲学的兴起让希腊人的思想方式逐渐转为理性。但在哲学诞生前的数个世纪，希腊人一直崇拜着克洛诺斯被神化的子女们和其他神话人物，罗马人亦是如此。

第2章　希伦人、伊纳科斯、刻克洛普斯、卡德摩斯和达那俄斯

很久以前，一群来自亚细亚的希伦人（Hellenes）移居到希腊，与当地原住民佩拉斯吉人时而斗争，时而融合。随着时间的推移，希腊地区的人都被称为希伦人（即古希腊人）。后来，他们分裂成多个种族，主要包括多里安人（Dorians），伊奥利亚人（Aeolians）和爱奥尼亚人（Ionians）。各种族使用的方言也渐渐有所不同。

各族群说的方言分别被称为多里安语、伊奥利亚语和爱奥尼亚语。还有一种方言是阿提卡地区居民所说的阿提卡语，它是由爱奥尼亚语发展而来的。

---

[1]　1英尺=0.3048米。

☉ 伊纳科斯建立阿尔戈斯城

据说一位腓尼基冒险家伊纳科斯（Inachus）于公元前1856年到达希腊，当时他是同乡队伍的队长。腓尼基是小亚细亚地中海沿岸的一个小国，是当时为数不多的几个国家之一（彼时还有埃及和亚述）。这些国家的文明已经发展到了一定程度，而当时其他地方仍是原始的野蛮部族，就像希腊在乌拉诺斯到来之前也是一片蛮荒之地一样。

据说，海上贸易和写作艺术源于腓尼基。伊纳科斯和他朋友到达希腊后，在伯罗奔尼撒半岛建立阿尔戈斯城（Argos），位于今那不勒斯海湾的一端。

阿尔戈斯城建立300年后，埃及人刻克洛普斯（Cecrops）带领移民抵达阿提卡地区，并建立了后来著名的雅典卫城。它坐落在陡峭的山岗之上。

埃及位于非洲东北部，北部以地中海为界。尼罗河润泽了这片土地，河水的定期泛滥灌溉了两岸的植被，并使土壤非常肥沃。

埃及早期便在艺术和科学领域取得了惊人进步，因此刻克洛普斯得以向阿提卡的原住民传授许多宝贵知识，他也因此被阿提卡人封为国王。

刻克洛普斯选择了雅典娜[1]作为雅典卫城的保护神，后来人们将围绕这座要塞建立的城市称为雅典。

约公元前1493年，腓尼基王子卡德摩斯（Cadmus）在维奥蒂亚建立了底比斯城（又译作忒拜城），据说他将文明的火种带入了希腊，其中包括字母文字[2]，尽管希腊人在几百年后才开始广泛使用文字。

科林斯城（Corinth）位于连接希腊本土和伯罗奔尼撒半岛的地峡当中。科林斯因其至关重要的地理位置——临古时的科林斯湾（今称勒班陀湾）很快便占据了极其重要的商业地位。

据说埃及人勒勒克斯（Lelex）于公元前1520年左右建立了斯巴达（古称拉斯第孟），后来斯巴达成为伯罗奔尼撒半岛拉科尼亚地区的著名首府。

公元前1485年，埃及人达那俄斯（Danaus）在其同胞的陪同下到达阿尔戈斯。那时阿尔戈斯人还处于原始状态，因为据说他们赖以生存的河流干涸了，达那俄斯教他们如何挖井，于是人们为了表达感激之情便推举他为阿尔戈斯王。

第3章　珀罗普斯和赫拉克勒斯

到了公元前1350年左右，小亚细亚中部的弗里吉亚（Phrygia）国王之子珀罗普斯（Pelops）来到了希腊的一座海滨半岛，就是后来的伯罗奔尼撒半岛或珀罗普斯岛。他娶了当地一位国王的女儿，随后继承了王位。在他统治期间，通过家族联姻的方式，他让家族的各分支成员和伯罗奔尼撒其他皇室家族联姻，以此来扩大自己在希腊的影响力。

据诗人荷马所述，在阿尔戈斯地区，曾担任特洛伊之战中希腊联军统帅的迈锡尼国王阿伽门农（Agamemnon）和开启那场战事的斯巴达国王墨涅拉俄斯

[1]　后拉丁人改称其为密涅瓦。
[2]　即腓尼基字母，是腓尼基人在楔形文字基础上将原来的几十个简单的象形文字字母化形成。

（Menelaus），都是这位弗里吉亚冒险家珀罗普斯的后裔。

底比斯王子赫拉克勒斯[1]也是珀罗普斯的后裔。赫拉克勒斯神勇无比，力大无穷，功绩无数，从而赢得了同时代人的钦佩。后来在众多诗人笔下，他被夸张地描述为拥有神力之人，甚至还被当作神灵为众生敬仰。

根据古代诗人的说法，赫拉克勒斯是主神宙斯之子，母亲是迈锡尼国王厄勒克特律翁（Electryone）之女阿尔克墨涅（Alcmene）。阿尔克墨涅怀着宙斯的骨肉嫁给了底比斯（Thebes）国王安菲特律翁（Amphitryon），后来便诞下了宙斯之子赫拉克勒斯，赫拉克勒斯成为安菲特律翁的养子。传闻，赫拉克勒斯年幼时就扼死了天后赫拉派来杀他的两条毒蛇。

赫拉克勒斯长大后取得了很多英勇卓越的成就，他完成了12项"不可能完成的任务"。其中有一次，他用胳膊勒住一头猛狮的脖颈，生生将其勒死，最后还剥下了巨狮的兽皮。

传说赫拉克勒斯还有一项任务是杀死勒纳湖（今称莫里尼湖）的海德拉（Hydra of Lerna）。海德拉是一条七头蛇[2]，出没在阿尔戈利斯的勒纳湖，当地人们十分恐慌。后来赫拉克勒斯勇敢地用棍子击打下了海德拉的几个头。

但毒蛇的脖子上立刻又长出两颗新头，想要杀死这个伤口能迅速恢复的怪物看似不可能了。最后，赫拉克勒斯的一位同伴在他的要求下，每次打掉蛇头后，就用热铁灼烧，不让新蛇头长出来。就这样，赫拉克勒斯才成功地杀死了这条蛇。

现代[3]作家经常提到赫拉克勒斯的另一项成就是清扫了伊利斯国王奥革阿斯（Augeus, King of Elis）的牛棚。这位国王的牛圈有300头牛，30年多年以来从未清理过里面的牛粪。赫拉克勒斯在牛棚的一侧挖了一条沟，将附近的河水引进来，流经牛棚，将里面的牛粪冲刷干净了。

赫拉克勒斯还曾为了夺走加德斯国王革律翁的牛群而远征西班牙。革律翁形同怪物，长着三个身躯和三头六臂，他残暴地统治着西班牙的大部分地区。赫拉

---

[1]　Hercules，又称海格力斯。

[2]　后世学者大多认为是九头蛇。

[3]　本书出版于1850年前后，文中出现的"现代"为作者所处时代，全书类似情况不再进行重复说明。

克勒斯占领了西班牙后，成功地杀死了革律翁，并带走了他的牛群。

据说在这次远征中赫拉克勒斯为了打通地中海和大西洋之间的交通，劈开了西班牙和非洲，开辟了直布罗陀海峡，而在此之前，西班牙和非洲一直是连在一起的。在执行这一任务时他所举起的两座山（海峡两岸各一座），被称为"赫拉克勒斯之柱"，甚至到今天这一称呼仍时常出现。

在国外经历了许多冒险之后，赫拉克勒斯回到伯罗奔尼撒半岛，在那里娶了卡吕冬国王之女得阿涅拉（Dejanira）为妻。他们过了一段幸福的生活，但后来得阿涅拉觉得赫拉克勒斯不再像以前那样爱她，于是送给他一件浸了魔药的外衣，她原以为这魔药可以让丈夫回心转意，但实际上这是一种致命的毒药，她被敌人算计了。

赫拉克勒斯穿上这件浸了毒的衣服后，衣服贴着他的皮肉立即燃烧起来，痛苦不堪的赫拉克勒斯命令手下搭起火葬用的大柴堆，点燃之后他跳入火海之中，被烧成灰烬。据说，他的灵魂乘坐着众神之王宙斯派遣的驷马战车升到了天堂，天后赫拉还将她的女儿赫柏（Hebe，青春女神）许配给他为妻。得阿涅拉意识到自己铸成大错之后，追悔莫及，在绝望中结束了自己的生命。

这就是流传下来的有关赫拉克勒斯的荒诞传说。毫无疑问，赫拉克勒斯不过是一位身强力壮、英勇无畏的希腊王子。被王位争夺者驱逐出迈锡尼后，他一生的大部分时间都辗转在希腊各地，领导着一群追随者，在那个野蛮动荡的时代，他们时而攻打遍布各地的强盗首领和僭主，时而参与掠夺探险。

但我们可以肯定的是，他是一位英雄无畏、孔武有力之人。在那个野蛮时代，比起那些崇高的精神信念，彰显勇气与力量的壮举更能获得人们的青睐。也正是由于这些原因，人们想象着赫拉克勒斯死后进入了天堂，甚至被后世的哲学家视为神灵。

第4章　阿尔戈远征

公元前1268年，色萨利王子伊阿宋和同伴们启航远行至欧克辛斯海（今黑海）东部的科尔基斯国（Colchis）。他们的这段经历被后人称为阿尔戈（Argonauts）英雄远征，阿尔戈是他们那次远征时所乘坐的船。通常古人认为这是有史以来第一艘实现远航的船。

至今人们尚不确定阿尔戈英雄探险的真正目的，史学家们猜测很可能是因为科尔基斯金银矿山丰富，伊阿宋及其同伴[1]都想从那里夺走一些金银财宝。

在诗人口中，故事却是另外一个版本：底比斯国王阿塔玛斯的儿子佛里克索斯（Phryxus）和女儿赫勒（Helle）为逃避继母虐待，被迫离开家乡。他们一起乘赫尔墨斯赠予的带翼金毛公羊凌空逃走，飞向小亚细亚的科尔基斯。在那里，他们的叔叔埃厄忒斯（Aetes）是国王。

但当他们经过连接爱琴海与普罗庞提斯海（马尔马拉海的旧称）中间的海峡时，赫勒开始头晕目眩，从羊背上跌入海中不幸淹死。据说，正因如此，这片海峡后来被称为赫勒斯滂[2]。

❀ 佛里克索斯将有翼的公羊献给宙斯

---

[1]　其中包括赫拉克勒斯和其他几个杰出人物。

[2]　Hellespont，今达达尼尔海峡。

当佛里克索斯到达科尔基斯时，为了感谢神灵的庇护，他将有翼的公羊献给了万神之王宙斯，并将金羊毛放在了同一个神庙中。后来他娶了埃厄忒斯国王之女，但后来被一心想得到金羊毛的埃厄忒斯杀害。

伊阿宋为给亲戚佛里克索斯报仇，远征科尔基斯，其间他完成了数次壮举，缔造了一些关于他的传奇故事。他最后不仅获得了金羊毛，还打动了埃厄忒斯国王的另一个女儿美狄亚，她成了他的妻子，并陪他回到希腊。

阿尔戈远征的英雄中还有与赫拉克勒斯一样赫赫有名的英雄人物忒修斯（Theseus）。忒修斯的父亲是雅典国王埃勾斯（Aegeus），母亲是阿尔戈利斯的特洛曾（Troezene）国王庇透斯（Pittheus）之女埃特拉（Aethra）。

早先埃勾斯没有儿子，担心王位无人继承，于是瞒着妻子在特洛曾秘密地与埃特拉结婚。后来阿提卡爆发了一场叛乱，迫使埃勾斯把埃特拉留在她父亲的宫廷中，他自己则在忒修斯还未出生时就匆忙赶至雅典。出发前，埃勾斯将埃特拉带到特洛曾海边的一处偏僻之地，那里立着一块巨大的岩石，岩石的中心处有一个洞。

他搬起巨石，将一双凉鞋和一把宝剑放在巨石之下，并对埃特拉说："如果神祇保佑我们，并赐给我们一个儿子，那就请你悄悄地把他抚养长大，不要让任何人知道孩子的父亲是谁。若他长大后能够搬动这块石头，你便告诉他身世，并在此取出这些信物，去雅典找我！"

埃特拉果然生了一个儿子，取名忒修斯。忒修斯成年后，他的母亲仍记得埃勾斯的话，便带他到藏有信物的岩石边，让他将父亲放在巨石下的信物拿出来。忒修斯力大无比，轻松地搬开了巨石，于是埃特拉告诉忒修斯关于父亲埃勾斯的事情，并让他带着这两样东西去雅典寻找父亲——雅典国王埃勾斯。

第5章　忒修斯（一）

特洛曾孕育了年轻的王子忒修斯，它位于伯罗奔尼撒半岛与阿提卡之间的海湾西岸。忒修斯拿好信物准备前往雅典，由于陆路前往雅典既曲折又危险，因此亲友们建议他走水路前往阿提卡。但忒修斯有着崇高的精神，他不愿遇到困难就绕道而行，最终毅然决定走陆路前往。

此前，从科林斯地峡[1]前往雅典的陆路到处有拦路的强盗和恶徒，虽然赫拉克勒斯杀死了许多强盗头目，但还是有不少漏网之鱼。当忒修斯沿着塞隆尼克湾海岸行进时，遇到了不少拦路大盗，但都被他成功地一一击败。

据说忒修斯此间还歼灭了一个残忍的盗贼普罗克汝斯忒斯（Procrustes）。这个强盗有一张特殊的床，他把劫来的俘虏置于床上，为使其适合于床的大小，要么用力地将俘虏的四肢拉长，直至对方断气；要么砍断四肢，残忍至极。忒修斯成功地抓住这个高大的强盗，决定以其人之道还治其人之身。他也将盗匪绑在那张床上，砍断了他的身体，直到他痛苦地死去。

经历无数艰难险阻之后，忒修斯终于安全抵达了雅典。埃勾斯根据忒修斯带来的信物认出了自己的儿子，不久便向雅典人宣布忒修斯就是未来的王位继承人。

忒修斯此前的战斗功绩让他颇受雅典人爱戴。在他到达雅典后不久，他的另一举动又令其名声大噪。由于雅典之前败给了克里特国王米诺斯（Minos），所以每年必须向米诺斯国王进贡七对少男少女。

那些少男少女被送到克里特岛后很可能沦为了奴隶，但在那个无知迷信的时代，人们普遍认为他们被扔进了工匠代达罗斯（Daedalus）建造的一座迷宫中，然后被牛头人身怪物弥诺陶洛斯（Minotaur）吞入腹中。

轮到每年一度挑选少男少女时，忒修斯观察到那些被抽中的孩子们眼中充满恐惧。他对这些不幸的孩子表示深切同情，于是决心废除残忍的进贡做法。为此，在人们集合起来抽签时，他毅然站出来，宣布自己愿意去，用不着抽签。随后他与其他人一道被送到克里特岛。

---

[1] 连接维奥蒂亚和伯罗奔尼撒半岛的狭窄地峡。

◎ 米诺斯面前的忒修斯和雅典少男少女

　　这位充满青春活力的美男子深得克里特国王美丽动人的女儿阿里阿德涅（Ariadne）的青睐，她偷偷地向忒修斯吐露了爱慕之意，并交给他一只线团，让他把线团的一端拴在迷宫的入口。忒修斯被扔进迷宫后，将线团另一端紧紧地握在手中。他与弥诺陶洛斯进行了殊死决斗，最终成功地杀死了这只怪物。随后，他带着其他少男少女跟着线团走出了迷宫。

　　克里特国王米诺斯听说了忒修斯的英勇事迹，甚是欣赏，于是将女儿阿里阿德涅许配给了他，并不再要求雅典人进贡。忒修斯回到雅典后备受雅典人的尊敬和爱戴。

　　雅典人为纪念他的这一爱国行为还设立了几个年度祭祀节。他前往克里特岛时乘坐的船也被精心保存了几百年，人们不时对该船进行修复。后来学者们讨论，这艘船经过频繁的修缮，很多部件都被替换，它是否还是忒修斯曾经乘坐的那艘船值得商榷。

第6章　忒修斯（二）

后来，忒修斯继承了父亲的王位，并凭借明智的举措大大巩固了雅典国力，使雅典得以繁荣发展，人民得以安居乐业。

曾经，雅典的创建者刻克洛普斯将阿提卡划分为12个区，每个区都有独立的地方行政长官和司法法庭。随着各地财富日益积累，人口迅速增长，这些地区之间的联系逐渐变得松散。忒修斯即位期间，这12个区之间的纠纷更是让整个阿提卡地区陷入一片混乱。

但忒修斯对各方都有足够的影响力，他成功征得各方同意，废除了各区管辖权，只在都城雅典设立民事和司法机关。同时，忒修斯也将一部分权力移交给他们。

忒修斯将国人分为贵族、手工业者和农民三类，并规定了各阶级的权利和义务，贵族负责管理公共事务和司法工作。他还宣布每个自由人，不论等级，在公民大会中都享有投票权。他自己只保留了军队指挥权和国家领袖一职。

为了通过共同的宗教信仰来凝聚阿提卡各区域，他设立了一个庄严的节日，每年阿提卡的所有居民要在雅典举行庆祝活动，纪念这座城市的宗教守护神雅典娜。忒修斯将这个节日命名为泛雅典娜节（Panathenaea），即所有雅典人的节日，自此以后，所有阿提卡人民都被称为雅典人。

忒修斯开明的政策促进了阿提卡地区的繁荣昌盛。当地文明得到了极大发展，远超彼时希腊其他城邦国家。古代历史学家修昔底德称，雅典是希腊首个把军装和武器搁置一边，不尚武力的城邦国家，毕竟如今战争仍时常发生。

后来希腊其他城邦国家也或多或少地借鉴了促进阿提卡繁荣发展的政治制度。

第7章　忒修斯（三）

尽管忒修斯在统治初期举措明智、堪称模范，但他后期似乎控制不住自己内心的躁动和冒险的天性，放纵自我，甚至不惜犯罪。最终，他失去了人民的爱戴与尊重，晚年甚至还遭受了无尽的耻辱和痛苦。

根据传统的说法，他和赫拉克勒斯一同完成了几次著名的探险；还和色萨利国王庇里托俄斯（Pirithoüs）一起参与了多场战争和掠夺活动。不同于我们之前描述的明智贤能，他在那个时期行为粗鲁且有严重的道德问题。

当时斯巴达国王廷达瑞俄斯（Tyndarus）有一个漂亮的女儿名为海伦（Helen），根据古代史学家的说法，忒修斯和朋友庇里托俄斯密曾谋偷走这位海伦公主及伊庇鲁斯国的公主珀尔塞福涅（Prosperine）。后来他们成功地带走了海伦，但在他们试图偷走珀尔塞福涅时，不幸落入伊庇鲁斯国王之手。庇里托俄斯被处死，忒修斯被判入狱。

◎ 忒修斯和庇里托俄斯带走海伦

后来海伦公主的两位兄长，即后来被神化为黄道十二宫之一双子星座的卡斯托耳（Castor）和波吕丢刻斯（Pollux），将妹妹海伦救了出来，并重创阿提卡城，以报夺妹之仇。

忒修斯后来在赫拉克勒斯的帮助下获救回到了雅典，但是雅典人对他的行为感到无比愤怒。他因一己私欲抢走海伦公主，导致雅典遭受斯巴达的蹂躏，于是所有雅典人都拒绝接受他继续做雅典国王。忒修斯只好流亡在外，不久便死在了锡罗斯岛。

但雅典人从未忘记忒修斯治国早期给国家带来的利益。在他去世的几百年后，他的遗骸被运回到了雅典。人们厚葬了他，并在坟墓上方建立了一座壮丽的神庙来纪念他。

忒修斯偷走的那位斯巴达公主后来引发了一场著名的战争。她拥有倾国倾城之美貌，世人皆晓，许多希腊王子向她父亲廷达瑞俄斯国王求娶她。但是他的父亲担心最后选出一位女婿会得罪众多求婚者，因此不曾倾向于其中任何一人。

后来国王把所有求婚者聚在一起，让他们发誓接受海伦公主本人做的选择，保护她，不让任何人将她从丈夫身边带走。海伦最终选择了珀罗普斯的孙子墨涅拉俄斯，这位成功的追求者在廷达瑞俄斯去世后继承了斯巴达王位。

第8章　特洛伊战争（一）

这一时期，小亚细亚半岛西端赫勒斯滂海峡东南处有一个王国，其都城是一座防御牢固的大城市，名为特洛伊[1]。特洛伊国王普里阿摩斯（Priam）有一个名为帕里斯（Paris）的儿子。这位年轻的王子帕里斯访问希腊期间在斯巴达国王墨涅拉俄斯的宫中居住了一段时间，国王友好地接待了这位来自亚细亚的客人。

但帕里斯痴迷于墨涅拉俄斯妻子海伦的美貌，趁她丈夫不在时求得美人欢心，并成功唆使海伦跟他私奔到了特洛伊。

根据古诗人的说法，帕里斯并非因其个人魅力赢得海伦的芳心，而是因为爱神阿佛洛狄忒（Aphrodite）帮助了他。之前，在色萨利国王珀琉斯（Peleus）和

---

[1]　Troy，古称伊利昂（Ilium），今土耳其的希萨利克。

海仙女忒提斯的婚礼上，不和女神厄里斯因未收到邀请所以想报复他们，于是她把一个金苹果扔入婚礼现场，上面写着："献给最美丽的人。"赫拉、阿佛洛狄忒和雅典娜都宣称苹果是自己的。最后，由于无法解决争端，宙斯便让帕里斯来决定金苹果的归属。三位女神试图通过许诺和恳求来影响他的判断，赫拉许诺给他一个王国，雅典娜许诺赐予他军事荣耀，阿佛洛狄忒许诺把世界上最美丽的女人赐给他做妻子。帕里斯最后把金苹果判给了阿佛洛狄忒。此后帕里斯便得到了爱神的青睐。

墨涅拉俄斯回到王宫后发现自己如此友好地接待帕里斯，却蒙受了奇耻大辱，无比气愤。他指责并威胁特洛伊人送回他的王后海伦，却遭到拒绝。于是他联系了海伦昔日的追求者们，呼吁他们遵守誓言助他从诱惑者那里救回海伦。

追求者们听从了召唤，整个希腊都对墨涅拉俄斯受如此侮辱感到愤怒，各国军队在维奥蒂亚的海港小镇奥利斯（Aulis）集结，准备穿越爱琴海前往特洛伊海岸。该事件发生在公元前1194年左右。

响应此次号召的著名首领包括：迈锡尼国王阿伽门农、斯巴达国王墨涅拉俄斯、伊萨卡国王奥德修斯（Odysseus）、皮洛斯国王涅斯托尔（Nestor）、色萨利国王之子阿喀琉斯（Achilles）、萨拉米斯国王之子埃阿斯（Ajax）、埃托利亚国王之子狄俄墨得斯（Diomedes）和克里特国王伊多墨纽斯（Idomeneus）。墨涅拉俄斯的兄长阿伽门农被选为希腊联军统帅。

根据一些古代作家的说法，阿伽门农曾在一次狩猎中杀死了狩猎女神阿尔忒弥斯（Artemis）的神鹿，女神怀恨在心，于是在此次希腊联军出征时，她让海上不断地刮起逆风。先知预言，只有把阿伽门农的女儿伊菲革涅亚献祭给女神才能改变风向。这位联军统帅忍痛牺牲了自己的女儿，联军舰队才得以成功地驶出奥利斯港。但早期作家在描述特洛伊战争时并没有提及这一不近人情的行为，人们可能希望这件事不曾发生过。

希腊联军包括约1200艘船只，每艘船配有50到120人，据估计联军总人数达10万之多。特洛伊人虽然有亚述、色雷斯和小亚细亚的帮助，却也无法在旷野中抵御希腊人的攻势，因此很快就退至城内。

第9章　特洛伊战争（二）

　　早期人们并不擅长击破防御工事，希腊联军除了围困特洛伊城，让城内的人们最终因无法忍受饥荒而投降以外，想不出其他办法。但是，新的困难出现了。希腊联军并未料到此次围城会持续如此之久，他们的军队补给也逐渐不足。在掠夺摧毁了周边城邦之后，他们也面临着跟被困者一样的危机——饥饿。

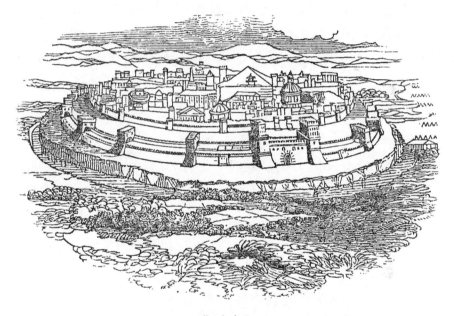

◎ 古城池

　　从外地运来的补给又少又不准时，因此，希腊联军不得不从部队中抽走一部分军力前往色雷斯半岛的切尔索尼索斯平原上耕种作物。

　　希腊联军因此被削弱，此时普里阿摩斯的长子——英勇的赫克托尔（Hector）带领特洛伊军队频繁地实施突击战。其间有无数个人英雄主义故事上演，但交战双方势均力敌，谁也占不到上风，都没有取得决定性的胜利。

　　我们对这场战争的认识主要来自荷马的史诗《伊利亚特》（Iliad），诗中富含天马行空的想象。按照书中的说法，此次战役充分地表现出野蛮与英雄主义、粗俗与质朴的奇特混合。

　　众神对这场战争颇感兴趣，他们的参与大致决定了交战双方的命运。双方的英雄们像近代西方印第安勇士那样咆哮怒吼，他们的野蛮程度可以从以下故事推断：特洛伊第一勇士赫克托尔被希腊第一勇士阿喀琉斯杀死后，尸体被绑在阿喀琉斯的战车后面，一直被拖到希腊阵营之中。

　　经过长达数十年的围攻，交战双方都损失了无数杰出领袖。终于在公元前1184年，特洛伊城被攻陷，城内居民惨遭屠杀，无数房屋湮没在火海之中。

　　按照诗人的说法，著名的特洛伊城池是靠计谋才被攻克的。据说希腊人建造了一个巨大的木马，木马里藏着全副武装的希腊战士。然后，希腊联军撤回到海边，佯装退兵，让特洛伊人误以为对方放弃攻城。

　　特洛伊人上了当，并将这匹巨大的木马带回城中，那些藏在木马中的战士半夜偷偷溜出，打开了城门，希腊军队从而成功进入城中。特洛伊之战是荷马的史诗《伊利亚特》的主题，书中的描述既有一些真实成分，也有部分是虚构的。

　　希腊诸国国王发现他们为打赢特洛伊之战付出了惨痛的代价，在外征战的这段时间，王国变得混乱不堪。根据诗人的说法，奥德修斯在海上漂泊了10年才回到他的岛国伊萨卡。

❋ 木马

其他首领在返乡途中或是丧生或是遭遇海难，有一些好不容易成功回国却发现自己的王位被篡夺，所以又被迫返回船上，远走他乡，寻觅晚年安息之所。

希腊著名将领阿伽门农的命运极为悲惨。他返回阿尔戈斯后，被妻子克吕泰涅斯特拉（Clytemenestra）及其情人埃吉斯托斯（Aegistus）合谋杀害，年仅12岁的阿伽门农之子俄瑞斯忒斯（Orestes）逃往他乡。多年后，俄瑞斯忒斯回到阿尔戈斯，和姐姐一起杀死了自己的母亲和她的情人，成功登上了王位。

第10章　赫拉克勒斯后裔

特洛伊战争结束后的80年中，赫拉克勒斯的后裔[1]几乎征服了整个伯罗奔尼撒半岛，后来希腊人不满他的统治爆发了一次大规模的起义。

上文提及，英雄赫拉克勒斯曾是迈锡尼王室成员，后被另一位更有竞争力的王位候选人流放。这位英雄去世后，他的孩子们前往多里斯寻求庇护，后来多里斯国王十分欣赏赫拉克勒斯的孩子许罗斯（Hyllus），决定让他成为多里斯的王位继承人。

赫拉克勒斯族首领声称伯罗奔尼撒半岛的统治权本应归他们所有，并发起对伯罗奔尼撒半岛的征服战争，但前两次征战都以失败告终，第三次终于成功征服了该地区。

据称，公元前1101年，许罗斯的最杰出的曾孙忒梅诺斯（Temenus）、克瑞斯丰忒斯（Cresphontes）和阿里斯托德穆斯（Aristodemus）三兄弟以多利安人（Dorians）为先锋入侵伯罗奔尼撒半岛，征服了除阿卡迪亚外的大部分地区。阿卡迪亚山谷众多，易守难攻，所以当地居民成功地抵御住了猛烈的进攻。

忒梅诺斯占领了阿尔戈斯，克瑞斯丰忒斯成了美塞尼亚[2]的国王，阿里斯托

---

[1]　自称赫拉克勒斯族（Heraclidae）。

[2]　Messenia，又译麦西尼亚。

德穆斯战死，他的孪生子欧律斯透斯（Eurysthenes）和普罗克勒斯（Procles）一同坐上了斯巴达的王位。科林斯和伊利斯的王位则由赫拉克利德族其他分支的成员夺走。

多利安士兵获得了其他战败国的土地，那里的居民或是被赶出伯罗奔尼撒，或是沦为奴隶。很多被多利安入侵者驱逐的伯罗奔尼撒人横渡爱琴海来到小亚细亚沿岸，并建立起几个殖民地，这一带后来被称为伊奥利亚，因殖民地建立者伊奥洛斯（Aeolos）而得名。

还有一部分人逃往阿提卡寻求庇护，并受到了雅典人的友好接待。雅典的这一举动惹怒了伯罗奔尼撒各国的新任统治者，于是多利安与雅典之间的战争打响了。

公元前1070年，伯罗奔尼撒的一支大军入侵阿提卡，雅典城濒临毁灭。在危急时刻，雅典君主科德鲁斯（Codrus）表现出了强烈的爱国奉献主义精神，他也因此青史留名。

第11章　科德鲁斯——希腊殖民地

希腊中部福基斯地区的德尔斐（Delphi）有一座阿波罗神庙，古希腊人认为，德尔斐是地球的中心，是"地球的肚脐"，他们总会向神庙祭司询问未来之事，就像近来人们习惯向占卜家、预言家等骗子询问类似的问题一样。

雅典君主科德鲁斯了解到伯罗奔尼撒人在德尔斐得到神谕，大意是只要雅典国王不死，多利安人就能获得此次战役的胜利。高尚的科德鲁斯决心牺牲自己来拯救他的国家，于是他伪装成农民只身前往伯罗奔尼撒军队营地，并故意激怒多里安士兵，最终被士兵杀死。

不久，有人认出了雅典国王的尸体，伯罗奔尼撒人回想起神谕中他们取胜的条件，不敢继续战斗，急忙撤军放弃了入侵雅典的计划。

雅典人听说国王科德鲁斯为救母邦不惜牺牲自己，心中的敬畏之情油然而生，他们宣布："有科德鲁斯这样舍身为国的前任国王，世上恐怕只有宙斯才有资格做雅典的下一任国王了。"

据说，雅典人这样说还有部分原因是他们发现科德鲁斯的儿子们在争夺王位。不久，雅典将会陷入内战的旋涡中。

因此雅典人决定彻底废除王权，任命科德鲁斯的长子迈登（Medon）为民主政体的首席执政官，终身任职。而且只要他忠实履行职责，令公民大会满意，他的家族便可沿袭这一职务。

由于大量伯罗奔尼撒难民涌入阿提卡地区，科德鲁斯的另外两个儿子安德鲁克里斯（Androclus）和涅琉斯（Neleus）便带领这些难民与一大批雅典人前往小亚细亚，在伊奥利亚殖民地以南建立新的殖民地。

他们一共建立了12座城市，其中有些城市后来迅速发展成繁华富裕的大都市。这一带被称为爱奥尼亚地区（Ionia），因为雅典人的祖先有爱奥尼亚血统。

多利安人在爱奥尼亚南端的卡里亚（Caria）地区也建立了几个殖民地，从而确定了希腊人在小亚细亚西海岸的定居范围。塞浦路斯岛、罗德岛、色雷斯沿岸、爱琴海的诸岛屿，以及意大利和西西里岛大部分地区，甚至法国和西班牙，都成为希腊冒险家的殖民地，这些冒险家便是各个时期移民出希腊的人。

随着时间的流逝，希腊的种族、语言、宗教、制度和礼仪，不再限于希腊地区，而是延伸到包括欧洲和西亚等更为遥远的地区。

第12章　奥林匹克运动会的设立

在推进殖民进程的同时，希腊本土因内部纷争而四分五裂，分裂的各城邦国家不停地互相侵犯，但是这些战事的起因和具体过程目前尚无确切记录。

科德鲁斯死后的200年内发生的事情至今也未见有史料详细叙述，人们只知道这部分希腊史充满了混乱与动荡。许多希腊城邦国家和殖民地都纷纷效仿雅典，废除了君主制。

其他没有废除君主制的城邦国家后来也推行了民主政治，只有斯巴达长期保留着由孪生兄弟欧律斯透斯和普罗克勒斯早先建立的单一王权政府（也称寡头政治），他们的后裔共同治理斯巴达长达数个世纪，但事实上，希腊在很多方面都体现出民主政体的特征。

希腊地区一直以来都被划分为若干个独立的城邦国家，大部分城邦都废除了王权政府，其中的几个分裂成诸多民主政体。国家的分裂，以及无休止的战争阻碍了不同地区居民之间的自由交流，必然也阻碍了希腊的知识发展和文明进步。

但幸运的是，伊利斯国王伊菲托斯（Iphitus）设立了一个节日，使希腊各城邦的人民无论是否交战都须定期会面，彼此交流有益于人民福祉的信息。

这一节日便是奥林匹克运动会。希腊人常在节日期间或者在名人的葬礼上举行各种展示力量和敏捷性的竞赛。

◎ 奥林匹克运动会

伊菲托斯构想在自己的领土上定期举行一个节日，庆祝那些古老的竞赛习俗，并举行纪念众神之王宙斯和大力神赫拉克勒斯的宗教仪式。他前去德尔斐的阿波罗神庙中请示神谕，神谕回复表示赞同他的这种想法。于是，他设立了这个节日，规定每四年在伊利斯城的奥林匹亚举行奥林匹克运动会。

他邀请希腊所有城邦国家来参加这个节日，为避免战争阻碍各城邦参与，德尔斐神谕规定，每次在庆祝活动前后的一段时间内，各城邦须全面休战。

后来希腊人认为奥林匹克运动会的设立日期——公元前884年是他们计算时

间的新纪元。两场奥林匹克运动会之间的这四年被称为奥林匹克周期，即"奥林匹亚德（Olympiad）"。

随后希腊人设立了另外三个类似的节日，即在科林斯附近举行的地峡运动会、在德尔斐举行的皮西安竞技会（Pythian），以及在阿尔戈利斯举行的内曼运动会（Nemean）。这些活动在两场奥林匹克运动会的中间四年举行。尽管这些竞技会获得了相当大的名气，但都没有伊菲托斯设立的奥林匹克运动会规模宏大、影响深远。

奥林匹克运动会的比赛项目包括赛跑、战车比赛、摔跤和拳击比赛，以及其他展示力量和敏捷性的项目，另外还有诗歌和音乐比赛。胜利者会被冠以橄榄花环。在所有希腊人眼中，被授予橄榄花环是最高荣耀之一。

第13章　奥林匹克运动会项目

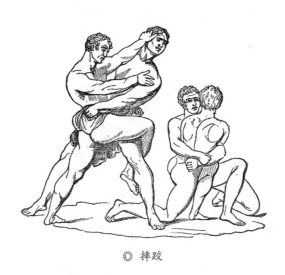

☼ 摔跤

摔跤是古希腊人十分喜爱的项目，是各级学校的必修课。在摔跤比赛中，参赛者通常是赤身裸体地展现出色的技巧和敏捷性。受到观众席人们的鼓舞，参赛者会在比赛中全力以赴，即使是受伤致残，也不会表现出任何痛苦。

☼ 弹跳

运动会的跳远项目要求运动员越过一条横置的长杆。运动员必须练习至少10个月才能参加跳远项目，否则无参赛资格。

☼ 拳击

拳击曾是希腊人颇为喜爱的一项运动，如今的英国人也经常练习拳击。在奥林匹克运动会的所有比赛项目中，参赛人员一律平等。作弊者会受到严厉的处罚。

◎　掷铁饼

古人认为掷铁饼[1]能激发人们的能量。竞技者先在手上沾满沙子或泥土，然后持饼前后摆动，用上一步或上三步法投出。当时铁饼的直径和重量差别很大，无统一规格。由于缺乏保护措施，常发生伤亡事故。

◎　赛跑

赛跑也是奥林匹克运动会的比赛项目之一。如果按照希腊作家的描述，当时竞赛者的速度可能仅超过现代人最快的步行速度。

---

[1]　通常是一种圆形的石头、铁或黄铜。——作者注

赛马和战车比赛是奥林匹克运动会中最引人注目的赛事。公元前648年第33届古奥运会上赛马被列为比赛项目。马匹无鞍、无镫，全凭竞技者的技艺比赛。一些竞技者在比赛中从马上摔下受伤甚至当场死亡。战车比赛尤为壮观，战车约跑10千米，各辆车都涂着不同的颜色，绚丽夺目，威武壮观。战车比赛时全场掌声如雷，经久不息。据说当时人们以为腓力之子亚历山大，即后来那位著名的征服者也想参加这场比赛。当人们提出此事，这位傲慢的年轻人却拒绝了，并表示除非他的对手都是国王，否则他不会参赛的。

✿ 战车比赛

来自四面八方的诗人、音乐家和各个阶级的人们都聚集在一起观看这些竞赛。奥林匹克运动会深深地吸引着观众，不仅因为观看竞赛给人们带来了极大的兴奋感，而且这一比赛还得到了当时他们信仰的神灵许可。

第14章　希腊神话——分类——宙斯

希腊人将主要神灵分为天神、海神、地狱神三类。除此之外，还有许多神或半神。

天神中的男神包括：宙斯、阿波罗、阿瑞斯、赫尔墨斯、狄奥尼索斯和赫菲斯托斯；女神有：赫拉、雅典娜、阿佛洛狄忒、阿尔忒弥斯、德墨忒尔和赫斯提亚。

宙斯[1]是"众神和人类之父"，据说他生在克里特岛，但普遍的说法是宙斯的母亲为躲避丈夫处死其子而将刚出生的宙斯藏到克里特岛。他是时间之神克洛诺斯和瑞亚之子，是诸神中最强大的神，除了"命运"的指令外，其他一切都服从于他的意志。

宙斯是"众神之父"，执掌天界，他的另外两个兄长皆以统治天空的他为尊。古人对宙斯的称呼多种多样，有的源于他的行为，有的源于敬奉他的地名。因他原名为乔维斯（Jovis），加之以帕特（Pater），即"父"，便被古罗马人称作朱庇特"Jupiter"。

宙斯统治初期，泰坦族的后代巨人族开始反抗宙斯，他们向奥林匹克山上抛掷巨石，还堆积一座座的高山企图登上天庭。受到惊吓，众神便逃往埃及。后来在赫拉克勒斯的帮助下，宙斯赢得了这场与巨人族之间的战争。

◎　宙斯

古人习惯于把一切使人性蒙羞的情欲和罪恶都归罪于他们的神。他们还常常把宙斯描述成一个为了达到邪恶目的不惜使用卑鄙手段的神。

---

[1]　对应罗马神朱庇特（Jupiter）。

在希腊诗人的笔下，宙斯是一个庄严的人物。富丽的华盖下，他坐在黄金或象牙的宝座上，一手持雷电，一手持着柏树权杖。他的脚上或是权杖上立着一只展翅的老鹰。他留着飘逸的胡须，通常脚穿金鞋，身披绣花斗篷。克里特岛人（Cretans）描述宙斯没有耳朵，以此来彰显他的公正。

> 他的眼睛，能看见全世界，
>
> 永恒的雷电之王，坐拥黄金宝座。
>
> 他以巍峨的天堂作脚凳，
>
> 整个奥林匹斯山都在他身下颤抖。

第15章　阿波罗、阿瑞斯、赫尔墨斯

阿波罗是宙斯和勒托[1]之子，是狩猎女神阿尔忒弥斯的弟弟。勒托为躲避天后赫拉的迫害逃至提洛岛（Delos），并在该岛诞下了阿波罗。阿波罗是司掌文艺之神，主管光明、太阳、医药、畜牧、音乐等，是人类的保护神、光明之神、预言之神、医神。他负责管理诸文艺女神，并有预见未来的能力。阿波罗神谕在全世界都享有盛誉。

据说，一天，阿波罗之子艾斯库累普（Esculapius）从智慧女神雅典娜那里得到了一小瓶蛇发女妖戈耳工（Gorgons）的神奇血液：从左边的血管取，就是一种致命的毒药；如果从右边的血管取，这血液就可令人起死回生。宙斯对此事十分震怒，因为这威胁到了只有神才拥有的"不朽"。于是他用雷劈死了艾斯库累普。被激怒的阿波罗为了报复，射死了为宙斯锻造雷矢的独目巨人库克罗珀斯（Cyclopes）。宙斯大怒，将阿波罗剥夺神性，驱逐出了天堂。阿波罗在凡间曾为色萨利国王阿德墨托斯（Admetus）牧过羊，他也因此被称为牧羊人之

---

[1]　即罗马神话中的拉托娜（Latona）。

神。他曾吹奏竖琴筑起了特洛伊城坚固的城墙，还曾用弓箭射死了一条巨蟒皮同（Python）。

◎　阿波罗

人们认为阿波罗能够读懂太阳，他也因此被拉丁人称为"索尔（Sol，太阳神）"。他常被描述为一位容貌英俊的少年，头戴月桂花冠，左手持弓箭，右手拿竖琴，头顶还有一束光圈闪耀着。他最著名的神示所[1]是德尔斐的阿波罗神庙；他常在帕纳塞斯山上与缪斯众女神一同生活。

阿瑞斯[2]是司战之神，是宙斯和赫拉之子。他的庙宇在希腊并不多见，却是尚武的罗马人最普遍信奉的神。他的祭司称为撒里（Salii），由罗马国王努玛·庞皮利乌斯（Numa Pompilius）组织，撒里的主要职责是保卫安吉利亚神盾，据说其中一个是从天上掉下来的。

献给战神阿瑞斯的祭品包括：贪婪的狼，警惕的狗和公鸡，还有以尸体为食的乌鸦。有时他被描绘成一个面目凶狠的老人，戴着头盔，手持长矛和盾牌。

[1]　古希腊时期人们可以前往问神，求取关于未来的预言的地方。

[2]　Ares，对应罗马的马尔斯（Mars）。

◎ 阿瑞斯

　　阿瑞斯的战车由两匹狂怒的马牵引着，诗人称它们为"惊慌（Flight）""恐怖（Terror）"。他的姐姐（一说妻子）——战争与毁城女神厄倪俄（Enyo）为他驾驶战车。纷争与不和女神厄里斯穿着破烂的衣服，手持火炬不和谐地走在前面；愤怒和喧闹之神则跟在战车之后。

　　赫尔墨斯（Hermes）是宙斯与泰坦族阿特拉斯之女迈亚（Maia）的儿子。他出生在阿卡迪亚的库勒涅山，幼时便负责季节管理。他是众神的使者，更是宙斯最忠实的信使；他是旅行者和牧羊人的守护神，也负责护送死者的灵魂前往冥界；他还掌管商业和雄辩，是小偷和所有不诚实之人崇拜的保护神。

　　赫尔墨斯是字母的发明者，也是雄辩之神，因此希腊人称他为"Hermes"，希腊语意为"传译或解释"。他最早教人们买卖的艺术品，因拉丁语"Merx"表示"商人"，故赫尔墨斯也被称作"Mercury（墨丘利）"。

　　赫尔墨斯出生的当日就偷了阿波罗在凡间照看的色萨利国王阿德墨托斯的牛群，充分了证明了他的偷窃癖好。随后阿波罗弯下腰时，赫尔墨斯又偷走了阿波罗的箭袋和金箭。后来他还偷走了海神波塞冬的三叉戟、爱神阿佛洛狄忒的腰带、战神阿瑞斯的剑、众神之王宙斯的权杖，以及火神赫菲斯托斯的锻造工具。

◎　赫尔墨斯

　　赫尔墨斯的形象通常是头戴插翅的盔形帽，脚穿插翼凉鞋，手持双盘蛇带翼权杖的年轻男子，轻触这根神杖可以唤醒那些熟睡的人，也可以令那些清醒的人陷入沉睡。

第16章　狄奥尼索斯

　　被希腊人视为酒神的狄奥尼索斯[1]很可能是古代的一位征服者和立法者。他出生于埃及，在阿拉伯半岛的尼萨接受教育。后来他向人们传授了葡萄种植术、葡萄酒酿造术，以及酿造蜂蜜的方法，也因此被埃及人尊奉为神。

　　他征服了印度等许多国家。他最早教授人们商贸知识、航海术及土地耕种方式。他还下令建造城市，制定明智的法律，使许多野蛮民族开化，并教他们崇敬神灵。

---

[1]　Dionysus，对应罗马的巴克斯（Bacchus）。

☼ 狄奥尼索斯

　　在希腊流传着这样一个故事：据说，一天，狄奥尼索斯在纳克索斯岛（Naxos）睡着了，一些海盗发现了他，被他的美貌迷住了，于是把他运到船上，打算把他当奴隶卖掉。酒神醒来后，假装难过地失声痛哭，以此来试探海盗们的人性。但几乎所有海盗都开始嘲笑狄奥尼索斯。结果，突然间，海盗们发现他们的船在海面上无法航行了。

　　倏地，无数葡萄藤从四面八方蔓起，缠绕着船桨、桅杆和船帆。这位年幼的酒神挥舞着长矛，唤来了老虎、黑豹和猞猁。海盗们吓得惊慌失措，慌乱地跳入海中，除了之前怜悯狄奥尼索斯的领航员之外，其他海盗都变成了海豚。

　　酒神曾经受到弗里吉亚国王迈达斯（Midas）的盛情款待，狄奥尼索斯许诺：作为回报，可以实现他的任何愿望。贪财的迈达斯请求让自己碰到的东西都变成黄金，但他很快就后悔了，因为就连他的食物和水，甚至他的女儿也都变成了黄金。后悔莫及的迈达斯在狄奥尼索斯指示下通过河中沐浴才得以解脱，据说后来河里的沙子中也含有金子。

　　祭祀酒神狄奥尼索斯的节日游行带有狂欢的性质。他的女祭司们，头发蓬乱，成群结队地游荡于山间和林中，挥舞着酒神杖与火把，疯狂地舞蹈着，大声吟唱着纪念酒神的赞美诗。在酒神节日期间，人们戴着面具或脸上沾满酒渣在城里跑来跑去。

冷杉、常春藤、无花果和松树都是酒神狄奥尼索斯的祭品。由于山羊总是毁坏葡萄树，所以它们是献给狄奥尼索斯的祭物。酒神有时被描绘成一个美貌的少年，有时又被描绘成一个年事已高的老人，常常头戴用常春藤或者葡萄藤做成的花冠。

他手持缠着树叶和葡萄藤的手杖，坐在战车上，战车有时由老虎和狮子拉着，有时由山猫和黑豹拉着，他的护卫则是一群放荡的森林之神萨提尔（Satyrs）、精灵、宁芙（即仙女）。

第17章　赫菲斯托斯

☼ 赫菲斯托斯

赫菲斯托斯（Hephaestus）是赫拉之子，是古希腊神话中的火神、铁匠之神。他从小在天堂接受教育，因犯错触怒了宙斯，于是被宙斯从奥林匹斯山踢了下去，他坠落了几天几夜，最后摔到了利姆诺斯岛（Lemnos），触地之时双腿都折断了，从此成了瘸子。他在这座岛上定居下来，为自己建造了一座宫殿，修建了几座炼铁用的熔炉。

赫菲斯托斯是诸神的铁匠，技巧高超，制造了许多著名武器。传说宙斯的闪电长矛，哈迪斯的双股叉，波塞冬的三叉戟都是他铸制的。他还在奥林匹斯山上建筑了诸神的宫殿，还有天宫那张可以自动移动的议事桌也都出自他手。

古人认为世界上第一个女人潘多拉就是赫菲斯托斯用黏土制成的。潘多拉被赋予生命时，众神赐予她许多礼物：爱神阿佛洛狄忒赋予她妩媚，众神使者赫尔墨斯传授她语言的天赋，宙斯送给她一个漂亮的盒子，里面装满了祸害、灾难和瘟疫等，让她送给娶她的男人。潘多拉把它带给普罗米修斯，但普罗米修斯不接受这个礼物。后来她嫁给了普罗米修斯的弟弟埃庇米修斯（Epimetheus），普罗米修斯深信宙斯对人类不怀好意，他告诫弟弟不要接受宙斯的赠礼，可弟弟不听劝告，依旧娶了美丽的潘多拉。

当这只盒子被潘多拉当作礼物送给埃庇米修斯后，只在打开的一瞬间，所有的灾难、瘟疫都飞了出来，遍及全世界。人类从此饱受灾难、瘟疫等折磨。而智慧女神雅典娜为了挽救人类命运，悄悄地把"希望"这件美好的东西放在盒子底层。但它还没来得及飞出盒子，惊慌万分的潘多拉就把盒子关上了。有人说，没有希望，人类将无法忍受痛苦和悲伤，所以"希望"才会留在盒中。

后来赫菲斯托斯与父母和好，并重回奥林匹斯山。他的瘸腿和畸形招致众神嘲讽。但后来他娶了美与爱之神阿佛洛狄忒为妻，这让众男神羡慕不已。

据说他的熔炉位于世间所有火山之下，最著名的是西西里岛的埃特纳火山，所以人们认为火山爆发就是火神的铁匠炉生火了。为了纪念赫菲斯托斯，人们在埃特纳山上建立了一座神殿，并交由狗看守，那些狗的嗅觉异常灵敏，能分辨出前来拜神之人的善恶。

赫菲斯托斯的仆人被称为库克罗珀斯，他们都有一只长在额头中间的眼睛，且体型巨大。希腊神话中有一位著名的独眼巨人波吕斐摩斯（Polyphemus），他作为西西里岛所有独眼巨人的国王，是海神波塞冬和海仙女托俄萨之子，以人肉为食。

荷马在《奥德赛》一书中这样描述：经历特洛伊10年鏖战的希腊西部伊萨卡国王奥德修斯在归乡途中登陆了独眼巨人聚居的西西里岛。他和随行的12个希腊人被波吕斐摩斯抓到洞中，独眼巨人每日都会残暴地摔死并吞食其中两人。奥德修斯在悲痛万分之下想到了一个逃走的计划，他骗波吕斐摩斯喝下了浓烈的葡萄酒，趁着他不省人事之时，用燃烧的木柴剜去了他的双眼后，才得以逃走。

通常赫菲斯托斯被描述为一位站在铁砧前，手持锤子和钳子在锻造雷电的男性。他的额头被烟熏得乌黑，长胡须，头发蓬乱，因常年锻造而手臂肌肉发达。通过赫菲斯托斯的神话故事我们可以看出古人对金属加工艺术的高度重视，因为他们认为铁匠是一个非常合适的神职。

荷马是如此描述爱神阿佛洛狄忒拜访赫菲斯托斯的铁匠炉的情景：

> 在那里女神找到了跛脚的工匠，
> 烟气朦胧，他的炉火熊熊燃烧，
> 从一个火堆飞到另一个火堆，他汗流浃背
> 呼哧呼哧地，咆哮的风箱吹了起来。
> 然后跛脚的工匠从他的铁砧上站了起来，
> 他走起路来，一瘸一拐，
> 他关了风箱，按顺序摆放，
> 将工具锁入屉中，用海绵擦拭身体汗渍，
> 他手臂粗壮，体毛浓密；
> 拿起硕大的权杖，穿上红色外衣，
> 蹒跚着走来。啊，他就是火焰之王。

第18章　赫拉、雅典娜

☼　赫拉

　　天后赫拉[1]是宙斯的姐姐，也是他的妻子，是克洛诺斯和瑞亚之女。她出生于萨摩斯岛，在与宙斯结婚之前一直住在此处。赫菲斯托斯、阿瑞斯和赫柏都为她所生。

　　宙斯和赫拉举行了庄严隆重的婚礼。天上众神和地上所有人类都前来见证。一个名为刻罗涅（Chelone）的自然女神拒绝参加，结果被众神使者赫尔墨斯变成了一只乌龟，并惩罚她永远保持沉默。

　　在古诗人的笔下，赫拉的威严形象确实担当得了天后之位。她的容貌结合了我们所能想象到的一切高贵优雅的特点。她的丈夫宙斯四处留情引起赫拉的嫉妒与不满，因此二人所产生的争执让天堂陷入持久的混乱之中。由于她曾对赫拉克勒斯狠下毒手，宙斯用一根金链将她吊在空中，她的儿子赫菲斯托斯前来为母求情，却被愤怒的宙斯从天上踢了下来，摔断了腿。

---

[1]　Hera，罗马神话中为Juno。

☼　伊里丝　　　　　　　　　　☼　伽倪墨得斯

古希腊人普遍崇拜天后赫拉。她最著名的寺庙在阿尔戈斯和奥林匹亚。彩虹女神伊里丝（Iris）是她的侍从和信使。

赫拉通常被描绘成坐在宝座上或孔雀牵引的战车中，是一位美丽优雅的女性。她手持权杖，头戴一顶镶有玫瑰和百合花的钻石皇冠。她的女儿青春与健康之神赫柏立于战车一旁侍奉。

赫柏原是宙斯的斟酒官，但她在一个庄严的节日上为众神斟酒时不慎摔倒，于是被撤了职，伽倪墨得斯（Ganymede）顶替了她的位置。

荷马这样描述赫拉的战车：

> 她一声令下，神马奔驰，
>
> 不朽的黄金马饰闪闪发亮。
>
> 青春之神赫柏一旁等候着。
>
> 战车的车轮旋转，
>
> 闪着明亮的光芒，
>
> 发出锣鼓般的声响，
>
> 八个车辐闪耀着火焰般的光芒；

用黄金装饰，有如天造，

两个黄铜套圈滚动着。

银色的车轮闪闪发光；

飞速移动的黄金宝座；

战马身后是弧形的车体，

弯曲成一个拱形。

银色的横梁，金色的车轭，

黄金缰绳拴住永生的骏马。

☼ 雅典娜

雅典娜是智慧女神，据说是从宙斯的头颅中跳出来的，一出世便是一位体态婀娜、披坚执锐的美丽女神。她立刻被众神接纳，成为宙斯忠实的顾问。雅典娜是众女神中最有成就的一位。

雅典娜发明了纺纱技术，因此她时常表现为手握纺纱杆的形象，长矛则鲜少出现。阿拉克涅（Arachne）是凡间一位染色工的女儿，精通编织和刺绣，她织布时就连林中和喷泉中的仙女们都前来观看。她甚至冒险和雅典娜比试纺织技巧。

虽然这位凡人的作品非常美丽，完美无缺，但和女神的作品相比还是稍有逊色。阿拉克涅绝望地上吊自杀了，后来雅典娜怜悯她，将她变成一只蜘蛛，生活在一张巨大的蜘蛛网内不停地织布。[1]

　　雅典娜的面容通常展现出男性的阳刚之气，而非女性的优雅温柔。她身披金色胸甲，头戴一顶金色头盔，头盔上缠着一顶橄榄花冠，冠顶还插着一根下垂的羽毛。她右手握长矛，左手拿盾牌，盾牌上画着美杜莎的头颅，周围都是毒蛇缠绕。

　　雅典娜有一双天蓝色的眼睛。她的代表性圣物有公鸡、猫头鹰、蛇怪和纺纱杆。她也是古人普遍崇拜的神灵，她最宏伟的庙宇是建在雅典卫城的雅典娜神殿。

　　有一座最纯净的白色大理石建造的帕台农神殿，殿内有用金子和象牙做成的雅典娜女神雕像。雕像高26腕尺[2]，被认为是菲迪亚斯（Phidias，古希腊雕刻家）最杰出的作品之一。这座庙宇的遗迹现如今在雅典仍可见到，每一位游客参观时，都会不由自主地赞叹古人的高超技艺。

　　荷马关于雅典娜战前武装的描写美丽至极，让人过目不忘。

现在，天空的恐惧使她的四肢充满了力量；

朱庇特的胸甲在她丰满的胸脯上闪闪发光：

为这片哀伤的土地披上悲伤的胜利外衣，

她宽阔的肩膀举着那可怕的盾牌；

昏暗，黑色，恐惧！在盾的边缘，

一群唑唑的蛇守护着金色的盾牌。

严酷战争中所有的恐怖都在这里显现。

烈火在这里肆虐，恐惧和惊骇在这里颤抖，

---

[1]　有关阿拉克涅的故事出自罗马故事《变形记》中，与希腊神话无关。

[2]　古时的长度单位，一腕尺相当于一个前臂的长度。

战争在这里爆发，复仇女神在这里眉头紧皱，

蛇发女怪戴上她不祥的死亡之球。

女神扣上她巨大的金色头盔，四道邪恶的阴影笼罩着，

硕大无比的盾牌上描绘了

一百座战场上的一百支军队。

◎ 阿佛洛狄忒

第19章　阿佛洛狄忒和厄洛斯

阿佛洛狄忒是爱与美的女神，也是欢笑、优雅和愉悦的女神。据说她诞生于塞浦路斯岛附近海水的泡沫中。和煦的微风缓缓地把她送到了岸边，随后由宙斯和忒弥斯的女儿——季节女神们抚养。她所到之处脚下鲜花盛开，时序女神为她穿上盛装。

当她被带到天堂时，众神惊讶于她的美丽，争先恐后地要娶她为妻，但是宙斯把她许配给了丑陋、畸形的赫菲斯托斯。阿佛洛狄忒有一条著名的腰带，希腊

人称为"zone"，拉丁人称为"cestus"。这条腰带可以让其佩戴者散发出迷人、高雅的风姿。

在色萨利国王珀琉斯与海仙女忒提斯的婚礼上，纷争与不和女神因为没有受邀参与这次活动而寻衅报复。她在婚礼上丢下了一个金苹果，上面写着："送给最美丽的女神"。参加婚礼的天后赫拉、智慧女神雅典娜和爱与美之神阿佛洛狄忒均以最美者自居，争持不下。

◎ 阿多尼斯

◎ 厄洛斯

最后，由于无法解决纷争，她们一致同意让帕里斯裁决。这位年轻的牧师在伊达山（Mount Ida）上放牧。三位女神试图通过许诺和哀求来影响帕里斯的判断。赫拉许诺给他一个王国，雅典娜许诺赐予他军事荣耀，阿佛洛狄忒许诺把世界上最美丽的女人赐给他做妻子。

帕里斯最后把金苹果判给了阿佛洛狄忒。按照阿佛洛狄忒的约定，帕里斯后来得到了斯巴达国王墨涅拉俄斯的妻子海伦，海伦有着绝世美貌。正如我们之前所说，这一事件正是著名的特洛伊战争的导火索。

阿多尼斯（Adonis）是塞浦路斯国王卡尼拉斯（Cyniras）与自己的女儿密拉（Myrrha）的私生子。密拉因相貌绝美而受到爱与美之神阿佛洛狄忒的诅咒，随后，她爱上了自己的父亲。密拉趁夜与父亲幽会，当他父亲得知自己的情人竟是自己的女儿时，愤怒让他想杀死密拉。但密拉已怀有身孕，她发疯一样逃走了，被神化为一棵没药树（myrrh），阿多尼斯便是在树中孕育的。阿多尼斯一出世就俊美动人。阿佛洛狄忒对他一见钟情，把他暂时交给冥后珀耳塞福涅（Persephone）抚养，阿多尼斯长大后冥后也爱上了他，舍不得让他离开。两位女神互不相让，遂请求主神宙斯裁决。后来阿多尼斯在林间被野猪杀死，阿佛洛狄忒为他的死悲恸哀嚎，并把他流下的鲜血变成了银莲花。阿佛洛狄忒听到阿多尼斯垂死的声音飞奔过去救他时，一根刺扎进了她的脚，鲜血滴落在玫瑰上，把原来的白色玫瑰染成了红色。然后她向宙斯祈祷，希望阿多尼斯每年都能再生活六个月，后来她的祈祷应验了。

玫瑰、香桃木、苹果、鸽子、天鹅和麻雀都是爱神阿佛洛狄忒的圣物。有时她被描述成乘着一群鸽子牵引的象牙战车穿梭于天空，身着镶钻紫色披风，腰系着飘带。

她的鸽子群被一根明亮的金链子拴着，和小爱神厄洛斯[1]一起在战车前方扇动着翅膀。美惠三女神阿格莱亚（Aglaia）、塔利亚（Thalia）和欧佛洛绪涅（Euphrosyne）是她的侍从。

有时阿佛洛狄忒会乘着贝壳在海洋中穿行，头戴玫瑰王冠，小爱神厄洛斯、海仙女涅瑞伊得斯和海豚在她周围嬉戏。她显得非常美丽、高贵，带着柔和与欢愉的神色。

爱神阿佛洛狄忒的神庙众多，其中最著名的神庙位于帕福斯（Paphos）、塞西拉（Cythera）、伊达利亚（Idalia）和尼多斯（Cnidus）。阿佛洛狄忒在罗马神话中被称为维纳斯，她最有名的雕像被后人称为"美迪奇的维纳斯（Venus de Medicis）"，所有参观佛罗伦萨学院美术馆的人都怀着崇敬之情瞻仰她的雕像。还有一尊爱神的著名雕像是公元前2世纪创作的大理石作品，称《米洛斯的维纳斯》（又称《米洛斯的阿佛洛狄忒》《断臂的维纳斯》），于1820年在爱琴海米

---

[1] Eros，罗马神话中称丘比特（Cupid）。

洛斯岛的山洞中发现，现藏于法国卢浮宫博物馆。

阿佛洛狄忒最常居住在塞浦路斯岛，她的主要信奉者在该岛的帕福斯城。

> 她向着塞浦路斯海岸优雅地走去，
>
> 前往帕福斯和茂盛的小树林；
>
> 人们建起百座圣坛崇拜爱神的力量，
>
> 信徒们的香火飘升至芳香的天际。

在晚期希腊神话中，爱神阿佛洛狄忒和战神阿瑞斯私通从而生下了小爱神厄洛斯。厄洛斯的形象是一个手持弓箭、光着小脚丫、长有一对小翅膀的淘气小男孩，有时他的眼睛会被蒙住，也有人说厄洛斯是盲人，寓意是我们往往对所爱之人的错误视而不见。厄洛斯的翅膀展现了他的反复无常和求变的欲望。

第20章 阿尔忒弥斯、德墨忒尔和赫斯提亚

阿尔忒弥斯[1]是古希腊神话中的月亮女神、处女之神和狩猎女神。她是宙斯和勒托之女，也是阿波罗的孪生姐姐。在凡间，她被称为阿尔忒弥斯，受众人崇拜；在天堂，她被称为月神卢娜（Luna）；在塔尔塔罗斯地狱（Tartarus），她被称为赫卡忒（Hecate）。

阿尔忒弥斯不喜欢与男性交往，反对男女婚姻，于是隐居森林。她向父亲宙斯索取了60个海洋中的仙女、20个居于山里水泽的仙女做侍女，其中那60个海洋仙女都是强大的海神欧申纳斯的女儿。这些仙女和阿尔忒弥斯一样，都决心永不结婚。

她手持一张金弓，用宙斯的闪电点燃的火炬照明，带领着仙女们穿越黑暗的

---

[1] 即罗马神话中的戴安娜或露娜（Diana or Luna）。

森林和树木繁茂的山脉，去追逐那些敏捷的雄鹿。据说她的弓弦声会让高耸的山脉颤抖；她狩猎时，森林里总是回荡着受伤的雄鹿痛苦的喘息声。

狩猎结束后，她会赶到弟弟阿波罗的住所德尔斐，把弓箭和箭袋悬挂在他的祭坛上。然后在祭坛上，阿尔忒弥斯带领缪斯女神们和美惠三女神一同合唱，歌颂她的母亲勒托。

喀俄涅（Chione）深受阿波罗喜爱，她却对阿尔忒弥斯傲慢无礼，竟宣称自己比狩猎女神阿尔忒弥斯更美丽。愤怒的阿尔忒弥斯拔出了弓箭，一箭射穿了喀俄涅的舌头，用此残忍手段让对方永远保持沉默。

卡吕冬国王俄纽斯（Ceneus）在给众神献祭时，把自己田地和果园里初熟的果实献给了众神，无意中忘记献给阿尔忒弥斯。于是，她一气之下派遣一头凶残无比的野猪毁坏了俄纽斯的葡萄园。

☀ 阿尔忒弥斯　　　　　　☀ 德墨忒尔

阿尔忒弥斯身材修长，相貌出众，一身女猎人装扮。手里拿着弓，肩上挂着箭袋，脚穿中筒靴，前额上有一弯明亮的银色新月印记。有时，她坐在由母鹿牵引的银制战车上。狩猎女神出现时，寒冷而明亮的月亮散发着银色的光芒，笼罩在山丘和森林之上。

恩底弥翁（Endymion）是一位风度翩翩的青年牧羊人，也是一位天文学家，他常常在高山上过夜，观察月亮和其他天体。于是一个古老的传说应运而生，称月神阿尔忒弥斯[1]每夜会从天而降前来与牧羊人恩底弥翁相会。

以弗所（Ephesus）的阿尔忒弥斯神庙曾是世界公认的七大奇迹之一，但后来一个名叫埃罗斯特拉图斯（Erostratus）的人，为了让自己的名字永世流传，竟然不择手段，纵火烧毁了这座宏伟的庙宇。

德墨忒尔[2]是掌管谷物和丰收的女神，是克洛诺斯和瑞亚之女，也是珀尔塞福涅的母亲。一天，珀尔塞福涅在西西里岛美丽的山谷恩纳采花，冥王哈迪斯被她的美貌所吸引。当珀尔塞福涅伸手去摘水仙花时，大地突然裂开了，冥王哈迪斯坐在四匹黑马拉着的战车狂奔而来，强行带走了她。当德墨忒尔发现女儿失踪后，她在西西里疯狂地四处寻找。为了能在夜晚也不停下搜寻，她用埃特纳火山的火焰点燃了两根火把。

后来她遇到了山林仙女阿瑞图萨（Arethusa），仙女告诉她是哈迪斯带走了她的女儿。听到这个消息，德墨忒尔乘坐一辆由两条龙牵引的战车飞升到天堂，请求宙斯命令哈迪斯将女儿还给她。

宙斯同意了，但前提是珀尔塞福涅在哈迪斯的王国中不曾吃下任何东西。随后德墨忒尔急忙去了冥界，但是不幸的是，珀尔塞福涅已经吃了在伊利西恩（Elysian，即极乐世界）采摘的石榴籽，因此她无法返回人间。

后来宙斯同情德墨忒尔，决定让珀尔塞福涅有每年一半的时间可以在人间与母亲一起生活，另一半的时间则要回到冥府与哈迪斯生活。之前德墨忒尔寻找女儿时，疲惫的她路过了一位名叫鲍波（Baubo）的老妇人门前，向主人讨点水喝。老妇人不仅给了她水，还为她做了一碗大麦汤。女神迫不及待地开始喝汤，站在一旁的鲍波之子斯特利奥（Stellio）却嘲笑了她。于是女神朝这个男孩的脸上洒了些汤水，对方立刻变成了一只蜥蜴。

---

[1]　一说是另一位月亮女神塞勒涅（Selene）。

[2]　Demeter，即罗马神话中的克瑞斯（Ceres）。

德墨忒尔回到人间时，发现因为她的离开，田里的庄稼全部枯萎，尤其是阿提卡，变得贫瘠且荒凉。特里普托勒摩斯（Triptolemus）是阿提卡地区厄琉西斯（Eleusis）国王刻勒俄斯（Celeus）之子。德墨忒尔在寻找女儿期间也受到了刻勒俄斯的热情款待，于是她指导国王之子特里普托勒摩斯学习农艺。

德墨忒尔教这位王子犁地、播种和收割，还教他如何做面包和种植果树。学成之后，女神送给他一辆由飞龙牵引的战车，派他去教靠树根和橡实为生的人类如何耕种。特里普托勒摩斯把从女神那里学到的播种小麦的技术教给了人类。

纪念德墨忒尔最著名的节日在雅典西部的厄琉西斯城举行。正如上文中我们提到的那样，因为这个仪式是秘密进行的，所以它被称为厄琉西斯秘仪（Eleusinian Mysteries），那些参加这一庄严活动的人被称为"入会者（the initiated）"。

新入会的成员必须庄严宣誓保守仪式秘密。信徒们被祭神活动中的一些仪式吓得目瞪口呆，他们并没有意识到那不过是祭司们耍的手段，他们想让信徒们更加敬畏神灵。这些神秘的组织很可能启发了现代人想出共济会这一概念。

德墨忒尔通常被描述成一个身材高挑、面色威严的女性，她飘逸的金发上缠着一个玉米花冠，右手持镰刀，左手拿着一支点燃的火炬。人们为了纪念德墨忒尔创立了许多节日，还建造了许多华丽的神殿。每到春天，农夫们会向她献上祭品，包括葡萄酒、蜂蜜和牛奶。罗马诗人维吉尔（Virgil）曾这样描写这些朴素的仪式：

> 纪念克瑞斯的年度仪式，
>
> 在绿色的草地上，在芳香的树荫下，
>
> 严冬远去，春光明媚时，
>
> 有肥美的羊羔，醇厚的美酒，
>
> 鲜花盛开的大地芬芳四溢，
>
> 高山峻岭，浓荫蔽日。
>
> 所有母鹿在谷神神龛前低下头，
>
> 用奶和醇酒，为她调制甜蜜，

三次把祭品带到橡树果实旁，

呼唤谷物女神，赞美诗在回响。

☼　赫斯提亚

　　灶神和火焰女神赫斯提亚[1]是希腊神话中克洛诺斯和瑞亚的长女。著名的特洛伊王子埃涅阿斯（Aeneas）将赫斯提亚带入了意大利。罗马人和希腊人祭拜灶神仪式有所不同。特洛伊将她的神像放置于神庙中，只要她在，罗马就能够保持风调雨顺。

　　在赫斯提亚的庙宇中燃烧着永远不熄灭的神圣之火，由七位处女祭司轮流照看，以保护火焰不熄，这些女祭司被称为赫斯提亚贞女。若是贞女疏忽致圣火熄灭，她将受到大祭司的严厉惩罚。

　　这些贞女是从6岁到10岁的女童中挑选出来的。她们必须30年不结婚。第一个10年，她们要学习祭司职责，第二个10年她们负责履行职责，最后的10年她们负责教导年轻的新手。若是有人玩忽职守或违背保持童贞的誓言就会被关在地窖里，只留下一盏灯、一点面包、酒、水和油，在里面等死，这无异于活埋。

[1]　Hestia，即罗马神话中的维斯塔（Vesta）。

第21章　海神——波塞冬、特里同、欧申纳斯、涅柔斯

希腊神话中的海神包括波塞冬、特里同（Triton）、欧申纳斯（Oceanus）和涅柔斯（Nerus）。其中，波塞冬是克洛诺斯和瑞亚之子，他从弟弟宙斯那里得到了海洋的统治权，河流、喷泉和所有海域都听命于他，他可以随心所欲地制造地震，只要挥一挥那三叉戟，就能让海底的岛屿浮出水面。

他也是船舶之神，是所有海事之神。他一声令下便可扬起千层浪，吞没航行的船只，也可以轻松地平息汹涌的波涛。

在特洛伊战争中，海神波塞冬坐在萨摩斯岛树木繁茂的山顶上，俯视着人类的战斗。每次当他看到特洛伊方胜利时，对宙斯的怒火就燃烧愈烈。他站起身来，从山顶走下时，众山也随之颤抖。

他三步便能跨越整个地平线，四步就到达了大海深处的宫殿。然后他坐上战车，飞快地在海上奔驰，海水都碰不到他车子的铜轴。鲸鱼和海怪都出来向他致敬。当他经过时，海浪因恐惧而颤抖着，恭恭敬敬地向后退去。

◎ 波塞冬

他想娶海神欧申纳斯和沧海女神泰西斯（Tethys）之女海洋女仙安菲特里忒（Amphitrite）为妻，于是派了一只海豚去说服她，这只海豚成功地为波塞冬赢得

了女神。为了奖励这只海豚，波塞冬将他置于星际之中成为一个星座。古人是这样描述安菲特里忒的：

"几只金蓝色的海豚从海中跃起，掀起高高的浪花，海浪随之产生许多泡沫。接着人鱼特里同斯[1]（Tritons）吹响海螺壳。安菲特里忒坐在由雪白的海马牵引的战车中，在咸咸的海中破浪前进，只见身后的海面留下一道深深的痕迹。激动的海马眼睛泛红，嘴中吐出一团团的白沫。

"女神的战车是一个巨大的贝壳，颜色比象牙还光亮，车轮由黄金制成，在平静的海面上掠过。头戴鲜花、长发飘飘的宁芙仙女成群结队地在战车后的浅滩中游泳。

"女神一手握着金杖指挥海浪，一手抱着她的小儿子帕勒曼（Palemon）。孩子被放在她的膝上。她看似面色温和，但威严的神态压抑着所有躁动不安的暴风雨。特里同斯牵着海马，握着金色缰绳。

"战车上方有一张紫色的大风帆，许多小风神（zephyrs）努力地将风帆吹起。空中的风神埃俄罗斯（Aeolus）忙忙碌碌，他那阴沉、布满皱纹的脸，阴郁严肃的眼神，有威胁力的声音，让空中每一片乌云惊恐地退散开来，凛冽的北风也沉寂了下来。巨鲸和所有深海里的怪物都急忙从幽深的洞穴中出来，以瞻仰女神的风采。"

海神波塞冬被描绘成一个威严冷酷的神，面带愤怒的神色。他头发乌黑，双眼碧蓝，身穿一件亮蓝色披风，笔直地坐在战车上，右手握着三叉戟，有时左手扶着他的王后安菲特里忒。

海神波塞冬是人类普遍崇拜的神。利比亚人（Libyans）认为他是最强大的神。著名的地峡运动会就是希腊人为纪念海神波塞冬而创立的。他是海神普罗透斯（Proteus）和特里同的父亲。

特里同是海神波塞冬和海后安菲特里忒之子，担任父亲的号手。通常特里同被描述为一个人鱼的形象，上半身是人形，下半身则是一条鱼尾巴。他常常吹着

---

[1]　一族或男或女的人鱼生物。

神奇的海螺来控制海水。

他是一个强大的海神，可以随心所欲地在海上掀起风暴，也可以使海面归于平静。

◎ 特里同

船尾之上海绿色的海神出现；

皱着眉头，似乎在吹奏只那弯曲的海螺；

海螺声响起，巨浪围绕着他跳舞。

海神欧申纳斯是希腊神话中一位古老的海神，是乌拉诺斯与盖亚之子。宙斯成为天神后夺取了欧申纳斯的帝国，并把它交给了波塞冬。欧申纳斯娶了沧海女神泰西斯。欧申纳斯生下了3000个孩子，被称为大洋河流之神。

欧申纳斯的形象通常是一位长着飘逸长胡须的老人，坐在海浪之上，手持长矛，还有一只海怪常伴其左右。古人在出航前都会庄严地向大洋神欧申纳斯祈求保佑。

涅柔斯是欧申纳斯之子，后来娶了水仙女多丽丝（Doris）为妻，他们生下了50位海仙女。他居住在爱琴海之中，常被描述成一位蓝发老者。涅柔斯还有预知未来的能力。在有关他的画作中，他常常与女儿们一起出现，海仙女们会围着父亲齐声吟唱颂歌。

第22章　冥神——哈迪斯、普鲁托斯、修普诺斯

这类神灵包括哈迪斯[1]、普鲁托斯和修普诺斯[2]。哈迪斯是古希腊神话中的冥王，统管整个冥界事务，为克洛诺斯和瑞亚所出。

由于哈迪斯所居住的地狱是极度凄凉阴郁之地，没有一位女神愿意嫁给他，他便决心以武力强娶。有一次，他看见珀尔塞福涅和伙伴们在西西里采花，被珀尔塞福涅的美貌所吸引。哈迪斯驾着由四匹黑马牵引的战车向她狂奔而去，不顾美人哭得梨花带雨，将她强行掳回了冥界。

年轻的宁芙仙女赛昂（Cyone）试图阻止冥王奔驰的骏马，但哈迪斯用权杖敲击了一下地面，大地瞬间裂开。战马载着哈迪斯和珀尔塞福涅一起落入了裂谷，去到了冥界。后来珀尔塞福涅成为冥界的王后。

☼ 哈迪斯

献给这位森冷冥王的祭品大多是黑色的物品，尤其是黑公牛。人们宰杀供奉给冥王的动物时会把它们的血液洒在地上，此血会渗到地狱之中供冥王享用。柏

---

[1]　Hardess，即罗马神话中的冥神。

[2]　Hypnos，即罗马神话中的索姆诺斯（Somnus）。

树、黄水仙和白水仙花也是冥王的祭品，因为珀尔塞福涅在被哈迪斯掳走时，正在采着这些花。

哈迪斯的形象常被塑造为坐在硫黄色的王座上，头戴柏树王冠，脚边有一只三头犬刻耳柏洛斯（Cerberus）。冥后珀尔塞福涅则坐在他的左手边。他的手里还握着一把钥匙，意指当凡人死后在被带入他的冥界的那一刻，背后的城门就会被锁上，他们便再也无法复活。

财富之神普鲁托斯是伊阿宋（Jason）和德墨忒尔之子。希腊人将他描述成一个邪恶的盲人，寓意是坏人常享荣华富贵，而好人却多穷困潦倒。他是个瘸子，所以经常姗姗来迟，寓意财富是慢慢获得的。据说他胆小怕事，寓意是人们要小心翼翼地守护着自己的宝藏。他还长着一双翅膀，表示财富总是转瞬即逝。

修普诺斯是古希腊神话中的睡眠之神，是厄瑞玻斯[1]（Erebus）和黑夜女神倪克斯（Nox）之子。他的宫殿是冥界的一处黑暗洞穴，太阳永远都照不进来。宫殿入口处长着大片罂粟花。修普诺斯擅长催眠术，因而英文中的"Hypnosis（意为催眠）"便是源于这位睡神。据说修普诺斯总是睡在一张挂着黑帘的羽毛床上。他的宫殿中有两扇门，梦在这两扇门间穿来穿去。睡梦之神摩尔甫斯（Morpheus）是修普诺斯之子，也是他的首席大臣。

第23章　地神

除了前文提到的神外，还有其他常常居住在大地上的神灵，但其高贵程度不及宙斯、波塞冬、阿波罗、雅典娜、德墨忒尔、赫菲斯托斯、赫拉、阿瑞斯、赫尔墨斯、阿尔忒弥斯、阿佛洛狄忒和赫斯提亚。

上述十二位神灵后被称为"奥林匹斯十二主神"，是古希腊人最崇拜的十二位神祇，雅典人对他们的崇拜最甚，还将这些神灵的画像置于一处名为"凯拉米

---

[1]　Erebus，永久黑暗的化身。

克斯（Ceramicus）"的画廊中精心保存。接下来我们来介绍几位著名的地神。

勒托（Leto）是光之女神，福柏（Phoebe）和泰坦神科俄斯[1]之女。她曾经是位天神，但因其绝世美貌引得众多男神钦慕，尤其是众神之王宙斯。后来赫拉发现勒托与宙斯有私，一向善妒的天后赫拉恼羞成怒，将勒托逐出天堂，并派巨蟒皮同对她赶尽杀绝。

勒托开始四处流浪，东躲西藏。天堂不愿再接纳她，大地女神盖亚也不愿得罪天后赫拉，拒绝给勒托一处栖息之所。巨蟒皮同还一直追赶着，恐吓着她。

后来海神波塞冬很同情这个逃亡者，决定伸出援手。爱琴海中有一座提洛岛，时而浮出水面，时而又沉入水底。波塞冬用他的三叉戟敲击了这个岛屿，它便不再移动了。勒托变身鹌鹑飞到了提洛岛，在岛上先后生下了狩猎女神阿尔忒弥斯和光明之神阿波罗。

但是赫拉并没有停止对勒托的迫害，勒托不得不逃离提洛岛。她四处奔波，最后来到了小亚细亚的利西亚国（Lycia）。在一个烈日炎炎的午后，她步履蹒跚地走在田野中，饥渴难耐，这时她突然看到不远处山谷中的一汪泉水，喜出望外的她全力跑了过去。

勒托女神双膝跪地，俯身喝着凉爽的泉水。几个在田中除草的乡野农夫看到后冲过来驱赶她。勒托恳求他们怜悯她。

> 为何要驱赶我，她说道，
> 这水不是世人皆可畅饮的吗？
> 阳光、空气、纯净凉爽的泉水，
> 皆是自然的恩赐；是我求得的恩赐。
> 我的口干舌燥，需要这一捧水，
> 我已经说不出话来，没有水我将会死去，
> 于我而言水即是珍贵的花蜜。

---

[1]　Coeus，即罗马神话中的科勒斯（Corus）。

但农民们对她的恳求充耳不闻。勒托离开山谷时，请求天神宙斯惩罚那粗野农夫的野蛮行径。宙斯随即将这些人变成了青蛙。

尼俄伯（Niobe）是坦塔罗斯（Tantalus）之女，是底比斯国王安菲翁（Amphion）的妻子。她生下了7个英俊潇洒的儿子和7个花容月貌的女儿，常常以此为傲。但她竟无礼地嘲笑勒托女神，说自己比光明之神阿波罗和狩猎女神阿尔忒弥斯的母亲更有资格受人们崇拜，更有资格享用祭坛上的祭品。

勒托得知此事后怒不可遏，便派自己的孩子们去惩罚骄傲的尼俄伯。阿尔忒弥斯和阿波罗听了母亲的话毫不犹豫地拿起弓箭便出发了。尼俄伯的儿子们被阿波罗用箭一一射死，她的女儿们也全被阿尔忒弥斯杀死。尼俄伯看到她所有的孩子都被杀后，悲痛万分，绝望地走入荒野之中，痛哭了几天几夜。众神怜悯她，就把她变成了一块石头。

勒托女神的信徒主要分布在阿尔戈斯城和提洛岛。虽然她之前面临种种不幸，但看到两个孩子都受众生祭拜，她甚感欣慰。

第24章　厄俄斯

厄俄斯[1]是希腊神话中的黎明女神，是太阳神赫利俄斯[2]和月亮女神塞勒涅的姐姐，也是星空之母。她是泰坦神与大地女神盖亚之女，也有人说是泰坦许珀里翁（Hyperion）和光明女神忒亚（Thea）之女。她嫁给了泰坦之子、群星之神阿斯特赖俄斯（Astraeus）。在诗人笔下厄俄斯常坐在由雪白的马牵引的金色战车里。

厄俄斯女神的额上闪耀着一颗璀璨的星星。她用红润的手指打开东方的大门，掩下黑夜的黑暗面纱，将露水倾洒在花草之上。她徐徐走来，天上的星星便渐渐退去，因为它们知道环绕着她的彩霞预示着太阳的到来。

---

[1] Eos，即罗马神话中的奥罗拉（Aurora）。

[2] Helius，后与阿波罗混为一体。

◎ 厄俄斯

　　厄俄斯还曾是特洛伊王子提托诺斯（Tithonus）的配偶。提托诺斯祈求女神赐给他永生，于是女神厄俄斯前去请求宙斯。

　　宙斯同意了，但是她忘记请求宙斯让提托诺斯永葆活力、青春和美貌，只有这些才是永生令人向往的缘由。随着时间的推移，提托诺斯日渐老去，他厌倦了那样的生活，便乞求厄俄斯让他死去。女神无法满足他的这一请求，但把他变成了一只蟋蟀。

　　古人认为，这种昆虫最是快乐长寿。希腊诗人阿那克里翁（Anacreon）于是说：

> 你啊，是最受祝福的创造，
> 可爱的昆虫，最快乐的昆虫。
> 在树木的绿叶之上，
> 以晨露为饮，
> 愉快地叽叽喳喳叫着，
> 最幸福的国王都会羡慕！
> 不论在天鹅绒领域如何装饰，

不论四季如何轮回，

不论什么蓓蕾满枝，什么花开遍地，

都是为你而发芽，为你而开花。

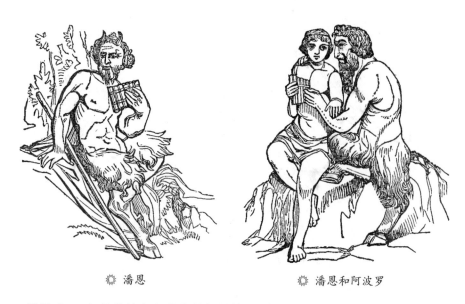

◎ 潘恩　　　　　　　　　　◎ 潘恩和阿波罗

潘恩（Pan）是牧羊人和猎人的保护神，是远近闻名的乡间神灵。他出生于阿卡迪亚地区，是众神的使者赫尔墨斯之子。人们通常认为他的母亲是护树女仙德律俄珀（Dryope）。

他发明了带有七根管子的田园排箫，将其称之为西琳克丝（Syrinx）。西琳克丝是牧神潘恩心仪的一位仙女的名字。西琳克丝为了躲避潘恩的纠缠，请求众神将她变作一束芦苇。古人认为所有荒无人烟之地奇怪的声音都是潘恩发出的，因而无缘由的恐惧被称为"恐慌（panic）"。

潘恩的形象是一个相貌丑陋的半人半兽，头上长着羊耳羊角，蓄有一把长长的胡须，中间是人的身体，下半身长着羊腿羊蹄。他头戴松木冠，左右持棍，右手握着芦苇箫。

他的音乐可以让众神陶醉，仙女们常常喜爱而围着他跳舞。据说他还将这门艺术传授给了光明之神阿波罗。

☀ 克洛里斯　　　　☀ 科摩斯　　　　　　☀ 波摩娜

　　克洛里斯（Chloris）[1]是花卉和花园女神。她的形象是一位年轻貌美的少女，头戴花冠，身披缀满玫瑰花环的长袍，手持着一个象征丰收的丰饶角。

　　科摩斯（Comus）是狂欢和酒宴之神。他司掌娱乐活动，常被描绘成一个醉酒的年轻人，有时手握着火把，有时戴着面具。虽然站得笔直，但他大多数时间都睡着了，除非有什么特别的事发生才会睁开眼睛。在他的节日期间，男人和女人经常交换装扮，寓意饮酒过度会使女人胆大妄为，使男人变得娇气柔弱。

　　波摩娜（Pomona）是果树女神，她被描述成一位健康美丽的少女，头戴果树枝制成的花冠，手握着一根挂满苹果的树枝。

　　埃俄罗斯是风神。他住在伊奥利亚群岛中的一座岛屿，伊奥利亚之名由此而来。他有预知狂风暴雨的能力，也可以随意控制它们。英雄奥德修斯和同伴曾前往伊奥利亚拜访过这位风神。临走时，埃俄罗斯送给奥德修斯一个风袋，可以困住所有的逆风，以便他们在海上顺利航行。

　　奥德修斯的同伴对此风袋颇为好奇，便打开了它。里面的风冲了出来，摧毁了整个舰队，除了奥德修斯所在的那艘船。

---

[1]　即罗马神话中的芙洛拉（Flora）。

◎ 埃俄罗斯

古人认为真实的埃俄罗斯可能是一位技术精湛的天文学家和自然哲学家，还发明了船帆，因而被诗人称为风神。

摩墨斯（Momus）是谴责、讽刺、嘲笑之神，由黑夜女神倪克斯和睡神所生。摩墨斯颇爱嘲笑众神，他还曾嘲笑众神之王宙斯，称其荒淫。最后诸神受够了他的毒舌，将他逐出了奥林匹斯山。

◎ 阿斯特莱

阿斯特莱（Astrea）是正义女神，有人认为她是秩序和正义女神忒弥斯（Themis）之女，有时人们会将她跟天空之神克洛诺斯与大地女神盖亚之女相混淆。阿斯特莱在黄金时代（即克洛诺斯统治的时代）与人类居住在一起，原被派到人间掌管及审判是非善恶，后来她厌倦了凡尘的丑恶，便怅然地回到了天庭。

她被描绘成一个雄伟威严的女神，一手持天平权衡人类善恶，一手握剑惩罚恶人。她还用绷带蒙住眼睛，代表她对所有人一视同仁、不偏不倚。

忒耳弥努斯（Terminus）是守界之神。他的职责是确保邻居之间互不侵犯。他被描述成一个没有手脚的石头，表明他从不离开所驻之地。

涅墨西斯（Nemesis）是希腊神话中的复仇女神，是黑夜女神倪克斯和海洋之神欧申纳斯之女，也有人说是黑夜女神和幽冥神厄瑞玻斯之子。涅墨西斯奖励美德，惩罚邪恶。在希腊的阿提卡地区有一座巨大的复仇女神涅墨西斯的雕像，出自雅典著名雕刻家菲迪亚斯之手。

第25章　原始神

诗人笔下希腊最古老的神祇是卡俄斯（Chaos），它是"一团乱糟糟，没有秩序的物体"，"混沌"之意因此而来。古诗人认为在万物由混沌变得有秩序之前就存在一位万能的神。据说，混沌之神卡俄斯与黑夜女神倪克斯诞生了大地女神盖亚。诗人笔下对原始神祇的模糊描述与希伯来先知摩西（Moses）给出的启示有许多相似之处。

《摩西五经》中写道，"大地虚空，空无一物，只有深渊黑暗笼罩。神灵在水面上飘荡。神说：'要有光。'于是就有了光"。

前文我们提到过希腊人对其最早期神祇的看法，此处不妨深入了解一番那些古老神灵。大地女神盖亚嫁给了天空之神乌拉诺斯，并与他生下了十二泰坦神[1]、三个独眼巨人库克罗珀斯和三个百臂巨人赫卡同克瑞斯（Huckabee and Chris）。克洛诺斯后来帮助母亲推翻了残暴了父亲乌拉诺斯（第一代众神之王）的统治。在其他泰坦的帮助下，最小的克洛诺斯成为天地之王，成为第二代众神之王，后来克洛诺斯娶了他的妹妹大地女神瑞亚[2]。

◎ 克洛诺斯

克洛诺斯统治的时代被诗人们称之为黄金时代。大地女神瑞亚为未开化的人类提供生活所需的各种资源，人类世界没有战争、疾病，生活无忧无虑。正义女神阿斯特莱管理着人类的行为。

但克洛诺斯从泰坦那里得到王座时曾承诺要吞掉自己所有的儿子。妻子瑞亚将最小的儿子偷偷藏到了克里特岛抚养长大，这个孩子就是宙斯。在他同父异母兄弟的帮助下，宙斯为报仇与克洛诺斯开战。

每一个泰坦族人都有50个头和100只手。他们从克洛诺斯那里夺走了他的王国，并限制了他的自由。宙斯和其支持者聚集在奥林匹斯山上，以克洛诺斯为首的泰坦们在对面的俄特律斯山上（Othrys）集结，众神之战即将打响。

---

[1] 六儿六女，其中包括克洛诺斯。

[2] 即罗马神话中的俄普斯（Ops）。

这场战争持续了10年之久，起初宙斯一方还处于劣势。后来宙斯听从建议从牢狱中解救了三位库克罗珀斯[1]和三个赫卡同克瑞斯[2]。这六个巨人加入了宙斯的阵营。他们走来时，奥林匹斯山随之动摇。海面上升，大地呻吟，森林也开始颤抖。

宙斯用手中的权杖发出一道道雷电，一时之间广袤的森林一片火红。见状，独眼巨人和百臂巨人向俄特律斯山上的泰坦神投掷巨大的橡树，还将一座座山堆砌起来，扔向雷电。克罗诺斯一方无处躲闪，最后宙斯大获全胜，并把他的父母从禁锢中解救出来。

克洛诺斯被废黜后逃往了意大利，受到了当地人的尊崇，后来还成为地中海沿岸意大利拉丁姆城（Latium）的国王。他在当地传授了农业和其他实用的技艺。

克洛诺斯被描绘成一个年老体衰、弯腰驼背的老人。他是时间之神，右手握着一把镰刀，左手抓着一个孩子，正欲将其吞掉。他身旁有一条蛇正咬着自己的尾巴，这是时间的象征，也是岁月更替的象征。

克洛诺斯被赶下王位后，最原始的神祇慢慢地被大家遗忘了，他们似乎退隐到了神秘的云雾之中。从此宙斯成为众神之首，天空至高无上的主神。

第26章　宁芙、萨提尔等

古希腊人认为万物皆有灵。漆黑的森林、阴暗的山谷、清凉的小溪等每一处僻景都是半神半人的出没之地，半神半人是神与人的后代，比凡人俊美，比神却稍逊一筹。

森林深处的阴暗之地是树林女仙德律阿得斯（Dryads）的住所；护树宁芙哈

---

[1]　古希腊神话中的独眼巨人。

[2]　古希腊神话中的百臂巨人。

玛德律阿得斯（Hamadryad）栖居在橡树中，与树同生共死；山岳女神俄瑞阿得（Oread）游荡在群山之上，追逐着敏捷的雄鹿；有时年轻的水泽仙女那伊阿得（Naiad）倚靠在她的瓮旁，在清凉的泉水边俯着身子，泉中倒映出她绝妙的身姿。

当牧羊人在阿卡迪亚地区阴暗的树林中徘徊时，他想象着周围那些缥缈的生灵，仿佛能听见他们在林中窃窃私语。有时正午的骄阳叫人昏昏欲睡，他似乎看到一片郁郁葱葱的树林或一条清澈的小溪，潺潺的流水穿过鲜花盛开的草地闪闪发光；他幻想着透过浓密的枝叶能瞥见仙女们若隐若现的雪白的脚。

当猎人越过一座座山峦追逐雄鹿时，周围的一切被夜幕笼罩，带着弓箭和箭袋的山岳女神俄瑞阿得从他身边飞快地跃过；他看见女神迈着轻盈的步伐，从陡峭的山坡上一跃而下加入了狩猎女神的行列。

在孤单的岩石旁，黑暗神秘的森林深处，一位农民被半人半羊的萨堤尔[1]刺耳的笑声吓了一跳。这位轻信的乡下人循声看去，吓得仓皇逃窜，觉得自己像是看见了一群怪物在一棵巨大的橡树下跳舞，它们的行为像是在极尽嘲弄，人面人身羊腿羊角的形象是野兽与人类相结合的结果。

每条河流、每片树林、每座山谷都充满生灵。寂静的海边住着绿发的海仙女涅瑞伊得斯[2]。石窟和岩石洞穴中，各种各样明亮的晶石和五颜六色的贝壳排列着，海中仙女常居于此。海岸线沿岸，纪念海仙女的祭坛上青烟袅袅，水手们将牛奶、油和蜂蜜放在祭坛上，祈求她们的青睐和保护。

夜晚时分，她们轻盈地掠过海岸线，飘逸长发中的珊瑚和珍珠熠熠生辉。当特里同用海螺壳吹出银铃般的一声之后，她们便跳入蓝色的海水里，潜入深处，坐上了安菲特里忒的座驾。

> 黄昏时分，海岸线模糊，
> 气泡盘旋，巨浪翻腾，

---

[1] Satyrs，希腊神话中的森林之神。

[2] Nereides，海神涅柔斯和大洋神女多丽丝所生的50个女儿。

她们在清新的微风中飞扬，

在波涛汹涌的海面上随风飘荡。

虽然现在的启蒙思想反对荒诞的迷信，但他们不得不承认，对某些方面而言，那些相信万物皆有灵的神灵崇拜者更能体会生活的美好，那些现代无信仰者无动于衷地看着太阳沉入大海，蔚蓝的天空星星闪耀，以及其他所有自然的奇迹，却不曾将这些崇高美好归为神意，也不曾察觉到：

有一种力量，

可以为你指引方向，在人迹罕至的海岸，

在沙漠，在无边无际的旷野，

即便孤独地徘徊，也不会迷失方向。

第27章　缪斯女神、美惠三女神和塞壬

☀ 缪斯女神

缪斯女神是宙斯和记忆女神摩涅莫绪涅（Mnemosyne）所生的九个女儿的总称。她们分别是卡利俄佩（Calliopc）、克利俄（Clio）、埃拉托（Erato）、欧忒耳珀（Euterpe）、墨尔波墨涅（Melpomene）、波吕许谟尼亚（Polyhymnia）、忒耳普西科瑞（Terpsichore）、塔利亚和乌拉尼亚（Urania）。

☼ 缪斯女神（二）

卡利俄佩掌管雄辩和英雄史诗；克利俄掌管历史；埃拉托掌管雄辩和抒情诗；欧忒耳珀掌管音乐；墨尔波墨涅掌管悲剧；波吕许谟尼亚管理颂歌与修辞学；忒耳普西科瑞掌管舞蹈；塔利亚掌管喜剧与牧歌；乌拉尼亚掌管天文，还有赞美诗和神圣主题。

缪斯女神的主要住所位于著名山岳帕纳塞斯山、品都斯山（Pindus）和赫利孔山（Helicon）。在帕纳塞斯山的山坡上，有一汪卡斯塔利亚泉（Castalian）。在赫利孔山上有一孔阿伽尼佩泉（Aganippe），在更高处还有一池能激发灵感的希波克林泉（Hippocrene）从飞马珀伽索斯（Perseus）的蹄下喷涌而出。

对缪斯女神的崇敬十分广泛。没有诗人在开始写叙事诗前不向缪斯女神庄严祈祷。尤其对悲剧演员们来说，她们值得崇高的敬意。

美惠三女神（The Graces）是宙斯和女海神欧律诺墨（Eurynome）的三个女儿。她们分别是阿格莱亚（Aglaia）、塔利亚（Thalia）和欧佛洛绪涅（Euphrosyre）。在奥林匹斯山时，她们常常围绕在宙斯的宝座周围。她们也是爱神阿佛洛狄忒的忠实随从。因为缺乏优雅的美丽，是没有灵魂的。

☼ 美惠三女神

　　为敬奉美惠三女神而建造的神庙和祭坛四处可见，她们的信仰者遍布四海八荒。她们被描绘成手挽手跳舞的年轻少女。有时宙斯和忒弥斯的三个女儿荷赖[1]（Hours）也会与她们一同歌唱。

　　塞壬（Sriens）是缪斯女神墨尔波墨涅和河神阿刻罗俄斯（Acheloos）所生的三个海仙女。她们的脸庞是美丽的女子，身体却是飞鱼。居住在西西里岛佩罗洛斯海角（Pelorus）附近。

　　塞壬姐妹们在那里用甜美的歌声把过往的船只引向那片海域，用优美的音乐把船员催眠以后，就将他们从船上拖下来，溺死并吃掉。

第28章　复仇三女神、命运女神、哈耳庇埃、马涅斯

　　据说，复仇三女神是由克洛诺斯被其子撒图恩（Saturn）砍伤时伤口流出的

---

[1]　专司四季变化和人间道德秩序的三女神。

几滴鲜血生成的。她们分别是提希丰[1]、墨纪拉[2]和阿勒克图[3]，她们的职责是惩罚地狱和人间的罪犯。

◎ 复仇三女神

尘世的罪犯会受到良心的谴责，而地狱里的罪犯面临着无尽折磨和鞭笞的惩罚。复仇女神受众人崇拜，但无人敢直呼其名讳，也无人敢直视其庙宇。人们给她们献上白鸽、山羊、雪松和山楂树枝。

她们有着女人的面孔，但阴森可怕。她们穿着沾满血迹的黑衣，手握燃烧的火把、匕首和蝎子鞭；有蛇盘绕在她们的额头、脖颈和肩上：

嘶嘶的毒蛇像王冠一般缠绕在她们头上。

[1] TisiPhone，报仇女神。

[2] Megaera，嫉妒女神。

[3] Alecto，不安女神。

☼ 命运三女神（对应罗马神话中的帕耳开）

复仇三女神惩罚罪犯时，命运三女神在一旁严厉地宣读判决。命运三女神分别是克洛索（Clotho）、拉克西斯（Lachesis）和阿特洛波斯（Atropos），为黑夜女神倪克斯和黑暗的化身厄瑞玻斯所生。她们拥有极大权力，奉命管理着生命之线。

克洛索双手纺织着生命之线；拉克西斯转动轮子决定生命线的长度；阿特洛波斯手拿剪刀负责切断生命之线。她们的旨意不可改变。通常她们被描述为三名老妇人，身着紫色镶边的白色貂皮长袍，头戴羊毛和水仙花编织而成的花冠。

哈耳庇埃（Harpies）是三个贪婪的怪物，长着女人的脸、秃鹰的身体和恶龙的爪子。

终于，我登上了史特洛菲特斯岛（Strophades）；

免受大海汹涌波涛的威胁；

这些岛屿被爱奥尼亚大陆包围；

邪恶的鹰身女妖统治这恐怖之处；

从山顶传来可怕的呼号，

饥饿的哈耳庇埃拍打着翅膀，

他们抢夺肉食，玷污所看到的一切；

离开后留下一股令人作呕的恶臭。

此外，还有三个蛇发女怪戈耳工，她们面容姣好，但头顶长的是毒蛇而非头发。任何人看见她们，都会吓得魂不附体，变成石头。

另一类神是掌管款待客人的家庭守护神拉列斯（Lares）或珀那忒斯（Penates）。壁炉是他们的祭坛，也是陌生人的避难所。

马涅斯（Manes）是掌管墓碑的地狱之神。有时，通过马涅斯，已故者的灵魂才能得以表达。

第29章　半神和英雄

古时，若有人学问、仁善或英勇超越他所处的时代，使他跃居周围人之上，那么他的行为常会因世人的轻信而被夸大、神化。这些杰出之人死后，迷信的人们赋予他们神圣的荣耀。有些人会被当作英雄来崇拜，有些甚至会被尊奉为神。

◎　赫拉克勒斯

　　关于他们的历史，真真假假，叫人着实无法分辨。透过岁月的迷雾，后来的人们认为古代的英雄们很有可能是身处高位的人。他们生于尘世间，但举止和名声已经与天齐高，所以逐渐地被世人神化。

　　在希腊的诸多英雄中，人们把赫拉克勒斯奉若神明，他的领袖地位值得我们关注，但此处我们仅简要介绍他的生平。他是宙斯和底比斯王后阿尔克墨涅（Alcmena）之子。尚在幼年时期的他就勒死了天后赫拉派来杀他的两条毒蛇。

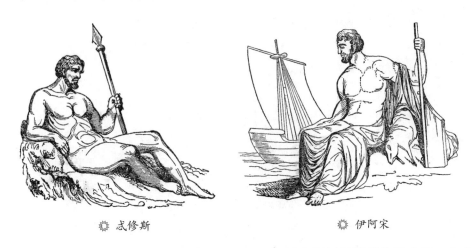

◎　忒修斯　　　　　　　　　　　　　　◎　伊阿宋

　　后来，赫拉克勒斯拿着雅典娜、阿波罗和赫菲斯托斯赐予他的武器，完成了使他名垂青史的艰巨任务。他的形象是一位身披尼米亚猛狮皮，手持"橄榄大棒"[1]的壮汉。

　　前文已详细叙述伊阿宋和忒修斯的主要事迹。接下来是我们不得不提的半人马族，据说他们居住在色萨利地区，行事大多野蛮，其中有一位名叫喀戎（Chiron）的人马怪却很有才能，文武双全。阿尔戈诸英雄在远征途中拜访了他，有一位诗人如此描述当时的情景：

　　　　我们径直走入一片昏暗的薄暮，

　　　　半人马巨人躺在一块孤零零的石床上，

---

[1]　赫拉克勒斯用一棵野生橄榄树的粗大树干削成，这是他从不离身的武器。

他伸直身子和双腿，

尖利的蹄斜倚在石头之上。

男孩阿喀琉斯笔直地站在他身边，

用灵巧的双手弹奏着抚慰心灵的七弦琴音。

半人马看到高贵的首领们出现时，

他站起来热情地欢迎并亲吻了他们，

端上酒杯，用落叶撒满床榻，邀请他们坐在他的身旁。

◎ 人马族

　　人们普遍认为喀戎是阿喀琉斯的音乐老师，因为在赫库兰尼姆（Herculaneum 古罗马城镇）的一座房子里，发现了一幅画，画中是半人马喀戎在给阿喀琉斯上竖琴课。

　　然而半人马族并非都具有喀戎那样的绅士风度。在一些杰出诗人的笔下，忒修斯在一次激烈的交锋中战胜了凶残好色的半人马族。

　　卡斯托耳和波吕丢刻斯是孪生兄弟，由宙斯和勒达（Leda，斯巴达王后）所生。卡斯托耳擅长骑马和管理马匹，而波吕丢刻斯擅长摔跤。这两兄弟曾陪同阿尔戈诸英雄远征科尔基斯。远航期间，他们遭遇一场可怕的风暴，卡斯托耳和波吕丢刻斯头顶随即出现两团火焰，风暴立刻减弱了。

❁ 卡斯托耳和波吕丢刻斯

后来，卡斯托耳在一次冲突中丧生，波吕丢刻斯请求诸神让他与兄弟同死，宙斯怜悯他们兄弟情深，便将波吕丢刻斯的寿命分一半给卡斯托耳，他们半生时间住在地狱，另半生则住在奥林匹斯山，每六个月交替一次。他们的形象是两个并肩骑着白马，手持长矛的青年，头顶各有一颗闪耀的星星。

珀耳修斯（Perseus）是宙斯和阿尔戈斯国王阿克里西俄斯（Acrisius）之女达那厄（Danae）的孩子。珀耳修斯从赫尔墨斯那里得到一对翅膀和一把钻石匕首。哈迪斯赠予他一顶可以使佩戴者隐形的头盔；雅典娜赠予他一块镜子般的黄铜盾牌。珀耳修斯砍下了蛇发女怪美杜莎的头颅，当他带着这颗头颅经过利比亚的沙漠时，洒下来的血滴生出了无数条蛇。此后，这些蛇便一直在当地肆虐。

在这次旅途中，珀耳修斯没有受到毛里塔尼亚（Mauritania）国王阿特拉斯（Atlas）的友好接待，于是他将蛇发女怪的头拿了出来，由于看到它的人都会变成石头，国王阿特拉斯就立刻变成了一座山。今非洲北部仍有以他的名字命名的阿特拉斯山。

在埃塞俄比亚（Ethiopia）的海岸上，珀耳修斯看到美丽的安德洛墨达[1]（Andromeda）被锁在一块岩石上，一只海怪正欲吞掉她，于是他把美杜莎的头

---

[1]　埃塞俄比亚公主。

拿出来呼喊那只怪兽，怪兽闻声看了过来，随即变成了石头。珀耳修斯解救了安德洛墨达后，娶她为妻。

◎ 珀耳修斯

当珀耳修斯砍下美杜莎的头颅之时，双翼飞马珀伽索斯从血泊之中跳了出来。这匹马飞到赫利孔山，成为缪斯女神的宠儿。

第30章　艾斯库累普等

艾斯库累普是阿波罗和海仙女塞洛尼斯（Ceronis）之子。他师从半人马喀戎，是阿尔戈诸英雄中的一名医生，死后被奉为医神。他精通草药的药性，救人无数，冥王哈迪斯还因此向宙斯抱怨。

后来宙斯用雷劈死了艾斯库累普，被激怒的阿波罗为了报复，射死了为宙斯锻造雷矢的独目巨人库克罗珀斯。艾斯库累普的形象是一个留着长胡子、头戴月桂花冠、拄着拐杖的老人。

◎ 艾斯库累普　　　　　　　　　　　　◎ 海吉亚

艾斯库累普是健康女神海吉亚（Hygeia）的父亲，大多数学者认为海吉亚就是智慧女神雅典娜。

◎ 普罗米修斯

普罗米修斯是泰坦神伊阿佩托斯（Iapetus）与一位海仙女之子。他在雅典娜的帮助下爬上天堂，并从太阳战车的车轮上偷走天火。然后他用泥造了一个人，借助火赐予泥人生命。为了惩罚普罗米修斯的狂妄自大，宙斯命令赫尔墨斯将他锁在高加索山（Caucasus）上，并派一只秃鹫不断地啃食他的内脏。内脏被吃完后又会长出来，宙斯想让他受尽无边的折磨。

普罗米修斯是色萨利国王丢卡利翁（Deucalion）的父亲，在丢卡利翁统治期间，整个大地被洪水淹没。人类因亵渎神明激怒了宙斯，招致自身的毁灭。普罗米修斯建议他的儿子建一艘船，后来除了丢卡利翁和其妻子皮拉（Pyrrha）外，无人幸存。

◎ 阿特拉斯

◎ 俄耳甫斯

阿特拉斯是普罗米修斯的兄弟，也是毛里塔尼亚国王。他被珀耳修斯变成了非洲的阿特拉斯山，这座山高耸入云，据说可以直达天堂。

俄耳甫斯（Orpheus）是阿波罗和缪斯女神卡利俄佩之子。他弹起父亲的七弦琴，闻者皆陶醉，他用琴声驯服了森林中的野兽，还使河流改道。甚至那些高大的树木也弯下腰来聆听他的音乐。他深爱的妻子欧里狄克（Eurydice）被一条潜伏在草丛里的蛇咬伤而死。

俄耳甫斯因为失去妻子而郁郁寡欢，于是前往冥王哈迪斯的府邸，决心宁死也要夺回妻子。听到竖琴的声音，伊克西翁（Ixion）的轮子停止了转动，西西弗斯（Sisyphus）的石头也停止滚动；坦塔罗斯忘记了自己的口渴，就连复仇女神们都被感动了。

珀尔塞福涅为他的悲伤所感动，冷酷的冥王忘记了他的严厉，同意归还他的妻子，但前提是在他领着妻子走出地府之前决不能回头看她，否则她将永远不能回到人间。俄耳甫斯欣然同意，但就在天初亮时，他回头看了一眼分离已久的欧里狄克，她便永远从他眼前消失了。

此后，俄耳甫斯销声匿迹，再也不弹竖琴。后来，由于他不敬重酒神狄奥尼索斯，被色雷斯的妇女杀害并碎尸万段。他的头颅被扔进赫布鲁斯河（Heburs），随着河水漂到了爱琴海，据说人们还能听到头颅低声唤着欧里狄克的名字。

安菲翁是另一位著名的音乐家，是宙斯和安提俄珀（Antiope）之子。他师从赫尔墨斯，并以竖琴的魔力建成了底比斯的城墙。

传说他弹奏的动听优美七弦琴声感动了顽石，围绕他建成一座城池，即后来的底比斯城。这个传说意指他依靠杰出的口才说服了那些未开化的人们筑起防御工事，以免遭敌人的侵犯。

第31章　希腊神话概述

从简述中可以得知，希腊人丰富的想象力使天空、大地和海洋充满各种各样的生灵，这些生灵被赋予神力。自然界中的每一件事物，每一种思想或情感，都有其象征的神。

众神的干预，让人们生活中普遍存在且不可思议的现象有了合理的解释。打雷是宙斯在怒吼，闪电是他在挥舞长矛。夏日的微风是风神泽费罗斯在挥动翅膀，森林中的回音是女神的声音。情人间的爱意是阿佛洛狄忒的旨意，恋人们为爱煎熬是因为中了爱神丘比特之箭（罗马神话说法）。

关于战争，战神阿瑞斯一马当先，其他神也会加入战斗，他们用神器武装他们青睐之人，并赋予他们神力。关于海洋，人们认为海神波塞冬非常警惕，一直在暗中观察，肆虐的巨浪是因为他在发怒。

如果起风了，那便是埃俄罗斯的杰作；如果天空飘过一朵云，那便是宙斯的战车驶过。日出天明是手若玫瑰般娇嫩的黎明女神厄俄斯的手笔；彩虹挂在天空是由于彩虹女神伊里丝现身了。整个人间便成了天堂，而天堂就在这尘世之上。

如此说来，希腊神话是基于想象的宗教。它像一场梦，虽然在某些方面十分可怕，但总的来说是一场美梦，其中还有诸多寓意。尽管希腊神话故事中真假参半，不是基于理性或被披露的事实，却在种种混沌、神秘的人物形象中隐藏着崇高的真理。

然而我们必须承认，希腊人用想象力塑造出来的神对物质的追求远超过对道德的追求。诸神被描绘成耽于凡尘俗事的形象，常常依仗自己的神力和智慧来作恶。他们和人类一样，被嫉妒、怨恨所驱使，屈服于心中的邪念，为满足一己私欲，不惜采取一切卑鄙手段。即使是众神之王宙斯，也被描述成一个多情放荡的神。

但奇怪的是，大多数希腊人似乎沉溺于真诚的宗教情感。古老的神明故事对他们来说充满权威性，长年累月让他们习惯向那些理性无法解释的神臣服。

希腊盛极一时的时候的圣贤、哲学家和其他受过教育的智者，似乎不太可能相信希腊神话中的那些无稽之谈。实际上，众所周知，苏格拉底和其他古代充满智慧的人们拒绝相信当时流行的信仰，他们观察到大自然的创造都体现出明显的一致性。于是，得出结论——整个宇宙是由一个无所不能、无所不知的上帝创造的，他是一切的主宰和统治者。

第32章　来世——奖励与惩罚

希腊人相信灵魂的永生，以及来世的奖赏和惩罚。他们想象，人死后灵魂会降落在一条可怕的瘟疫之河斯堤克斯（Styx，即冥河）岸边。在那里，面容冷酷的摆渡船夫卡戎（Chaoron）将亡魂渡过冥河，送往冥王哈迪斯的领土。

入土为安者才能乘上卡戎的船。那些溺毙于海中的人，或无土葬习俗的人，必须在冥河河岸游荡100年，才被允许过河。

☼　卡戎

离开卡戎的船后，颤抖的亡灵们径直来到冥王哈迪斯的宫殿，宫殿大门由一只三头巨犬刻耳柏洛斯守卫，它身上没有毛发，而是长满了蛇。然后他们来到冥府三判官弥诺斯（Minos）、拉达曼迪斯（Rhadamanthus）和阿坎索斯（Acanthus）面前，有罪之人据情节轻重接受相应的惩罚，而无罪者将在美丽祥和的极乐世界过上衣食无忧、吟风弄月的幸福生活。

塔尔塔罗斯地狱是惩罚之所，充满了黑暗与恐怖。坦塔罗斯因恶行在冥界遭罚站在水中，每当他试图解渴时水却退走；他的头顶悬挂着结满诱人果实的树，但每当他伸手摘水果时，果实却会升高。

塔尔塔罗斯地狱中还有伊克西翁，他被宙斯缚在永不停转的火轮上，承受着无尽的痛苦。西西弗斯因生前罪愆在阴间受罚，他需要将一块巨石推上山顶，每次到达山顶后巨石又会滚回山下，如此永无止境地重复下去。地狱的一边是在复仇女神无情的鞭笞下痛苦挣扎的罪人；另一边则是被一团永不熄灭之火包围着的恶人。

◎ 西西弗斯、伊克西翁和坦塔罗斯

极乐世界，是有神佑之人的居所，是一个幸福的完美国度。四周围绕着翠绿茂密的树林和波光粼粼的清溪。空气清新、宁静、温和；鸟儿在树林里愉快地歌唱，一片比阳光更明亮的光散布在这片幸福的土地上。居住在极乐世界的人们无忧无虑，他们要么做着凡间喜爱的事情，要么崇拜着神的智慧和力量。

第33章　宗教仪式——寺庙——祭司

希腊人是一个富有想象力的民族，他们的神话和宗教仪式都为满足他们的幻想设计，并非为了激发感情或提升心灵。他们的公众祭祀极具仪式感。

在宏伟的庙宇里，他们向诸神祈祷并献祭，将动物，有时还有孩子和俘虏，置于祭坛上。隆重的宗教节日期间人们会举行包括游行、公众比赛、戏剧性娱乐、宴会和化装舞会等活动。除此之外，在纪念酒神狄奥尼索斯期间，信徒们会疯狂酗酒、大声喧嚣，纵情欢愉，极尽放荡。

◎ 希腊人在神庙中献祭

　　有的神殿建在山谷里，有的建在树林中，还有的建在河边或泉水边，这取决于人们崇拜的是哪位神。古人将特定的事务归于特定的神管理，并根据其独特的性格和品质将各种神殿分为不同的建筑形式。

　　神殿初建之际，古人虽崇拜神灵，但殿内没有神灵的雕像或其他物件。据推测，对神像的崇拜是在公元前1556年雅典创建者刻克洛普斯时期传入希腊的。

　　起初这些神像是由粗糙的木头或石头制成，直到雕刻术发明后，这些粗糙的神像才变得栩栩如生。随后人们用大理石、象牙，甚至宝石制作神像，最后金、银、铜和其他金属也被投入使用。总而言之，在希腊文明时代，雕刻家使出浑身解数制作的精美神像，现代工艺根本无法比拟。

　　祭坛通常置于神像下方，由一堆堆呈正方形或长方形的泥土、灰堆、石堆或者兽角砖石堆砌而成，还有一些用黄金覆盖以显气派。有些祭坛用于火祭，有些用于献祭动物以求神灵息怒，而有些祭坛上依制只能放置石碑、水果或其他无生命的东西。

　　庙宇、雕像和祭坛是神圣不可侵犯的，所以很多罪犯会躲入神殿逃避惩罚。希腊诗人经常提及此类做法。因此希腊悲剧诗人欧里庇得斯评论道：

野兽被岩石保护着，

还有在众神祭坛旁卑鄙的奴隶。

祭司并不会向人们反复灌输道德教育。"己所不欲勿施于人"这一高尚的思想在那时还不曾被提出。祭司们唯一传授的教义便是：信徒必须虔诚崇拜众神，还须在物质上表现敬意，他们的供品愈是丰富昂贵，得到神的恩惠愈多。

宗教除了公共服务外，还会举行一些只有信徒才能参加的神秘仪式，以纪念特定神灵。这些神秘仪式中最引人注目的就是在阿提卡地区的厄琉西斯城为纪念谷物女神德墨忒尔而举行的盛大仪式。它被称为"厄琉西斯秘仪"，所有参与者都要庄严宣誓不会泄露任何仪式细节。

第34章　神谕

古人认为诸神与信徒无法直接交流，而是通过神谕给予指引。神谕存在于希腊各地，其中最早的，一段时间以来最著名的是伊庇鲁斯城的多多纳神谕。

在多多纳附近有一片橡树林，古人迷信，认为橡树可以将主神宙斯的神谕传达给虔诚的问讯者。据说黑鸽子常出没在这片树林中传达众神的神谕。

多多纳神谕据说源于一个狡猾的女人，有人把她从埃及的宙斯神庙中偷走，随后又卖到伊庇鲁斯做奴隶。为了摆脱不幸的命运，她决心改变所到之处周遭的愚昧且轻信的人们。在橡树林中安顿下来之后，她宣称宙斯赋予她通灵之力，可预测未来之事，一时间声名鹊起。

她的计划成功了，很快她因占卜术而声名远扬。在她死后，其他取巧之人也毫不犹豫地做起了这个既能赚钱又能得到尊重的祭司职业。

但迄今为止，希腊最著名的神谕来自德尔斐城帕纳塞斯山斜坡上的阿波罗神殿。很久很久以前，人们发现，在帕纳塞斯山的一侧有一个很深的山洞，洞中散发出令人神志不清的气体，气味浓烈，足以使人和牛都抽搐不止。

附近的原始居民无法解释这一现象，认为这一定是由超自然作用造成的，并相信那些吸入有毒气体的人，他们那语无伦次的话语是在神的启示下说出的预言。

当那令人神志不清的气体从地面升起时，人们首先猜想这一新发现的神谕来自大地女神盖亚，但后来人们又将它与海神波塞冬联系起来，认为他对此神秘事件有辅助作用。最后人们将其视为阿波罗的神谕。不久后，一座神庙在此圣地建起，皮提亚（Pythoness）被任命为女祭司，她的职责是在规定的时间间隔内吸入那些致幻气体。为了避免像前几位祭司一样掉入洞中，人们在洞口架起一个三脚凳。

女祭司这一职位风险重重。洞里的有害气体会引起痉挛，女祭司需要承受持久剧烈的疼痛，甚至会猝死。因此，要使这位祭司坐到洞口的三脚凳上来常常需要使用武力。

女祭司疯狂地叫喊出不连贯的词语，一旁的其他祭司们会将其整理成句，他们可以轻松地按顺序排列这些词语，并填补其中的空缺之处，他们的主要目的是让这些文字符合神殿的利益。

为避免引起怀疑，祭司会谨慎使用晦涩难懂的语言来表达神谕。这样，无论事态如何发展，他们的预言都不会被认为是错误的，甚至更有可能被证实。随着时间的推移，我们可能会发现神殿的祭司们最有可能使用假装痉挛的方式来传递符合他们利益的神谕。

德尔斐神谕很快便声名鹊起，在整个希腊及爱琴海和地中海沿岸的许多殖民岛屿，人们开展重要事件之前都会询问女祭司。

从询问者——其中不少是王子或有影响力且富有的领袖——那里收到的贡品，为神殿带来了永久性的收入来源，不仅让祭司们过上了衣食无忧的生活，同时也提供了足够的资金改造神殿。它一改最初的简陋，变得富丽堂皇。

德尔斐神谕受到高度尊崇，这使祭司们在公共事务中享有很大的影响力。他们有时充分利用其影响力，支持那些政治家、立法者和勇士，帮助他们改善政治体制，改革法律和礼仪，或捍卫希腊自由。

与奥林匹克运动会一样，阿波罗神谕也在希腊众多的独立城邦之间建立起联系，并通过众神的权威减少了城邦间琐碎的猜忌和争执，以激励诸城邦谋求共同福祉。

第35章　近邻同盟

即使在希腊其他地区遭受内战困扰时，阿波罗神殿的领土也远离了战争的喧嚣。且因其处于神圣之地，极其安全，使得德尔斐成了储存国家财富的地方。

为避免德尔斐周边好战的部落不惧神灵复仇，肆意掠夺拥有丰富宝藏的阿波罗神庙，以神庙为中心的近邻同盟建立起来，以保护神庙为己任。

该同盟由希腊各主要城邦国家的两名代表组成，职责是根据同盟会的建议和授权，解决诸城邦间可能出现的各种政治和宗教争端，并决定与外国保持和平或发动战争。

近邻同盟的成立日期尚不确定，据说早在公元前14或前15世纪就已存在；换言之，在特洛伊战争爆发前的两三个世纪就已经存在。有人认为其创始人安菲克堤翁（Amphictyon）是阿提卡国王，但也有人认为他当时不仅统治阿提卡，还统治整个希腊直至色萨利以南的地区。

近邻同盟每年举行两次会议：秋天在色萨利北部边境的塞莫皮莱（Thermopylae）山口；春天则在德尔斐。每一位议员都宣誓决不背叛或伤害任何一个同盟国，而且，如果有人企图破坏同盟团结，他便要用武力加以反对。他们还发誓，如果任何一方破坏德尔斐的神圣领土，或对圣殿有不良企图，他们将竭尽全力惩罚犯事者。

近邻同盟有一段时间确实卓有成效，若希腊人充分认识到同盟对促进各方利益的重要性，它本可以起到更大的功用。但不幸的是，事实并非如此，除少数重大紧急情况外，该同盟在防止或制止希腊诸城邦间的纷争方面似乎没有什么影响力。

第36章　第一阶段的诗歌——荷马

像很多其他国家那样，在希腊，诗歌的出现也早于散文。据说在遥远的古代，利努斯（Linus）、俄耳甫斯和牟叟斯（Musaeus）都创作过诗歌，尽管有些现存诗歌过去曾被认为出自他们之手，但现在人们普遍认为那些是近代人的手笔。

荷马是希腊诗歌的始祖，他的作品被较完整地保存了下来，据说他生活在公元前10世纪，换言之，他的出现比已知的希腊散文作家早了约3个世纪。

关于荷马本人，我们知之甚少，甚至有人怀疑他是否真实存在。直到约公元前540年，雅典的一位统治者庇西特拉图（Pisistratus）召集了一批学者来收集整理一系列民间口口相传的诗歌片段，那时候人们普遍认为这些诗歌是由一位名叫荷马的早期诗人所写。

这些被收集的片段组成了如今为世人所熟知的长篇史诗《伊利亚特》和《奥德赛》（Odyssey）。荷马是否只是人们想象出来的？如果他真实存在过，由庇西特拉图下令收集的诗歌与荷马所写的诗歌间有多大差异？这些都引起了很大争议，且这些争议并非毫无缘由，非常值得探讨。

我们可以确定的是，这两部史诗出自同一人之手，因为它们的风格完全统一。还需注意的是，在书面文学出现之前，彼时的口头文学传统与当下的截然不同。

古时诗歌和其他作品并不是偶然的记忆产物，而是靠那些以背诵谋生的人的记忆才得以记录的，这些人转而将它们传授给其他人，并从中获得报酬。

在传记作家笔下，荷马是一位双目失明的老吟游诗人，四处流浪，以背诵或吟唱自创的诗歌谋生。人们认为他生活在公元前900年左右，是小亚细亚西部海岸的希奥岛居民，这似乎可以解释他诗歌中的爱奥尼亚方言。

荷马生前历经了多年饥寒交迫且怀才不遇的生活，死后却至少有七个希腊城邦国家竞相声称是这位才华横溢的乞丐的故乡。因此，古诗人讽刺地说：

死后的荷马被七个希腊城邦争抢，

活着的荷马却每日在那里乞讨面包。

然而，希奥岛（Scio）最有可能是他的出生地。

第37章　希腊诗歌——荷马——赫西奥德

荷马的《伊利亚特》和《奥德赛》都是长篇叙事诗，主要叙述了希腊人远征特洛伊城的故事。《伊利亚特》开篇之时，围城的第十个也是最后一个年头就已经到来，之后发生的事件和战争结果都在富有想象力的诗人笔下一一呈现。

《伊利亚特》全诗分为24卷，主要内容是叙述希腊人远征特洛伊城的故事。诗中描写了众多英勇善战的英雄及壮观的战斗场面，塑造了一个个为后人熟知的古代英雄形象，这些都为这部作品增添了多重魅力。

希腊联军的领袖是阿喀琉斯，书中有许多关于他的有趣故事。色萨利的半人马喀戎教授他战争和音乐的知识，母亲忒提斯握住幼年阿喀琉斯的脚踝将他浸入冥河，所以阿喀琉斯除了脚踵是致命死穴以外，全身刀枪不入，诸神难侵。

赫克托耳是特洛伊人的统帅，据说有30多位希腊首领死于他手。在荷马高超的艺术技巧和雄健的笔力之下，赫克托耳在那个野蛮的时代背景下作为儿子、丈夫、兄弟和爱国勇士的形象，被生动地描绘出来。

作品展现出诸神对此次战争的浓厚兴趣，他们中有的甚至还亲自参战。当然，诗歌中描述的神与人的事迹有许多都来自自然概率事件。然而，撇开这种异议，《伊利亚特》中有许多内容引发了研究者对人类早期历史的关注。

《伊利亚特》中包含了丰富的场景描述和重大事件，阐明了诗歌中事件发生的时间或地点，以及文中所描述的那个时代。英雄们驾着战车；女王和公主们忙着纺纱；阿喀琉斯会徒手杀死山羊亲自准备晚餐。

与现在的英雄和女主人公的日常活动相比，这些活动既乏味，又庸俗不堪，但在荷马笔下，这些活动并未让人物的庄严感减少分毫。

这部史诗的基调肃穆凝重，文中的选词通常会让读者觉得恰如其分，甚至一个词有时能让读者在脑海中形成一整幅欢快的完美画面。

但是，这部史诗的最大优点在于其表现出的思维力和独特的想象力。"没有任何诗人在诗歌主题选择上比荷马更快乐，"布莱尔博士（Dr. Blair）说，"也没有人在描绘历史类作品方面比荷马更成功。"

"《伊利亚特》在风格上与《圣经》中《以赛亚书》（Isaiah）的某些部分十分相似，这一点不足为奇，因为《旧约》和荷马的史诗几乎是同一时代的产物，诞生地也距离传说中的荷马的故乡不远。"

《奥德赛》延续了《伊利亚特》的英雄故事，主要讲述了特洛伊战争结束后，伊萨卡岛国王奥德修斯即罗马神话中的尤利西斯（Ulysses）归国途中的冒险故事。

这部史诗与《伊利亚特》传世两千多年来一直备受人们喜爱。写下类似风格诗歌的诗人也为数不少，尽管他们所处的环境比这位失明的老吟游诗人有利得多，他们的诗歌却没有一首能与荷马史诗媲美。

荷马同时代诗人赫西奥德（Hesiod）的影响力远逊于荷马本人。据说，赫西奥德曾写过几首小有名气的诗歌，其中《神谱》[1]（The Theogony）和《工作与时日》（The Works and Days）两首一直流传至今。

古文献对赫西奥德的生平鲜有记载，与他有关的少量史料似乎也无甚价值。从一些诗歌中我们了解到，赫西奥德来自维奥蒂亚地区的阿斯克拉镇（Ascra），幼时在赫利孔山帮父亲牧羊。

他在一场为纪念埃维厄（Euboea）国王的诗歌比赛中获得了最受公众欢迎奖。据说赫西奥德后半生居住在帕纳萨斯山附近的洛克里斯地区。

他性情恬静温和，但最终惨遭横死。一个与他同住一屋的米利都人（Milesian）侮辱了一位年轻女子，她的兄弟误以为赫西奥德是共谋，将他视为复仇对象。他们杀害了这位无辜的诗人和有罪的米利都人，并把他们的尸体抛入大海。

---

[1]　或称《诸神时代》（The Generation of the Gods）。

第二阶段
奥林匹克运动会设立至希波战争爆发

第38章　希腊的政治环境——莱克格斯

尽管希腊人已经开始摆脱其原始的野蛮行径，但在奥林匹克运动会设立之际，他们仍处于非常粗鲁、愚昧的状态。人们最喜欢的活动是发动战争，对和平和文明一无所知或者不屑一顾。

在这样的社会状态下，身强力壮是比精神富足更重要的品质，即便对君主或领袖而言亦是如此。彼时，对大多数古希腊人而言，强身健体和敬拜神灵是他们唯一认可的教育。

城邦国家的人口分为三个阶级，即公民、无特权的平民，以及奴隶。即使是在希腊最民主的城邦之中，政治权力也都为第一阶级所垄断；而在寡头政体中，只有一小部分公民，即贵族或贵族阶层，才能管理国家事务。

手工业和农业劳动者为国民提供必要的食物和舒适的设施，他们主要由不享有公民权的第二阶级自由民和占各城邦人口相当大一部分的奴隶组成。

这些奴隶和他们的主人有共同的祖先，说着同样的语言，拥有一样的宗教信仰。大多奴隶是战争中俘虏的后代，还有部分是买来的。

忒修斯推行明智宽松的政策，并在治下人民的积极配合下，使早期的雅典成为希腊城邦中最繁荣、最具影响力的国家。此时的斯巴达在莱克格斯（Lycurgus又译吕库古）的英明带领下，从默默无闻中脱颖而出，与雅典不相上下。

　　这位著名的立法者是斯巴达的双王之一欧诺摩斯（Eunomus）的次子[1]，据说活跃在公元前884年左右。欧诺摩斯在暴动中被杀，他死后，其长子波吕得克忒斯（Polydectes）继承王位，但即位后不久就去世了。

　　莱克格斯随后登上王位。然而他的统治时间并不长，在得知他死去的兄长的孩子即将出生时，他宣布，如果这个未出生的孩子是个男孩，他便会放弃王位，并在侄子年少时仅以保护者或摄政王的身份助其管理国家。

　　当波吕得克忒斯的遗孀听闻莱克格斯宣布此决定时，她私下告诉莱克格斯，若他愿意娶她，他兄长所有的孩子都不会成为他继承王位的障碍。

　　莱克格斯对这个有违伦理的提议厌恶无比，但抑制住了自己内心的愤怒，为了确保未出世的侄子安然无恙，他骗兄长的遗孀说，孩子一出生，就将其杀死。

　　同时，他又秘密地吩咐她的侍从，孩子一出生就交给他。有一天晚上他和地方官员们享用晚餐时，有人把一个没有父亲的男婴抱到他身边。他立刻将新生侄子抱在怀中，对着人群说："斯巴达人，这是你们的国王！"

　　斯巴达人为他们的婴儿国王欢呼着，同时他们对莱克格斯大公无私的行为表示敬佩，毕竟他放弃了唾手可得的王位。

第39章　莱克格斯

　　莱克格斯的高尚之举虽为他赢得了国内所有正义之士的尊敬，但同时也招致波吕得克忒斯那位失望的寡妇及其朋友和拥护者的敌意，他的敌人们开始四处散布流言，说莱克格斯意图谋杀他年幼的侄子以篡夺王位。

　　莱克格斯之前的所作所为人们都看在眼里，所以大家并不相信那些谣言。但是那些毫无原则的控告者，不遗余力地阻挠着他管理国家，存心给他制造诸多麻烦，所以后来莱克格斯选择放弃高位，离开斯巴达。

---

[1]　彼时斯巴达实行"二王制"。

他听闻克里特岛的繁荣昌盛皆归功于国王米诺斯制定的法律、制度，于是他便前往克里特岛研习。后来莱克格斯在斯巴达制定的法律与克里特岛的很相似，这也充分说明了他的立法参照了米诺斯的法律制度。

在克里特岛生活了一段时间后，他又前往小亚细亚研究希腊殖民地的法律、习俗和风土。此时，爱奥尼亚殖民地的财富和名气远超最繁荣时期的母国希腊。

那些殖民地位于沿海地区，土壤肥沃，加上施行了明智的制度，当地在商业和艺术领域取得了长足的进步。莱克格斯在那里还偶然读到荷马的诗歌，并为之吸引，于是收集了荷马的部分诗歌，将其传入希腊。在此之前，希腊人对荷马知之甚少。

与此同时，斯巴达长期受内部分裂和派系纷争的困扰，甚至到了人民无视法律和国王权威的地步，一切都陷入混乱之中。

这种恶劣境况使斯巴达人普遍认为国家机构改革迫在眉睫，于是他们的目光转向了莱克格斯，因为他的经验、智慧和廉洁足以承担为母国建立新的法律和政治制度的重任。

在多次被邀请之后，莱克格斯最终同意担此重任；但是他认为在立法工作开展之前，应该先获得宗教的批准，以便他未来的改革能更容易被人们接受。

因此，他前往德尔斐的阿波罗神殿，神殿的女祭司在传达神谕时称他是"诸神钟爱之人，不是凡人而是神；而且他即将建立的制度将是有史以来最优秀的创造"。

得到神谕支持后，他返回了斯巴达，开始谨慎地向朋友们解释自己的计划。在获得国内许多名门望族的同意后，他召开了公民大会，在会上他的政党集结力量，推翻了一切反对意见，使得最终他能够公开地制定改革计划，并付诸实践。

第40章　莱克格斯立法（一）

莱克格斯首先将注意力集中在改善国家政治体制上。他延续了在孪生兄弟欧律斯透斯和普罗克勒斯时期建立的王权分割制度，并将皇族的共同财产传给这些君主的后裔。但他极大地限制了王室特权，将行政权移交给由30名成员组成的元老院，其中两位国王担任主席职务。

剩下的28位元老是从贤明、高尚的公民中精挑细选的，并规定这些人的继任者必须由人民选出。元老需终身任职，未满60岁的人无资格参选。

元老院的职能是审议和执行。由元老院制定的法律提交给与会公民，供他们批准或否决，公民以简单的投票方式签署，不改变或甚至不讨论提交给他们的法律条文。

国王除担任元老院主席外，还是军队的指挥官和国家宗教的大祭司。他们还负责领导公共事务，接待客旅和使臣、并监督修造公馆和道路。

为避免国王或元老院自己触犯法律，人民每年选举产生5名监察官，负责审判所有违法之人，无论违法者来自什么阶级，他们都有权实施罚款或鞭打以示惩罚，甚至对国王和元老本人也不例外。

解决了斯巴达的政府架构后，莱克格斯接下来开始改革社会制度和规范民众的行为举止。当时斯巴达人的贫富阶层对立已十分严重，为消除积弊，他决定采取大胆的措施，实行土地平均分配。

据此，他将拉科尼亚地区的领土平均分成39000份，斯巴达的每位公民，或拉科尼亚的自由居民都可分得一份土地。因为莱克格斯规定所有斯巴达人不得生活奢靡，所以每一块地都只能勉强满足一个家庭的需要。

为了使国人仅依赖本土产品，并防止个人积累过多财富，他禁止使用除铁币之外的任何货币。因为铁币面值小、重量大，将其用作交换媒介会使贸易难以进行，尤其是对外贸易。

同时，通过加工让铁币变得易碎，使其既不方便也不值得收藏，破碎以后就无法使用。如果一些古代作家所述不虚，莱克格斯这一措施达到了预期效果。外国商人不再与斯巴达进行贸易；且因为当时通行的铁币作为交换品时不再值钱，斯巴达本土工匠不愿再制造奢侈品和装饰品。

但事实似乎是，在莱克格斯立法的那个年代，位于内陆的斯巴达几乎没有开展对外贸易，何谈摧毁对外贸易一说？另外，当时人们的生活方式过于简朴，没有装饰性物品的需求，所以由于引入了铁币而停止生产装饰性物品这一说法似乎也不足以令人信服。

若古斯巴达人像当时作家描述的那样崇尚奢靡生活，那么他们仍可以通过物物交换的方式获得之前用黄金白银买到的商品。外国商人会与国内商人一样不拒绝用他们的商品换取黄金、白银或其他贵重物品，尽管这些真金白银并未被铸造成货币，也并非彼时流通的货币。

第41章　莱克格斯立法（二）

莱克格斯的下一项措施更有效地打击了斯巴达的奢靡之风。他命令所有人不分贵贱，必须在公共食堂里用餐，那里的食物最为普通，甚是没滋没味。我们可以发现，与前两项相比，这一举措对斯巴达富人阶级更具挑衅意味。

公共食堂中的食物由人民提供，每人每月必须缴纳一定比例的粮食。为避免有人在家里或私下享用丰盛的食物，法律严格要求人们定时前往公共食堂用餐。

这项措施起初遭到了人们的强烈抗议，在一场骚乱中，一个名叫阿尔坎德（Alcander）的年轻人打瞎了莱克格斯的一只眼。然而，这一暴行却使公众更倾向于支持立法者，于是阿尔坎德被人们交给莱克格斯处置。但莱克格斯并未严惩他，而是将他带回家，宽厚对待，予以规劝，让对方意识到自己的错误行径。最终，阿尔坎德从一个愤愤不平的反对者变成了坚定不移的支持者。

在公共食堂进餐时，禁止粗鲁或嘈杂的谈话，也不能在别处提起人们在该场合说过的话。吃饭时，斯巴达人坐在没有坐垫的长凳上；而他们的孩子们，从小就被允许坐在他们脚边的凳子上。通常他们的食谱是黑色的肉汤、水煮猪肉、大麦面包、少许奶酪和一些无花果或枣子。

他们喝的是葡萄酒和清水，分量很少，勉强能解渴。餐后甜点包含家禽肉、鱼类、野味、蛋糕和水果，但需要私人额外点单付费。后来，斯巴达的这一规矩不那么严格时，人们便以甜点的名义在公共餐中添加了许多丰盛而昂贵的美味佳肴。

为避免与外国人交往会破坏斯巴达人的朴素礼仪，所有外国人被命令离开斯巴达，国人禁止出国。沉默寡言的莱克格斯厌恶健谈之人，他煞费苦心地向国人介绍一种简洁明了的讲话方式。此举大获成功，斯巴达式的言简意赅很快就众所周知，直至今日，简短有力的对话仍被称为"laconic"，出自斯巴达领土的名字——拉科尼亚。

斯巴达人一生都会接受严格的训练。孩子一落地，他的父亲就须将其交给监察官，他们会决定孩子的去留。只有身体健全的婴儿才能通过检测，存活下来；虚弱畸形的则会被扔至野外，自生自灭。

监察官下令留下的那些婴儿会移交给国家提供的护理人员，他们接受过专业培训，按照一定的方式使孩子们身体强壮、无所畏惧。

斯巴达的男孩长到7岁之后便会被安排前往集体训练场接受培训和教育。在那里，他们被分成几小队，每队都由一位更年长或表现更积极的男孩担任队长，队长有权整顿纪律和惩罚行为乖戾之人。

他们接受的斯巴达式教育，目的在于让斯巴达男人都经受严酷考验，学习克己与服从；他们会被灌输不屈不挠、坚忍不拔的精神，以及强烈的爱国精神。

随着年岁的增长，他们会接受更为严苛的训练。即使在寒冬腊月，他们也必须光着脚，穿着单薄的衣服。而且他们一整年只能穿一件衣服，无论这件衣服到了多么肮脏和破旧的地步。他们睡在芦苇床上，拒绝一切让人丧失男子气概的东西。

为了培养斯巴达人的尚武精神，城邦内经常会举行搏斗比赛。前辈们在一旁观战，为那些勇敢灵巧的战斗者，或是那些身负重伤但依旧坚忍不拔的勇士鼓掌。所有的训练都是为了使他们体魄强健、坚忍不拔、无所畏惧、果敢坚毅。

为了磨炼心智，莱克格斯鼓励孩子们偷窃食物，甚至是公共食堂或者公民房屋和花园里的食物。如果孩子们偷东西被发现了，就会受到严厉的惩罚。惩罚并不是因为偷窃行为本身，而是因为不够谨慎被人发现。

即使已经成年，30岁以前他们还是无法按照自己的意愿自由行事，还是会像以前一样在军营里过集体生活，法律会赋予他们每个人相应的职责。每个公民都应关注集体利益，而非个人利益；如果能够为国家服务，他们甚至准备好随时献出自己的生命。

斯巴达法律禁止他们从事手工业或农业；不服兵役时，他们会花时间去管理公立学校，参加体育和军事演习，打猎，举行庄严集会或组织宗教活动。

30岁之前，任何人都无权参与公共事业，人们甚至认为一个地位普通的人过多干涉政治事务是逾矩且冒昧的。若一个人把大部分时间花在家庭生活上，或者流露出对家庭成员的喜爱，也被认为是不体面的。只有国家才真正值得斯巴达人爱戴。

第42章　莱克格斯制度——莱克格斯之死

在斯巴达，奴隶是国家财产，奴隶与土地会被同时分配给拉科尼亚的自由居民，类似于一些现代殖民地，流放的罪犯会被分配给自由定居者。

斯巴达的奴隶主要是拉科尼亚原住民的后裔，被称为希洛[1]。希洛本是个镇名，当伯罗奔尼撒的多里安入侵希洛时，原住民虽曾顽强抵抗，但最终还是被击败，希洛的人们也沦落为奴隶。

根据莱克格斯的法律，希洛人主要从事农业和手工业生产活动。战争期间，希洛人必须与主人一同参与战斗，最初所谓的轻装部队一般都是由希洛人组成。他们同时还是家仆，为主人做各种各样的杂事。

尽管希洛人在斯巴达城邦国家中有如此重要的作用，但他们仍然会遭到傲慢的主人们残忍无礼的对待，甚至常因为主人的一时兴起或一句玩笑而被处死。他们必须穿上表明自己奴隶身份的衣服：一顶狗皮帽和一件羊皮背心。他们被禁止

---

[1]　Helot，又称黑劳士。

教导自己的孩子任何可能与主人平起平坐的技艺。

斯巴达人可以每天鞭打一次奴隶，仅是为了提醒对方其奴隶身份。有时奴隶被迫喝酒直到酩酊大醉，并表演放纵下流的舞蹈，为的是警示斯巴达的年轻人酗酒会使人堕落。

主人杀死奴隶不受法律制裁，按照惯例，斯巴达青年每年一次组队分散在全国各地，伏击并暗杀他们所能找到的最健壮的希洛人，以显示他们的英勇。

莱克格斯一心只想让斯巴达的男性体格健硕、吃苦耐劳且对战争狂热，只要能实现自己的夙愿，他会毫不顾忌斯巴达女性的看法。他命令女性必须放弃她们轻松惬意的生活方式，也应该积极锻炼，进行跑步、摔跤、掷标枪等活动。他所采取的措施表明，他完全蔑视作为当时社会美德和幸福基础的婚姻义务。在莱克格斯的制度下，到了后来，一位斯巴达母亲最担心的事情便是儿子成了战场上的勇士，而她能送给孩子最好的礼物就是一件盔甲。

◎　斯巴达母亲

总的来说，用我们今天的眼光来看，莱克格斯的制度虽然比那个时代其他地区的先进，但仍是一种狭隘野蛮的制度。它消灭了个人自由，使每个人都成为国家或社会的奴隶。社交独立——人存在的最大魅力被摧毁。设计此制度仅是为了建立一个全民皆兵的国家，军事力量被认为是最高的民族荣耀。这一制度在这一目标上是合格的。

人民安居乐业、快乐地享受最大程度的自由、拥有美德、家庭幸福、家族昌盛、事业有成，这些是未来时代的观念，在当时即使最明智之人也不曾想到。

斯巴达人被灌输的主要美德是军人般的美德，例如对体格健硕的追求，对贫困的忍耐，对危险和痛苦的漠视，坚不可摧的决心，以及英勇气概。斯巴达人的节俭和克己，他们庄重的礼仪、无敌的勇气和爱国主义奉献精神，都是值得赞扬的。但是这些美德被过分抬高，终沦为恶习，让斯巴达国民变得禁欲、残酷和无情。

他们对战争的狂热使得斯巴达的外交政策极具侵略性和专制性，他们对艺术、和平及宁静的家庭生活嗤之以鼻，这也导致他们无法拥有人性的温柔善良。但实际上，温柔善良才是人类快乐的主要源泉。

完成立法后，莱克格斯召集公民大会，并告诉斯巴达全体公民，他还有问题想咨询德尔斐神谕，但出发之前，他希望人们能够宣誓，在他返回之前不会改变他所建立的制度。

斯巴达人遵从了他的意愿，于是他前往德尔斐，在那里他得到了神谕的肯定回复：如果斯巴达继续遵守他的法律，就将成为世界上最伟大、最繁荣的国家。

他将这个可喜可贺的神谕写下来后送回母邦。然后，为了使斯巴达人永远遵守他临走之前的誓言，据说他心甘情愿地饿死异乡。

但有些作家声称他死于克里特岛，齐享天年，并且遵照他的要求，死后其尸体被火葬，骨灰撒入海中，以免有人将其运回斯巴达，让同胞们找到借口解除"永远遵守他的法律"这一誓言。

第43章　美塞尼亚战争

莱克格斯逝世约一个世纪后，斯巴达人向其邻国美塞尼亚发动了一场持续20年之久的战争。在这场旷日持久的战争中，美塞尼亚人询问了德尔斐神谕，得到的回复是，他们须将一位出身高贵的处女献给地狱之神，才能得到神灵庇佑。

于是美塞尼亚的将军阿里斯托德穆斯（Aristodemus）将自己的女儿作为祭品，当她即将被烧死的时候，她的情人奋不顾身地前来营救，还谎称她不是处女之身没有资格献祭。但是，这番话激怒了阿里斯托德穆斯，这位将军残忍地将刀刺入女儿的心脏。

这场战争持续了数年，美塞尼亚取得了不小的成功。阿里斯托德穆斯在这场战争中以勇气和能力而闻名，最终登上了美塞尼亚的王位。但是他在名利双收之时，一直为杀死了自己的女儿而后悔至极。最后，他实在无法再忍受内心的谴责，便在女儿的坟前自杀了。

随着阿里斯托德穆斯的陨落，美塞尼亚也随之衰落。在他死后不久，美塞尼亚就被斯巴达吞并。至此，所谓的第一次美塞尼亚战争结束了。

美塞尼亚人臣服39年之后，开始起义反抗斯巴达人，他们在一位杰出青年领袖阿里斯托梅尼斯（Aristomenes）的领导下，于公元前685年发动了第二次美塞尼亚战争。美塞尼亚人在阿卡迪亚人、阿尔戈斯人和埃利安人（Elians）的帮助下，三胜斯巴达军。

斯巴达人对己方的霉运感到不安，于是向德尔斐神谕寻求建议。他们被告知，如果想要取胜，必须前往雅典寻找一位将军。但斯巴达人和雅典人之间一直以来都是针尖对麦芒，前者相当不愿向后者开口讨要一位将军。

然而，他们还是听从了神谕。雅典派了一个名叫提尔泰奥斯（Tyrtaeus）的瘸腿教师去当将军。他们无疑是在嘲笑斯巴达人，但事实证明雅典人送出的这位将军再好不过了，因为提尔泰奥斯是一位优秀的诗人，他振奋人心的诗歌激发了斯巴达人对军事实力的自豪感；他们受到鼓舞，加倍努力，很快就逆转了战争局势。

在第二次美塞尼亚战争中，有一次，美塞尼亚将军阿里斯托梅尼斯被俘，他和约50名士兵被一起扔进斯巴达一处深不见底的洞穴中，斯巴达人通常将那里当做惩处战俘的绝佳葬身之所。

阿里斯托梅尼斯成为数十人中唯一的幸存者。在山洞中煎熬度过两天后，他准备闭上眼睛等待死亡降临。突然，不远处传来一阵呲呲声，他艰难地站起身来，在微弱的光线中，看到一只狐狸正啃食着他同伴的尸体。

他小心翼翼地靠近，抓住了狐狸的尾巴，在昏暗的洞中跟着试图逃离的狐狸，直到它从一个小洞口逃到外面。阿里斯托梅尼斯费了些力气把洞口挖大，成功地逃出洞穴。他一路奔回母国，在那里受到了国民的热烈欢迎。

阿里斯托梅尼斯将军为抵抗斯巴达人，守卫伊拉（Ira）要塞长达11年之久。但因盟军的背叛，要塞最终被攻破，他不得不弃城而逃。在各种冒险经历之后，他意识到对斯巴达再加抵抗也是徒劳，于是隐退到罗德岛，娶了一个首领之女为妻，安逸宁静地度过了余生。

许多美塞尼亚人不愿再次臣服于斯巴达，于是离开了他们的国家，移居到西西里海岸的墨西拿（Messina）。其余的美塞尼亚人沦为奴隶遭受压迫。公元前670年，第二次美塞尼亚战争宣告结束。

第44章　动荡的雅典——德拉古法典

受莱克格斯所建立的制度的影响，斯巴达的权力和领土正在不断扩大，而彼时的雅典被国内无休止的派系纷争和阴谋诡计搅得不得安宁。一方面是寡头政治的压迫，另一方面是民众暴乱四起。

科德鲁斯死后，雅典人对其建立的政府体制感到不满。在那之后大约三个世纪，雅典废除了世袭继承权，赋予官员选举权，并将每位执政官的任期限制在10年内。

公元前683年，另一个重要变化也发挥了重要作用。雅典任命了九名执政官（此前仅为一名），并规定每年都须选举一次。位居九大执政官之首的通常被称为首席执政官。位居第二的执政官被授予国王头衔，同时还是国家宗教的守护者兼大祭司。

位居第三的执行官被任命为军队总司令，负责战争。其余的执政官在法院中担任司法执政官，并与前三位执政官一起组成雅典的最高权力机构。

由于犯罪和骚乱仍时有发生，正直却严厉死板的德拉古（Draco）当选为执政官，承担改革雅典体制的任务。他制定了极其残酷的法律，古希腊史家普鲁塔克（Plutarch）称该法律"不是用墨，而是用血书写的"。

即使犯下轻微罪行也会被判处死刑。当被问及为何立法如此严苛时，德拉古回答说，犯下最轻微罪行者应被处以死刑，而对于罪大恶极之人，只是尚未想到比死更重的惩罚罢了。

德拉古法典同之前所有严苛的法律一样，最终以失败告终，这也是历史的必然。与此同时，一直是雅典最大病根的派系争斗变得日益频繁和激烈。雅典城邦中出现了三个政党。第一个由阿提卡山区的居民组成，崇尚民主，支持人民为统治力量的政府；第二个则由山谷原住民组成，赞成寡头统治，支持将政府权力集中在少数有特权的个人手中；由沿海居民组成的第三方则倾向于一种把寡头政治和民主原则结合起来的混合政体。

在这个动荡的时期，富人和穷人之间本就有敌对情绪，而另一个因素又让这种情绪变得愈加浓烈——有些人积累了巨大财富，而大多数人民却陷入了赤贫的境地。他们还背负着满足富人奢侈浪费的沉重负担，而且看不到任何能够减轻这些负担的曙光。

一项严苛法律的出现让当时的境况雪上加霜，该法令使债权人有权扣押债务人，雇用其做苦力，甚至可以将对方当作奴隶卖掉。

但这一法令很容易为富人所利用，穷人因此被彻底激怒，一场下层阶级的大起义一触即发。

第45章　梭伦改革（一）

在这种危险的处境中，各方审慎明智之人似乎都认为，爱国君主科德鲁斯的后裔梭伦（Solon）才华横溢、品德高尚，是唯一有能力和足够影响力去消除现存分歧、救雅典于水火之中的人。

他大公无私、谦逊善良，深受穷人喜爱；又因为他属于富人阶级，故富人对他也怀有好感：他受到了所有人的尊敬和信任。

许多有名望之人支持甚至恳求他去继承王位，如此他才能更有效地镇压动乱，平息派系纷争，让人们遵从他认为有必要制定的法律。他却毅然决然地拒绝了这一建议。

◎ 梭伦

但几乎所有人都一致投票选择让他做执政官，梭伦被赋予了重塑国家体制的特殊权力，经过一番犹豫后，他最终还是接受了该职位。

梭伦生于萨拉米斯岛（Salamis），其父伊克西斯泰德（Execestides）虽地位显赫，但并不富裕。为获得一笔可观的财富，梭伦年轻时大部分时间都在从事商业活动。

这段经历对这位未来的立法者而言无疑是大有裨益的，游历列国给了他绝佳的机会去研究人类和风俗，并比较当时世界各地的文明和政治经济制度。

据说，他在从商期间先后遇见了六位著名人士，与他们相谈甚欢。这六位著名人士和他本人一起获得了"希腊七贤"称号，我们将在下文对他们一一介绍。

梭伦是一位智者，亦是一位诗人，他是以诗人的身份在雅典初露锋芒的。当时雅典和麦加伦人（Megarensians）为争夺萨拉米斯陷入持久战，但由于厌倦了旷日持久的战争，雅典人通过了一项法律：无论是谁，提出开战收复萨拉米斯者，一律处以死刑。

然而，不久之后，雅典人民希望废除该法律，但是由于害怕受到惩罚，所以大家都不敢提出。在此背景之下，梭伦想出了一个妙计，让他能够在不伤害自身的情况下达到目的。

他假装精神错乱，甚至连他的朋友都被蒙骗了过去。有一天，他写了一首关于萨拉米斯战争的诗，冲到集市上，疯狂地在人们面前背诵他的诗句。

起初，人们出于好奇聚集在他周围，他激昂的诗篇激起雅典人的爱国热情和民族尊严，且在梭伦密友的现场"挑唆"下，人们不仅废除了禁止令，还投票选出了另一支对战萨拉米斯的远征队，并任命梭伦为指挥官。战争结果充分证明了雅典人的选择是正确的，因为这位新领袖很快就让萨拉米斯臣服于雅典。

这是梭伦早期的一些成就，但它们与后来梭伦作为立法者做出的努力相比，就显得黯然失色。雅典面临最直接的危险源自穷人的不满情绪，于是梭伦开始采取措施来改善当时目光短浅、受压迫、受折磨的穷人阶级状况。

他废除了这些穷人的所有债务，并下令今后债权人无权奴役无力偿债的债务人。他似乎很清楚，除非绝对必要，否则没有任何理由可以为这项措施辩护。因此，他下令陪审法庭（雅典最高司法机关）的陪审员宣誓，绝对不能在另外的债务免除提案上投赞成票。

为进一步救济穷人，他大胆地降低了利率，使他们能够以优惠的条件获得贷款；在此之前，穷人只有在紧急情况下才可获得贷款。

第46章　梭伦改革（二）

梭伦随后废除了德拉古制定的残酷法律，只保留谋杀罪要判处死刑的部分，并以较轻刑罚代替之前的酷刑。然后，他着手重建雅典的政治和司法机构。

旧时雅典国王忒修斯曾将公民分为三类，但是现在梭伦根据公民的年收入将他们分为四个等级。

第一、二等公民就是后来被称为骑士的那一批人。他们在战时须自备军械、军装和马匹作战，而另外两个较低的阶级则作为步兵参战。

第一等级的公民可担任包括执政官在内的一切官职；第二等级的公民可以担任除财政官（一种执政官）以外的高级官职；第三等级可任低级官职；第四等级的公民不得担任公职，但有权参加公民大会和民众法庭。公民大会拥有绝对和无限的政治权力，为了在某种程度上平衡这一民主制度，梭伦建立了国家议会，恢复了古老的贵族会议——最高法院[1]。

国家议会由400名成员组成，从阿提卡的4个辖区中各选举100人。后来，阿提卡辖区增至10个时，改为每个区域选举50个成员，组成一个共500人的议会。

这些议员的任期仅为一年，他们有权提出和制定所有立法措施。这些立法措施随后由公民大会进行讨论并作出决定。

梭伦恢复建立了亚略巴古（Areopagus）法院，该最高法院由那些有资格履行执政官职责的人组成，终身任职。作为刑事法庭，最高法院司法权至高无上，且管辖范围非常广泛。它的职责还包括负责审查公共道德，并有权惩处亵渎神灵者、挥霍无度者，甚至游手好闲之人。

每位公民每年必须向最高法院提交一份年度收入报告，并说明收入来源。在司法方面，最高法院审判案件会在黑暗的夜间进行，并规定：凡是对被告进行指控或为被告进行辩护的人，都被禁止使用雄辩术，只能陈述事实。

长期以来，最高法院受人敬畏，它不仅有权修订其他刑事法庭所宣布的判决，甚至有权废除公民大会的司法法令。

梭伦将由执政官掌握的司法权转移到一个由普通法官组成的陪审法庭。该法庭由不少于6000名陪审员组成，有时又细分为10个下级法院，每个下级法院有600名陪审员。

这些法院中有6个民事法院，4个刑事诉讼法院。30岁以上且未被法律剥夺劳

---

[1] 位于亚略巴古，此山名为最高法院的代名词。

动资格的公民都具备成为陪审法庭成员的条件。陪审员出庭期间可获少量报酬。

许多立法者都会犯这样的错误，即扩大立法的实际领域，以刑法去推动改革，殊不知有些改革只有通过道德力量才能完成。而在梭伦的其他成文法典中，有证据表明他也不可避免地犯下了这些错误。

为防止人们漠视公共利益，他颁布法令，凡在民事辩论中保持中立的人，应处以没收财产的惩罚，并被逐出雅典。为遏制女性奢侈攀比之风，他对女性在公共场合的穿着和行为做出了严格的规定。

他宣布无所事事、游手好闲之人必须受惩罚，规定雅典公民必须教导儿女学会一种手艺，否则子女将来有权拒绝赡养双亲。他严禁恶言攻击死者，并对公开辱骂生者之人处以罚款。为阻止买卖婚姻，他命令父亲不得给女儿任何嫁妆。

第47章　梭伦游历

梭伦完成了改革任务，并让雅典人承诺100年内不废除或修改他的任何一项法令。但后来，一些喜欢指手画脚的人要求梭伦提出修改建议，自认为是在改进他的法律，这惹恼了梭伦。于是，他决定离开雅典，让人们有足够的时间了解并熟悉他的制度。

出发前他要雅典人起誓，谨守他的法律，在他回国之前不得更改。取得雅典人的同意后，他便开始了长达10年的游历。他航行到了埃及，与包括这个古老王国的祭司在内的众多学者就哲学问题进行了交谈。

随后他访问了塞浦路斯岛，在那里，他帮助一个名叫披罗库普洛司（Philocyprus）的小国国王规划并建造了一座城。为纪念这位雅典立法者在建造这座城时做出的贡献，这座城被命名为索里（Soli）。

据说，梭伦离开塞浦路斯后，前往小亚细亚吕底亚（Lydia）首都萨迪斯（Sardis），拜访了该国国王克罗伊斯（Crooesus），这人素来以豪富和地位显赫闻名，我们当下使用的一些谚语还源自于他。

这位君主在梭伦面前炫耀其富有，并问他是否曾见过比在场的皇室成员更精致高贵之人。"是的，"雅典智者回答说，"公鸡、野鸡和孔雀更为美丽优雅，因为它们的装饰品是自己的，但在座贵人们的都是借来的。"

然后梭伦被问及是否见过比克罗伊斯更快乐的人。他回答说："见过。"他补充道，人类历史沧桑变化，"所以在人临终之前，谁也不能肯定他是幸福的"。

梭伦的一番话让克罗伊斯很不高兴，但据说后来他的话应验了。不幸的吕底亚国王被波斯人（Persian）居鲁士（Cryus）废黜，还被下令绑在火刑柱上，临死之际，他不禁大声喊道："梭伦！梭伦！"

人们问他叫喊什么，他说他所叫的名字是希腊七贤之一，那个人曾经告诉他这样一个"真理"，即一个人快乐与否，要在他死后才能得出结论。克罗伊斯补充说道，"我自己的命运便证实了这点"。

据说，居鲁士听到这些话后便开始思考自己的命运，他不仅宽恕了克罗伊斯这个不幸的国王，后来还一直给予他特别关照。

第48章　梭伦归来——庇西特拉图篡位

早在梭伦10年游历结束之前，雅典已再次成为党派斗争的舞台。山区、山谷和沿海地区的古老派系，又开始争夺政权。人们名义上仍遵守梭伦的法律，但梭伦一回国便发现雅典早已是一团乱麻。

梭伦的亲戚庇西特拉图野心勃勃，试图动摇雅典的民主政体，作为山地派（或称民主派）的领导者的他，态度温和，假装热衷于保护穷人的权利，获得了民众的广泛支持。

梭伦了解他这位亲戚的真实性格，看穿了他的意图，设法劝他放弃阴谋未果。据说后来庇西特拉图故意自残，满身是血地出现在集会地点，指责他的政敌攻击并虐待他。他向人们哭诉道，为穷人说话的人在雅典得不到安全保障，他将离开阿提卡，除非人们允许他采取措施保护自己。

人们对这位他们喜欢的领导者受虐待感到愤慨，立即投票给他50人做守卫，完全不顾梭伦的恳切劝阻。梭伦清楚地认识到他们正在武装庇西特拉图，而这些武装很快就会被用来对付他们自己。

梭伦所说应验了，狡猾的庇西特拉图逐渐增加了他的守卫的人数，后来发展成一支相当强大的军队，接着突然占领了雅典卫城。意识到危险的民主政体支持者进行了激烈抵抗，但庇西特拉图击退了所有反对者，确立了自己至高无上的统治，成为雅典僭主（公元前560年）。

关于这一称谓，值得一提的是，古希腊人使用"僭主"一词的含义与现在人们对它的理解有所不同。那时人们对每个篡位者或复辟帝制的统治者都用此尊号，不管他后来如何温和公正。因此，尽管历史记载说明了他的统治仁慈开明，庇西特拉图仍被称为僭主。

庇西特拉图在完全掌权之后，并没有因爱国智者梭伦当初坚持反对，甚至差点破坏他的计划而蓄意报复，反之对梭伦的亲人极为仁慈尊敬，并维护和执行梭伦的法律。

梭伦这位可敬的立法者不允许有人反对之前的立法，所以他多次拒绝了向他征询意见和求取帮助的庇西特拉图。梭伦永远不能容忍他颠覆民主政体。

因此，梭伦再次离开雅典，自愿在流放中度过余生。据说，他最后死在塞浦路斯岛，享年80岁。雅典人为了表示对他的尊敬，将他的雕像立在公民集会的地方，他故乡萨拉米斯的居民也赋予他同样的荣誉。

后来庇西特拉图继续张弛有度地管理着雅典政府，还因大力提倡文学、美术而受人尊敬。他建立了历史上首个公共图书馆。如前文所述，他命人收集并完整地写出了荷马的诗歌。他还在雅典大兴土木，修筑了许多美轮美奂的公共建筑，并为市民建造了首个公园。

第49章　希庇亚斯和希帕克斯

庇西特拉图死后，他的两个儿子希庇亚斯（Hippias）和希帕克斯（Hipparchus）继位，共理国政，他们沿用了父亲温和开明的统治方式。同父亲一样，他们也提倡文学艺术，并广招天下贤士，吸引了著名诗人阿那克里翁（Anacreon）和西蒙尼德斯（Simonides）定居雅典。

简而言之，雅典在这两兄弟的共同治理之下一度繁荣昌盛，文明迅速发展。因此，古代一位聪明睿达的哲学家将这一时期称为另一个黄金时代。

希帕克斯和希庇亚斯虽实行明政，但统治颇为短暂，以暴力冲突仓促结束。事件源于庇西特拉图的次子希帕克斯侮辱了雅典贵族哈尔莫狄欧斯（Harmodius）的妹妹，愤怒的哈尔莫狄欧斯决心杀死庇西特拉图的两个儿子。他在朋友阿里斯托格顿（Aristogiton）的帮助下，在泛雅典娜节上袭击并杀死了希帕克斯。刺客哈尔莫狄欧斯本人在随后的骚乱中被杀身亡（公元前514年）。

此事件发生后，为寻求内心的安全感，希庇亚斯开始变得偏执暴躁，统治方式也逐渐严苛冷酷。他后来的行为一度可以称得上字面意义上的残暴"僭主"。为了寻找与希帕克斯之死有关的秘密，他严刑拷问了一位名叫莱昂纳（Leona）的女子，然而她守口如瓶，在刑讯中咬舌身亡，拒绝透露任何消息。

为逃避希庇亚斯的压迫，许多有权势之人离开了雅典，后来在斯巴达人的协助下，这些人服从德尔斐神谕的命令，大举入侵阿提卡，围攻雅典。

一段时间之后，他们成功迫使希庇亚斯下台，将其流放至其父庇西特拉图于公元前510年在赫勒斯滂建立的雅典殖民地利金（Ligeum）。

雅典人恢复了由梭伦建立的民主政体，最早拔剑抵抗颠覆民主政体的哈尔莫狄欧斯和阿里斯托格顿受到了雅典人的尊敬，人们作诗赞美他们，并在一些公共节日中吟诵。

驱逐了希庇亚斯的领袖克利斯提尼（Clisthenes）通过了一项准许外国居民享有公民权的法令，使得雅典的政体更趋民主化。

克里斯提尼还创立了陶片放逐制度，即雅典公民可以在陶片上写下那些不受欢迎或是那些极具社会威望、广受欢迎、最可能成为僭主的人的名字，并通过投票表决将企图威胁雅典民主制度的政治人物放逐10年，不管那人是否犯过罪。

这一制度因公民在投票时会在一块陶片上写下那个令人讨厌的人的名字，故被称为"陶片放逐"。据说，克利斯提尼是这项法律的第一个受害者。

第50章　古希腊风俗——着装——妇女

正如前文所说，希腊人享有得天独厚的条件，希腊女性大多天生丽质，有着健康小麦色皮肤、乌黑的头发和黑曜石般的眼睛。关于性情，除斯巴达人外，其他希腊人皆热情活泼、多情善变，还颇爱热闹。

他们在某种程度上比其他民族更具思想天赋，因此他们在哲学、政治、文学、雕塑、绘画和建筑艺术等方面都取得了重大进展。希腊的许多艺术作品至今仍然是整个文明世界的典范。

◎　希腊花瓶

◎　希腊花瓶

希腊地区气候温和宜人，所以希腊人衣着轻便朴素，他们的穿着更多是为了遮蔽身体，以彰显高雅美观，而不是为抵御恶劣的天气。

希腊男性常身穿宽松的亚麻或羊毛外衣，称为短袍，长及膝盖，外披一件披风。古希腊人最早并不戴帽子，后期才开始戴一种两端系在下巴的垂帽。鞋则常为系带凉鞋。

希腊女性服装包括一件白色的亚麻或羊毛束腰外衣，腰上系着一条宽腰带，衣服的裙摆一直垂到脚跟。女子还会在这件衣服外套一件短袍，一般为橘红色，用丝带系在腰间。这两种服饰的底部都有不同颜色的镶边。

她们的编发很有品位，会用金色头绳扎起，戴着金耳环和金手镯。在雅典最奢华辉煌的时代，当地妇女常会打上腮红，画好眉毛，在头发上撒上黄色的粉末后戴上花环。她们出门时总会用面纱掩面。

希腊的女性常常被隔离约束起来，有点类似于今天的土耳其和其他起源于东方的国家。除了隆重节日和其他公共仪式外，妇女必须待在家中，在家里纺线、织布、烤面包，并监督女奴隶工作。

她们要出现在公共场合也必须成群结队，低着头，被奴隶和侍女围着，或者低调地迅速赶往她们要去的地方。

然而，下层阶级实际上是没有这些限制的，甚至有地位的女性也想出了许多办法来逃避这些限制。斯巴达的妇女就不同了，莱克格斯的法律规定，妇女可以在公共场合露面。

但斯巴达的妇女在有些方面也很特别。她们不会为在战斗中英勇牺牲的丈夫或儿子哭泣，她们反而在收到消息后会开心地出现在公众面前。只有当她们的亲友战败后毫发无损地回来，使自己蒙羞时，她们才会做出悲伤的样子。

第51章 阶级、职业、娱乐、饮食、教育、婚姻、葬礼

希腊人分为自由者和奴隶两大阶级。如前所述，在斯巴达，所有农活和体力劳动都由奴隶完成，而自由人则将注意力全部集中在战争、政治和年轻人的教育上。

然而，此时雅典和其他希腊国家的公民更多从事贸易和其他有利可图的商业

活动，奴隶不仅是农业和体力劳动者，在很大程度上也是手工业者。

希腊有如下职业：皮革品制造商、银行家、理发师（有些是女性）、医生、篮子制作者、铁匠、铜匠、屠夫、木匠、棉花种植者、制革匠、染工、上釉工人、代理商、农夫、渔夫、亚麻加工匠、浇铸工、壁画画家、漂洗工、镀金工人、金匠、花匠、过磅员、造纸商、调香师、领航员、家庭教师、江湖郎中、牧羊人、织工等。

雅典的许多公民没有工作，而是靠参加政治和司法会议获得报酬，或靠公共节日发放的津贴度日，偶尔依靠国库或富人的施舍来维持生活。

他们日常的消遣包括一起谈天说地，在集会或市场上听演讲，在公园里散步，听哲学家们的演讲和辩论，以及协助为纪念众神举行的无数游行、竞赛和庆祝活动。

希腊人通常一日两餐，第一餐在清晨，主餐在晚上。他们不像西欧国家的人吃饭时笔直地坐在餐桌前，而是斜倚在垫子或沙发上。

在原始时代，他们以水果和植物根茎为食，但后来他们用动物和许多美味佳肴烹调美食。富人的餐桌上摆满了葡萄酒，就餐时音乐、舞蹈和哑剧表演更增添了娱乐的气氛。

◎　酒壶

参加宴会之前，希腊人会净身沐浴并涂上橄榄油；到达宴会场所时，招待他们的人或拉着他们的手，或亲吻他们的嘴唇、手或脚，以示尊重。在开始用餐之前，餐桌上的一部分食物是作为祭品献给神的；餐后，人们通常会吟唱赞美诗。

希腊人没有"为健康干杯"这一做法，但他们也有个类似的饮酒习俗：在喝酒前，他们常常倒一部分酒在地上，以敬神灵或者已故的朋友，这一习俗被称为奠酒。

希腊人注重优良的礼仪礼节。他们反感长指甲、脏牙齿、吃饭时擤鼻涕、向服务员吐痰等粗俗表现，也厌恶夸夸其谈者。那些令人反感的行为还包括：在宴会上总想方设法坐在主人旁边；吹嘘要带孩子去德尔斐神庙寄存头发；夸耀自己悉心照顾了一个黑人男仆；有人献祭时在其门口摆放花环；为一条宠物狗立纪念碑；等等。

希腊人非常注重年轻人的教育，学校似乎采用了贝尔—兰开斯特制度[1]。如前文所述，斯巴达式的训练体系仅限于训练意志，增强体力，他们认为艺术和科学的研究及对文学的追求不值得人们关注。

雅典人与模仿雅典风俗习惯和制度的希腊其他一些国家的人民，为他们的年轻一代提供了更为自由开放的教育。除体育锻炼是必授科目外，还教授阅读、写作、语法、音乐、朗诵，后来还增加了哲学、演讲术等科目。希腊有诸多著名学校，学生经常有机会参加公开辩论，聆听雄辩家的演讲。

希腊的女性14岁左右就可以结婚，雅典人的婚姻在年纪尚小时便已订好。雅典的订婚程序很是繁琐，解除婚约却很容易，离婚双方只需向执政官提供一份书面同意书，证明他们同意离婚即可。

斯巴达的婚姻习俗，与该国所有其他制度一样，有其独特之处。斯巴达男性获得女方父母同意后，必须强行带走其配偶，因为女性同意结婚这一行为在他们眼中不合乎礼节。即使结婚后，年轻的丈夫和妻子也要长期小心翼翼地避免一同出现。他们得秘密交往，要是没有孩子，有时数年之后人们才知道这两人结婚了。

希腊人的葬礼仪式颇为隆重。在清洗、涂橄榄油并穿上昂贵的衣服后，尸体

---

[1] 贝尔—兰开斯特制度：Bell—Lancaster system，亦称"导生制"。

会被放置一两天，甚至三天。遗体头顶会放置一束花环，手中握着面粉和蜂蜜制成的蛋糕——作为地狱三头看门犬刻耳柏洛斯的祭品。

　　一枚价值3.5便士的小硬币被放进死者的嘴中，是给冥间摆渡人卡戎的搭船费，好让他将逝者的灵魂摆渡过冥河。葬礼开始前，亲属和聘请的送葬者一直会围绕在遗体四周，伴随着哀怨的笛声，他们高声哀鸣。

　　随后人们会将遗体置于柏树棺中，装上马车，运送至墓地。送葬队伍是按以下顺序前进：首先是演奏或吟唱哀乐的乐师；接着是穿着黑衣的男性亲友；然后是逝者的棺椁；队伍最后是妇女。

　　按照死者或亲属的意愿，遗体可被土葬或火葬，火葬后骨灰会被收集起来放在骨灰盒中，然后埋在地下。葬礼上人们会举行奠酒仪式，或向众神献祭，人们祈祷着，大声呼唤着死者的名字。那个时候，人们就已经习惯在墓前立一块纪念石碑或雕像。

　　前文叙述过祭司的主要工作是主持宗教仪式和典礼。人们前往庙宇礼拜，会提供最优质的牲畜和上等物件作为祭品，在开展重要活动之前人们都会通过宗教仪式请教诸神。

第52章　军队——战争——要塞城镇

　　希腊各城邦没有常备军或雇佣军，而是依靠一支由公民和武装奴隶组成的民兵部队来保卫国家，这支部队在战时才会被召集。从荷马的诗歌中可以看出，早期希腊军队中许多首领和战士都坐着由马牵引的战车，但是后来随着时代的发展，这些战车被完全弃用了。

　　按照惯例，军官和上层阶级骑马作战，普通士兵步行作战。常规骑兵装备有长剑和长矛。步兵则分为两类，一类是由公民组成的重装步兵，另一类则是由奴隶或下等自由民组成的轻装步兵。

◎ 战斗中的希腊人

　　重装步兵头戴黄铜或铁质头盔，胸前、腿上戴着铁甲，右手持长矛或长剑，左手握盾牌，通常以密集队形作战，称为方阵。盾牌紧挨、长矛互搭的方阵一般分8人方阵和16人方阵。

　　轻装步兵的装备则主要是弓箭、标枪和投石器，相对于重装部队他们在战争中就显得没那么重要了。因此，古代作家在描写战争叙述参战人数时，常常会忽略轻装部队的人数。

◎ 圆盾

　　希腊军队会军纪严明地以快速、整齐的步伐向敌人挺进，只有军号声或斯巴达长笛声偶尔打破行进中的沉默。当武器的碰撞声和垂死之人的呻吟声响起，战争则宣告正式开始。

　　希腊所有20岁到60岁之间的公民都有义务应召保卫国家，只有那些年事已高的人可免于服役。雅典的法律规定每支军队须任命10名将军，由阿提卡的10个区中各选出1名组成。

　　起初，这些军官每天轮流掌握最高指挥权，但不久人们就发现这种不明智的安排会造成诸多麻烦，于是改变做法。他们任命10位军官中的1位做真正的指挥者，剩下的9个担任顾问，或被授予将军的荣誉头衔在家休沐。

　　希腊的城镇都有城墙、塔楼、壕沟等防御工事，这使当时攻城变得非常困难。尽管这些城池在当时被认为坚不可摧，但在现代火炮的攻击下，它们很难坚持一个小时。虽然希腊人拥有的攻城器械无法与大炮相比，但他们的工具一样可以重创那些坚固的城池。

◎　希腊士兵

　　主要的攻城器械有攻城槌、移动塔、龟甲攻城器、弹弓和石弩。攻城槌是一根很粗的木头，木头顶端有一个铁头，形状类似槌子，用来撞击城门。有的攻城器会悬在一座木制建筑的顶部，底部则用来掩护攻城者，使之免受城上敌军发射物的袭击。另外一些较小的器械由军人随身携带。

　　这些器械的主要用途就是破坏、推倒城墙。根据史书的记载，这些工具在攻城战役中起到了不小的作用。守城一方为减轻这些器械对城墙的破坏，通常会将一袋袋的羊毛放在攻城者所要攻击的城墙壁上。

移动塔是方尖形的木制建筑，底部装有车轮，方便移动到要进攻的防御工事附近。这些塔的底部面积从30到40平方英尺[1]不等，而且高度比普通城墙要高得多。

塔的最低一层是一只攻城槌，中间部分是一座可以调节高度的吊桥，以便进攻者从塔上冲向城墙，塔的顶部则会布满士兵，向城墙的守卫者投掷标枪和射箭。

龟甲攻城器形似一座木屋，约25平方英尺，高12英尺。像移动塔一样，它也装有轮子，方便向城墙移动。它上面覆盖着坚硬的兽皮，同时，这些兽皮经药水浸泡后有防火的功效，像龟壳一样保证了里面人员的安全，故而被称为龟甲攻城器。它的作用是掩护士兵填平沟渠或者破坏城墙。

石弩和弹弓是用来投掷巨石和标枪的机器，据说它们非常像现代的十字弓，只是相对而言体积巨大。

第53章　希腊战舰——房屋、家具等

荷马时代的希腊战船是一种大型的无甲板敞舱船，能载50人到120人。这些战船上有船帆，但通常靠士兵划桨来推进。

早期，桨手沿着船的两边各排成一列划船。后来科林斯人发明了三层划桨战船，有三层高，船的每边有三排桨手，并且像现代巨型战船一样装上了甲板。

这些战船中最大的一艘可载约200名船员，其中一部分是水手，还有一部分是士兵，现在我们称之为海军。在海战中，这些海军站在甲板上，用标枪攻击敌人，当敌船靠近时，他们就用剑和长矛短距离攻击。

---

[1]　1平方英尺≈0.929平方米。

虽然三层划桨战船是彼时使用最普遍的战船，但仍有许多比它体型更大的船——每侧有四层或者五层的桨手，每层四五十人。不过，这些巨型战船却显得华而不实。

希腊船只的船首通常装饰有神、人或动物的雕像，类似现代船只的艏饰像。在船头底部有一个"喙"，是根巨木，上面插着一根铜或铁的尖刺，它主要是用来撞毁或击沉敌方船只——试图用船喙撞击敌方船侧来制服敌人，是古代海战战术的重要组成部分。

另一种常见的海战战术是逼近敌方的航线，撞断敌船的划桨使其失去行动能力。随后两方船只靠近，士兵们近身肉搏一决胜负。

◎ 希腊战船

希腊城市中的普通住宅大多是用黏土或未烧好的砖砌成的，极其简陋，在狭窄的街道两边不规则地排列着。但富人的住所宽敞豪华，一般有两层或以上，配有楼梯，包括几个套间。

房屋最前方是一扇大门，门外是一堆用作肥料的马粪和骡子粪，通常养着许多狗和猪。进门的第一个房间装饰有绘画，还有为男士、访客和陌生人准备的客房；另有一间供女孩子住的偏僻房间，房门紧锁。

☼ 雅典富人住宅

富人的房屋中有许多绘画、雕塑、花瓶和装饰艺术品。墙上抹了灰泥后由木工细细打磨好，最后装饰上奢华的挂毯。墙壁和天花板以壁画装饰，家具闪耀着富丽华贵的金色和象牙色。

家庭用具通常包括椅子、鹅毛床、带蚊帐的床架、小羊皮毛毡、桌子、烛台、地毯、脚凳、灯具、保暖锅、各式各样的花瓶、篮子、盆、风箱、扫帚、水箱、烘炉、煎锅、手磨、刀具、汤勺、灯笼、镜子、研钵、筛子、烤肉扦子。我们现在还使用着上述物品中的大多数或者相应的替代品。

希腊公共建筑的宏伟和耐用性在世界上也是首屈一指的。神庙和公共建筑由抛光石材或上等大理石建成，在建造过程中充分展现了希腊三大建筑形式——多立克式（Doric）、爱奥尼亚式（Ionic）和科林斯式（Corinthian）令人赞叹的比例和美感。长久以来，这些建筑一直被认为是人类艺术的奇迹。

尽管这些建筑已是一片废墟，但他们仍是世界上高雅、有品位民族的模仿对象。现代建筑师非但不敢奢望超越他们，反而为自己成功地复制了杰出艺术品而感到庆幸。

第54章　第二阶段的诗人

公元前8世纪，即荷马和赫西奥德之后的那个时代，是希腊历史上一个相对空白的时期，没有诗人被铭记，也没有任何优秀的诗篇流传下来，所有的一切都在历史长河中湮没了。

公元前7世纪，阿尔基洛科斯（Archilochus）、提尔泰奥斯和阿尔克曼（Alcman）的出现，预示着一个光明时期的来临。公元前6世纪比上一个世纪更辉煌，诞生了莎孚（Sappho）、阿那克里翁和西蒙尼德斯，以及其他几位稍稍逊色，但也才华卓著的诗人。

阿尔基洛科斯是公元前7世纪的诗人，生于帕罗斯岛（Paros）。他的作品多为讽刺诗歌，除了少量片段外，都已绝迹。但是，从其作品对他同时代人产生的影响来看，我们可以确定阿尔基洛科斯绝不是诗才平庸之人。

提尔泰奥斯也是一位诗人，前文中提到过他被雅典人派去嘲弄斯巴达人，替斯巴达指挥第二次美塞尼亚战争，他的诗极大地激发了斯巴达军人英勇无畏的气概，带领斯巴达人取得胜利。他出生在小亚细亚的爱奥尼亚地区的米利都城（Miletus），深受跛足之苦，后来一只眼睛还失明了。

他早年定居雅典，在雅典的一所学校任教。第二次美塞尼亚战争之后，他移居斯巴达，因战争中的功绩备受当地人敬重。他的作品流传至今的只有一些片段，但他的名字在希腊仍家喻户晓。

阿尔克曼是公元前7世纪的抒情诗人，生于斯巴达。他的诗歌主要以爱情为主题，除了一些残篇外，其他都已遗失。同一时期的另一位抒情诗人特尔潘德（Terpander）出生于莱斯博斯岛（Lesbos）。他还是一位颇有成就的音乐家，并在德尔斐运动会和斯巴达的公共节日上获得了音乐和诗歌方面的多项大奖。他改进了里拉琴（lyre），还将几种新方法引入希腊诗歌中。

莎孚是一位抒情女诗人，希腊人深敬其才，授予她"第十缪斯女神"（或"第十诗神"）的称号。约在公元前610年，她出生于莱斯博斯岛的米蒂利尼城（Mitylene），后来嫁给了安德罗斯岛（Andros）的一位富豪，并与对方生了一个女儿，名为克莱丝（Cleis）。

莎孚身材矮小，肤色黝黑，长相与漂亮完全沾不上边。她生性热情奔放，诗歌主要描写了爱情带来的希望和恐惧。

她的作品只有两首被完整地保存下来，分别是《阿佛洛狄忒颂》和《少女颂》，这两首抒情诗都极具美感、热情动人，所以古人对其诗歌有很高的评价也是公平公正的。

她热烈的感情最终使她走向毁灭。丈夫死后，她极度迷恋一个名为法昂（Phaon）的年轻人，她倾尽全力却发现自己无法激起对方的热情，于是从勒卡特（Leucate）海角一块高高的岩石上纵身跳下。她殉情之地后来被称为"情人崖"。

抒情诗人阿尔凯奥斯（Alcaeus）与莎孚生活在同一时代，据说还是她的情人之一。他的作品只有些许残篇流传至今。同莎孚一样，他也是米蒂利尼城人，也是一个感情炽烈之人，不受道德感的束缚。

约公元前600年，抒情诗人伊比库斯（Ibycus）出生在意大利南部的利基翁镇（Rhegium），年轻时移居萨摩斯岛。人们对他的生平知之甚少，只知道他在一次旅途中被一群强盗所杀。他的作品也几乎全部失传了。

弥涅墨斯（Mimnermus）是一位挽歌诗人，也是一位成功的音乐家。他出生在小亚细亚爱奥尼亚的克勒芬城（Colophon），并活跃在公元前600年左右。他的作品只有零散的诗句流传到了现代。

忒奥格尼斯（Theognis）生于塞隆尼克湾（Saronic Gulf）南端多利安的麦加拉（Megara），全盛期在公元前550年左右。他的著作《忒奥格尼斯集》流传至今，其中包含了一系列的道德箴言。

阿那克里翁是一位大名鼎鼎的诗人，约在公元6世纪中叶出生于爱奥尼亚的特奥斯城（Teos）。当时统治着雅典的希帕克斯和希庇亚斯两兄弟邀请他参观雅典，根据柏拉图的说法，他们派了50多艘船的舰队迎接这位诗人到阿提卡。

希帕克斯遇刺后，阿那克里翁穿越爱琴海回到故乡特奥斯，但是由于公元前500年小亚细亚的希腊诸国试图摆脱波斯国王大流士的枷锁，导致波斯军队进攻希腊，阿那克里翁被迫再次离开。他来到特奥斯殖民地阿夫季拉，在85岁那年（大约公元前470年）与世长辞。

据说他是喝酒时被葡萄籽呛死的——一个并不光彩的死亡方式。阿那克里翁现存的作品包括颂歌和十四行诗，主要涉及爱情和美酒主题。他的文风优美、明快且流畅，但是在人们眼中他不过是一个才华横溢的酒色之徒。雅典人为他立了一座纪念碑，形状是一个醉汉在歌唱。

西蒙尼德斯是一位著名的挽歌诗人，约公元前560年出生于喀俄斯岛（Ceos）。成年后，他建立了一所学校，并教授了一段时间的音乐和舞蹈。不过，他对教师职业越来越厌倦，于是前往小亚细亚，四处游历，受雇为公共赛事获胜者作诗歌颂词。

他在希帕克斯统治时期访问雅典，随后航行到西西里岛。在那里，他凭借自己的诗歌创作能力，引起了人们的注意，并与锡拉库扎（Syracuse）国王希罗（Hiero）结为朋友。希罗因广纳天下贤士而闻名于世。西蒙尼德斯余生的大部分时间在这位开明君主的宫廷里度过，在这里他创作了一些著名诗歌。

西蒙尼德斯以其智慧和诗歌天赋而闻名。有一天，国王希罗问他：“上帝的本质是什么？”他请求国王给予一天时间来考虑这个问题；再后来，又请求再给他两天的时间；就这样循环往复，总是把请求的天数增加一倍。最后希罗惊讶地问他为什么要拖延这么久。西蒙尼德斯的回答是，他思考这个问题的时间越长，就显得问题越难。

曾经又有一次，有人问他知识和财富哪个最令人向往，他回答说一定是财富，因为他每天都看到有学问的人站在富人家门口——这是对阿谀奉承者严厉但公正的反思。

西蒙尼德斯以写挽歌见长，但在其他体裁的诗歌上也有造诣。他歌颂马拉松、塞莫皮莱、萨拉米斯和普拉蒂亚战役的诗歌备受赞誉，并凭借这些作品的首篇在与悲剧诗人埃斯库罗斯（Aeschylus）对决时胜出，最终赢得奖励。

他的诗歌温柔甜美、庄重凝练，无人能出其右。古代作家特别提到了他的一本名为《哀叹》的作品。这是一首令人感动的诗，读起来会让人不由自主地潸然泪下。

据说他增加了四个字母，完善了希腊字母表，并发明了人工记忆术。他年事虽高却仍旧才华横溢，在80岁高龄时获得了诗歌创作奖。他最终在西西里岛去世，享年90岁。在他的众多作品中，只有少数残篇历经时间洗礼流传至今。

第55章　第二阶段的圣人和哲学家——希腊七贤（一）

前文中我们提到过"希腊七贤"，他们分别是米蒂利尼城的庞塔库斯（Pittacus）、普里恩涅城（Priene）的毕阿斯（Bias）、雅典的梭伦、斯巴达的奇伦（Chilon）、林迪（Lyndus）的克莱俄布卢（Cleobulus）、科林斯的佩里安德（Periander）和米利都的泰勒斯（Thales）。

古代作家曾提到这七位圣贤会面过两次，一次是在德尔斐，一次是在科林斯。据说，"希腊七贤"的名号源于这样一个故事：有一天，小亚细亚米利都的渔民把网撒到海里后，向一些碰巧站在旁边的路人出售预期的捕获物。

但是当渔网被拉上来的时候，人们发现渔网里有一个黄金三足鼎，于是渔民反悔了，拒绝卖网中的东西，声称他们只答应卖渔网网住的鱼。多番争执后，双方同意将此事提交米利都人裁决，但米利都人也觉得这个问题很难解决，于是他们就前往德尔斐请示神谕。

神谕命令他们把三足鼎判给他们知道的最有智慧的人，于是米利都人把三足鼎送给他们的同胞泰勒斯，但是泰勒斯拒绝了，谦逊地说他并不是最有智慧的人。后来他把鼎送给了普里恩涅的毕阿斯，但对方同样谢绝了这份礼物，并将其转送给了另一个智者。

就这样三足鼎分别流经后来被称为"希腊七贤"的七人之手。最后，三足鼎被供奉给阿波罗，并放在德尔斐的神庙里。当他们从鼎的发现者和持有者手中拿走这只鼎时，神殿的管理者可能早已经预见到此结果了。

在愚昧无知的年代，由于缺乏现代教学手段，通过经验和思考总结出的那些简短精辟的格言是无价之宝。希腊七贤不仅是流行谚语和道德语录的开创者，其中还有几位是活跃的政治家，比如梭伦是雅典著名的立法者，泰勒斯是杰出的自然哲学家。

第56章　希腊七贤（二）

公元前650年左右，庇塔库斯生于莱斯博斯岛的米蒂利尼城。他与雅典人作战时十分英勇，一战成名。后来他又成功推翻了莱斯博斯岛僭主梅拉克洛斯（Melanchrus）的统治。他的同胞们心怀感激，将他推上了空缺的王位。在位期间，他一直勤勉持政，成功地让国家恢复往日的宁静，还改革了该国的法律和制度。后来他辞去职权，退而隐居，并于公元前568年去世，享年82岁。

以下是他的一些格言：

> 掌权可以让一个人的性格尽显无遗。
>
> 无论做什么，都要尽善尽美。
>
> 你讨厌邻居对你做的事情，也不要对邻居做。
>
> 懂得抓住机遇。
>
> 永远不要透露你的计划，以免计划失败使你蒙受嘲笑和失望。

毕阿斯是爱奥尼亚地区的普里恩涅人，出生年月不详。他生性豁达，对财富不屑一顾。他具有雄辩家的口才，据说他在为一位朋友辩护时过劳而死。以下的逸事和格言可以显示他的机敏和智慧。

曾经有个人讥讽地问他道："什么是宗教？"他沉默不语。这个人继续逼问他沉默的原因，他回答说："我沉默是因为你问的是与你无关的事情。"还有一次，他在海上遇到了风暴，那些浪荡出名的水手们吓得连连祈祷。"保持安静，"毕阿斯说道，"以免诸神发现是你们这些浪荡子在航行。"

毕阿斯的格言包括：

努力获得所有人的善意。

谈及神时要心存敬畏。

人生中最大的福气是拥有一位值得信赖的朋友。

与其屈服于强迫，不如臣服于说服。

最痛苦的人是不能忍受痛苦的人。

制订计划要深思熟虑，执行计划时要坚定不移。

不要因为财富去称赞一个不值得尊敬的人。

区别你的敌人比区别朋友更重要。因为敌人一旦变成朋友，会比朋友
更可靠；而朋友变成敌人，会比敌人更危险。

前文已经提及过雅典智者和立法者梭伦的一些事情。此处再赘述一件他与米
利都的泰勒斯之间的故事，以体现这两位圣贤思想情感上的差异。

彼时梭伦也居住在米利都，一次他去探望泰勒斯，问对方为什么不娶妻。泰
勒斯当时没有回答，不久之后他向梭伦介绍了一个刚从雅典来的人，思乡心切的
梭伦急切地问这位陌生人关于母国的消息。

那位假扮的旅行者按照泰勒斯的指示，回答说："雅典没有什么新鲜事，只
是那位伟大立法者梭伦的儿子逝世了，全城的人都去送葬，但是他的父亲没能亲
自参加儿子的葬礼，据说是外出旅行去了。"梭伦一听到这个消息，立刻悲痛欲
绝，放声痛哭。

泰勒斯急忙安慰他，向他解释这个故事是编造的，还笑着补充道："正是因
为害怕遭遇类似的不幸，我才不娶妻生子。"

以下是梭伦的一些格言：

敬畏上帝，尊敬父母。

不要跟恶人来往。

要相信高贵的品质，而不要相信誓言。

在私下向朋友提出忠告，切不可当众责备他。

不要注重眼前的快乐，要考虑终极幸福。

择友勿要急躁，弃友更须三思。

学会指挥之前，先须懂得服从。

通过努力获得的荣誉比偶然获得的更有价值。

奇伦出生于约公元前630年的斯巴达，曾担任该国监察官。他的格言有：

人生有三大难事：保守秘密，善用闲暇，忍受痛苦。

不要诽谤逝者。

敬老爱老。

控制你的愤怒。

切勿草率。

说话要谨慎，尤其在节日期间。

莫做不可能之事。

患难更能见真情。

宁可自担损失，休取不义之财；前者只会令你懊恼一阵子，后者却会令你后悔一辈子。

克莱俄布卢是罗德岛林迪的僭主，生于公元前634年左右。因其才能、美貌和智慧闻名于世。他为求知前往埃及，据说在那里他逐渐喜欢上了神秘文学，并在他后期的作品中有所体现。他于公元前564年左右逝世，享年70岁。

除了300篇寓意高深的诗歌外，克莱俄布卢还用通俗易懂的语言写下了许多格言，如：

出门前先问自己打算干什么，回家后问问自己实现了没有。

多听建议少说话。

教育好子女。

憎恶忘恩负义之人。

永远努力思考有价值之事。

佩里安德于公元前665年出生于科林斯，其父库普塞罗斯（Cypselus）推翻科林斯共和体制继而成为科林斯僭主。后来佩里安德子承父业，他坚定审慎地执掌着政权，行事严厉。尽管他以才智著称，在其统治下科林斯一度繁荣昌盛，但据说他生性残暴。

佩里安德曾在盛怒之下一脚踢死了自己的妻子梅利莎（Melissa）；他也曾愤怒地下令烧死一群污蔑他的妇女；他还因为幼子憎恶他是个杀妻凶手，便将此子驱逐出境。除此之外，他还犯下了许多暴行。公元前585年佩里安德去世，享年80岁。

他的一些格言字字珠玑，若他能更为审慎地践行格言内容，它们必会产生更大的影响力。

在顺境中要节制；在逆境中要谨慎。

快乐是短暂的；荣誉是不朽的。

谨慎可以成就一切。

犯罪意图和犯罪行为一样有罪。

兑现你所有的诺言。

第57章　希腊七贤（三）

泰勒斯常被称为希腊七贤之首，他大约在公元前640年出生于爱奥尼亚地区的米利都城。其父生于腓尼基，后定居米利都，声称自己是维奥蒂亚地区底比斯城创始人卡德摩斯的后裔。

青年时期的泰勒斯便年少有为，被选举担任重要职位。但是，他宁愿选择令人宁静的哲学，也无意从事激昂的政治活动，因此不久便放弃了公职，去往克里特岛和埃及等地，与当地学识渊博者交流。在那个时期，埃及等国在艺术和科学领域的发展处于世界前列。

据说在埃及时，泰勒斯在数学方面得到了埃及孟斐斯城（Memphis）祭司一些有价值的指导。作为回报，他教他们一种用阴影测量金字塔高度的方法。后来他回到米利都继续研究哲学，热情丝毫未减。

据泰勒斯本人说，他永远都不会结婚，因为他不愿让自己暴露在婚姻生活的焦虑和悲伤中。当他的母亲第一次让他娶妻时，他回答"还为时过早。"当泰勒斯步入老年之后，他的母亲更加忧心他的婚姻大事，但他回答是，"现在为时已晚了"。

跟其他许多伟人一样，他专心钻研自己喜爱的学问时常常出神，有时甚至会将自己置于相当尴尬的境地，遭受世俗的嘲笑。

据说一天夜晚泰勒斯正专心致志地观察天上的星辰，没注意脚下，一失足整个人都掉进一个坑里。这时，一位老妇人前来帮忙，她笑道："你连脚下的路都看不清，谈何知晓天上的事情呢？"

约公元前550年，他前往观看奥林匹克运动会。当时天气炎热，泰勒斯非常口渴，倍感虚弱。中暑晕倒后，他便再没有醒过来，就这样与世长辞。

像其他希腊先贤一样，泰勒斯提出的许多格言广为流传，包括：

> 我们对自己的父母如何，我们的子女以后就会对我们如何。
> 装饰心灵胜于修饰容貌。
> 衡量一个人的智慧，不是看他的舌头有多长。
> 不要做你讨厌别人做的事情。
> 最幸福的莫过那些有健康体魄、平坦命运、机智头脑之人。
> 上帝不仅知道罪行，还了解人们的邪恶思想。
> 最难的事是认识自己，最简单的事是给他人提建议。

最古老的存在是上帝，因为他无始亦无终。

万物皆有灵，世界美丽无比，因为它是上帝的杰作。

万物中最大的是空间，因为它包含万物；最敏捷的是思想，因为它瞬间就能穿越宇宙；最强大的是必然性，因为它可以征服一切；最明智的是时间，因为它可以发现一切。

泰勒斯曾感谢命运女神道："第一，我生而为人，而不是畜牲；其次，我生而为男人，而不是女人；第三，我生而为希腊人，而不是蛮族人。"

泰勒斯是希腊第一个真正意义上的哲学家，创立了爱奥尼亚学派（又称米利都学派），并由此产生了苏格拉底学派和其他几个哲学派系。他的作品无一幸存，但从其他人对其作品的描述来看，他认为万物最初都是由上帝从水中创造出来的，即水生万物。

他认为地球是一个位于宇宙中心的球形物体；太阳和星星是燃烧的天体，由蒸汽滋养；月球是一个不透明的物体，它的光来自太阳。根据他的说法，神圣心灵笼罩万物并赋予生命活力，是一切运动的起源。

他相信人的灵魂永生，认为一切能运动的物质，包括低等动物，甚至是磁铁[1]都具有灵魂或生命。他在天文学和数学方面也做出过诸多贡献。

他是第一位预测日食的希腊人，还确定了365天为一年。他教希腊人把天空分成五个区域，还提出至点和分点。在数学方面，他曾发现不少平面几何学的定理，后来被纳入欧几里得（Euclid）的《几何原本》中。

第58章　哲学家——阿纳克西曼德、毕达哥拉斯

大约公元前610年，阿纳克西曼德（Anaximander）在米利都出生。他是希腊

---

[1] 泰勒斯曾经说过"磁石有灵魂，因为它吸动铁"。

首个在公立学校教授哲学的人，其理论吸取了泰勒斯的部分观点，但在一些观点上也与之不同。他认为太阳在天空中居于最高的位置，月亮次之，星星最低。

他声称太阳比地球大28倍，而星星是由火和空气组成的球体，是众神居住的地方。泰勒斯认为水是万物之源，但并未解释为什么水会变成万物，水和其他的物质相比有什么特殊的地方。阿纳克西曼德认为水的存在也需要被解释，进而引入了一个新概念——"无限（Infinity）"。他认为一切事物都有开端，而"无限"没有开端。世界从它产生，又复归于它。各部分可能会有所改变，但整体是恒定不变的。

为了深入理解这一学说，我们有必要了解他所说的"无限"究竟为何，但不幸的是，我们知之甚少。有人认为它指物质，具有物质的永恒性、不变性；有人则认为它暗指物质和运动共同构成的一个无限宇宙。

阿纳克西曼德在数学和天文学方面也做出了贡献。他是首位在球体上绘制出世界地图的人。据说他还是日晷的发明者，但是，巴比伦人很可能率先使用过这种工具，而阿纳克西曼德只是把它引进了希腊。

阿那克西米尼（Anaximenes）也出生于米利都。他是阿纳克西曼德的学生，是继他老师后爱奥尼亚学派的下一任教师。他认为气是上帝，万物由气而生。通过稀散和凝聚，气可以制造出火、水和土等所有元素。

毕达哥拉斯（Pythagoras）是古代最著名的哲学家之一，也是"南意大利学派"（又称毕达哥拉斯学派）的创始人。他出生在爱琴海中的萨摩斯岛（今希腊东部小岛），活跃在公元前6世纪中叶。其父经商，给他提供了良好的教育，据说他自幼就聪明好学。

毕达哥拉斯后来前往埃及，在那里生活了22年。除了完全掌握埃及宗教和科学知识外，他还学会了埃及的三种文字形式，即书信体、符号体和象形文字。

长期四处游历后，他回到了萨摩斯岛，致力于教授同胞道德准则。他在自己长期研究的神秘深奥的哲学领域的学者中，挑选了一批门徒信众。

萨摩斯岛上的居民蜂拥而至，渴望得到他的指导。于是，其哲学流派蓬勃发展。后来为了摆脱当时君主的暴政，他决定放弃萨摩斯，前往意大利，在希腊殖民地"大希腊"（Magna Graecia）的克罗托纳城（Crotona）定居下来。

当时，克罗托纳的居民因道德败坏而臭名昭著。毕达哥拉斯一到那里，就着手改变他们的举止。一天，他在岸边行走时，观察到一些渔民拖着装满了鱼的渔网。于是他买下了这网鱼，没把鱼拿出来就把网抛进了海里。他借此向克罗托纳人强调尊重和保护生命的责任。

毕达哥拉斯用从埃及祭司那里学到的技巧，通过假装神秘和超自然力量来获得无知且迷信者的尊敬。不久，他成功地吸引了人们的注意，前来听他道德演说的人越来越多。据说他擅于雄辩，说服力极强，最终让克罗托纳人摒弃了他们的放纵和堕落行为。

应地方执法官的要求，毕达哥拉斯还制定了社会治理的法律。后来他开创了一个哲学学派，在当时极具声望，很快便有两三千人报名成为他的学生。

毕达哥拉斯认为崇高的哲学教条是神圣而宝贵的，不能毫无保留地传达给普通人，所以每一个申请者都要被严格地考核。只有那些容貌、谈吐、举止讨他喜欢，人品让他满意的人才有资格做他的学生。

毕达哥拉斯的哲学学派成立了一个社团，社团成员的所有财产收归公有。社团候选者们在精神和身体上都会受到多年最严格的纪律约束。他们如果无法完成长期的训练和考核，可以选择放弃，退出时可以带走比来时更多的钱。学员们会为退出者举行葬礼，并建一座坟墓，仿佛他已经被死神带走。这种仪式意在表明放弃智慧之路的人会彻底迷失在社会之中。

另一方面，那些以优异成绩通过指定考验的候选人，会被收为门徒或成为毕达哥拉斯神秘结社成员。他们首先要宣誓永不泄露学派的秘密和学说，才能接受自然哲学和道德哲学的教导。

他们学习数学、音乐、天文学、政治和道德方面的知识，通过毕达哥拉斯简单朴素的话语，聆听着关于上帝本质和宇宙起源的最深层思索。

毕达哥拉斯以简单随意的方式教授的学员属于神秘结社或私立学派，而那些参加他公开演讲的人，则被认为是属于开放或公开学派。毕达哥拉斯在公开演讲时一般采用象征或比喻的形式来传授道德真理。

第59章　毕达哥拉斯（续）——伊索

在克罗托纳的神秘结社约有600名学员。他们和妻儿住在一个叫作"公民礼堂"的公共建筑中，就像一个大家庭。社团的组织纪律严明，行事很有规范：每天早上，学员会仔细思考该如何度过当日；晚上，他们会仔细回顾当日发生和处理好的事务。

他们在日出之前起床，随后向太阳致敬，接着反复吟诵荷马和其他诗人的精选诗节。有时他们也会通过歌唱或演奏的方式振奋精神，使自己有精力完成当日的苦修。

然后他们会花费数小时学习科学，接着是一段休息时间，通常他们会散散步，顺便沉思片刻。接下来的时间会用来相互探讨。晚饭前一个小时是运动时间。

他们的晚餐主要是面包、蜂蜜和水。正式加入社团后，他们是被禁止饮酒的。一天中的空余时间都用来处理国内事务、沟通交流、沐浴和举行宗教仪式。

毕达哥拉斯无论是在神秘结社还是在公开演讲时都穿着一件长白袍，留着飘逸的胡须，还头戴花冠，始终保持仪态威严庄重。他希望塑造一个性格优越于常人、不易受感情影响的形象，所以他常小心翼翼，从不流露出任何喜悦、悲伤或愤怒的情绪，在任何情况下都表现得十分平静。

毕达哥拉斯的教导并不局限于克罗顿人，他也在意大利和西西里岛的许多其他城市进行了访问和讲学。无论他行至何处，都会有许多人前来拜师。他在公开演讲中谈及政治和道德话题时，会谴责暴政，并告诫人民维护自身权利。他也因此激起了几座城市的人们站起来反抗压迫者的束缚。

但是，这种干涉政治的行为为他招来了许多敌人，并最终导致了他的死亡。他的公开演讲为整个大希腊的贵族政党敲响了警钟，他们强烈反对毕达哥拉斯学派。

这位哲学家本人也因此被驱逐，辗转各地，最后来到了梅塔蓬托城

（Metapontum）。他的敌人鼓动当地人反对他，于是他被迫逃到一座缪斯女神的神庙里避难，在那里他因饥饿而悲惨地死去。

最黑暗的时候，他的门徒四处遭受残酷迫害。后来他的哲学学派得以重建，并恢复了往日的声望。人们为了纪念他，设立了许多雕像，他在克罗托纳的居所还被改建为谷神庙。

毕达哥拉斯去世时已年逾八十，膝下有两子一女，都是博学强识之人，声望极高。两个儿子继承了父亲的哲学思想，女儿则以学识渊博著称，还对《荷马史诗》作出了精辟的评论。

毕达哥拉斯是否曾将他的学说著作成书一直存在争议。有几篇作品据说出自他手，但真实性有待考证。他的教义也只能从其门徒那里略知一二了。

关于上帝，毕达哥拉斯认为上帝是宇宙的灵魂，是万物的基本原则；上帝外形似光，本质像真理；他是无形的、廉洁的，不知痛苦为何物。

他认为"太一（The One）"的神圣心灵中产生了四种智慧生命，即神、半人半神、英雄和人类。其中，诸神是最高等级；半人半神第二；占据第三位的英雄是一类由微妙发光物质组成的生物；人类是最低的等级。

众神、半人半神和英雄居住在天上，人类按照他们的意愿经历疾病、繁荣或灾难。根据毕达哥拉斯学说，人的灵魂本质上是自我运动，它由理性和非理性两部分组成，理性是神圣心灵的一部分，位于人的大脑中；而非理性是激情的源泉，存在于心灵之中。

他传授灵魂轮回的教义，因此他的追随者被严格禁止食肉，不得夺走任何生物的生命；我们无法证明人们在屠宰公牛或射杀鸽子时，是否会使古代某个著名的武士或圣贤灵魂脱壳，甚至是否在亲手杀害自己已故的亲友。实际上，毕达哥拉斯的这一学说推广甚远，他甚至断言记得自己在成为毕达哥拉斯之前曾经历过几次人生轮回。

根据这位哲学家的说法，太阳是一个火球，位于宇宙的中心，围绕它旋转的是行星，地球是其中的行星之一。太阳、月亮和星星是神灵和半人半神居住的地方。宇宙中共有10个天体：太阳、地球、其他7个行星，还有一个背对地球运转我们肉眼看不到的行星"对地星"（Antichthon）。

毕达哥拉斯学派认为天体的运行秩序也是一种和谐，各个星球保持着和谐的距离，沿着各自的轨道、以严格固定的速度运行，产生各种和谐的音调和旋律。这些天体在宇宙中移动时发出声音，由于它们与地球的距离分别对应音阶中音符的比例，因此产生的音调会随着几个球体的相对距离、大小和速度变化，从而形成最完美的和声。

据毕达哥拉斯说，如此便产生了天体音乐。只有毕达哥拉斯一人能听见天体音乐，这是神的旨意。毕达哥拉斯学派对日食的解释是，日食是由于月球和地球之间的干涉造成的，而月食是由看不见的"对地星"和月球之间的干涉造成的。

从以上简短论述中，我们可以看出，总的来说，没有一个古人比毕达哥拉斯更了解宇宙的运行规律，这可能得益于他在埃及游学的那些经历。

毕达哥拉斯很重视数字，无论是在算术还是音乐方面。据说他曾教导说，数字"1"表示上帝或万物的生命法则；数字"2"是物质的象征，或者说是被动原则；数字"3"标志着由前两个结合而成的世界；数字"4"代表了大自然的完美。数字"10"是前面这些数字的总和，包含所有数学和音乐的性质和比例。

如上文所述，毕达哥拉斯本人非常喜欢且精通音乐。人们认为他是音乐节律的发明者，并且还发明了带有可移动琴桥的测弦器或单弦器，用于测量和调节音乐间隔比率。

他在几何学方面也很有造诣，对之做出了几个重要补充。《欧几里得》第1卷第47个著名论证便是毕达哥拉斯在该领域立下的不朽丰碑。

作为一名道德导师，毕达哥拉斯留下了许多格言，其中包括：

在得到上帝的许可之前就丧失勇气，是懦夫的表现。

不自律的人不能被称为自由人。

追求与自己相称的美好，而不要仅追求令人愉悦的东西。

节制是灵魂的力量，因为它保护理性不受激情的蒙蔽。

不要去崇拜代表众神形象的人，而应该以纯洁的心灵、干净的贡品表示崇敬。

值得一提的还有著名寓言家伊索（Aesop），他于公元前600年左右出生在弗里吉亚，是一位成功的智慧导师。他的道德箴言虽以寓言的形式表现，但其作品产生的影响经久不衰，毫不逊色于同时代的其他智者。

他身体畸形，但幸运的是，他有智慧灵活的大脑。他被当作奴隶卖给雅典人得马卡斯（Demarchus），在雅典生活期间，他学习了希腊地区的语言。后来他被萨摩斯岛哲学家克桑特斯（Xanthus）买下，随后又成为该岛另一位哲学家伊德蒙（Idmon）的财产，伊德蒙发现此人才华卓越，很是欣赏，便归还其自由身。随后伊索游历希腊，用道德寓言来教导人们。

他抵达雅典后不久庇西特拉图篡夺了王位，并察觉到雅典人不愿臣服于这位僭主的统治威权，伊索向人们讲述"青蛙请求宙斯赐给他们一个国王"的寓言，警告人们企图实施政治变革的危险。

最后，他因随意谴责德尔斐公民的恶习而被愤怒的德尔斐人杀死。据推测，此事件发生在公元前561年左右，伊索当时年仅39岁。后来，雅典人为纪念他立了一座雕像。

第三阶段
希波战争爆发至斯巴达占领雅典

第60章　亚述之战与希波战争——皇帝大流士

古亚述兴起于两河流域，从公元前10世纪末叶起，经过两个多世纪的征战，亚述人最终建立起一个横跨西亚、北非的帝国。直到公元前767年，国王萨丹纳帕路斯（Sardanapalus）死后，亚述被分为三个独立的国家——亚述本土，首都为尼尼微城[1]；新巴比伦王国[2]，首都在巴比伦；米堤亚王国（Media），首都埃克巴坦那（Ecbatana，今伊朗哈马丹市）。前两个王国后来重新统一，合称亚述国。

亚述帝国以东是波斯帝国，一位波斯王子居鲁士（即后来的居鲁士二世）继承了米堤亚的王位，将两个强大的王国联合起来。公元前612年，米堤亚和巴比伦一起摧毁了亚述帝国。野心勃勃的居鲁士这时已经合法地获得了滔天权势，但他仍不满足。他制订了一个大胆的计划，即征服巴比伦帝国，将势力范围扩大到整个西亚。

在实施该计划过程中，他首先攻占了吕底亚王国，废黜了国王克罗伊斯。然后派米堤亚贵族哈尔帕哥斯（Harpagus）征服了小亚细亚的希腊城邦。他则亲自率军挺进巴比伦，最终于公元前538年成功占领巴比伦。

---

[1]　Nineveh，在今伊拉克摩苏尔附近。

[2]　Babylonia，与古巴比伦王国相区分。

　　自此，亚述、米堤亚、波斯及整个小亚细亚全部被居鲁士二世征服，纳入了波斯帝国的统治。后来居鲁士二世之子冈比西斯二世（Cambyses II）征服了埃及，进一步扩张了波斯帝国的版图。

　　冈比西斯二世统治着地球上最富裕、人口最密集的大片土地，被尊称为"王中之王"，就连其仇敌希腊也尊称他为"伟大的国王"。

　　在冈比西斯二世的继任者大流士一世统治时期，小亚细亚爱奥尼亚地区的希腊人反抗波斯的统治，并派人前往希腊本土求援（公元前502年）。据说，爱奥尼亚的使者几乎就要说服斯巴达国王克里昂米尼（Cleomenes）加入战斗，但国王的女儿突然喊道："快逃吧，父亲，不然使者会毁了你的！"

　　这时，被驱逐的雅典僭主希庇亚斯受了波斯总督兼吕底亚总督阿尔塔弗涅斯（Artaphernes）的恩惠。在希庇亚斯的唆使下，阿尔塔弗涅斯傲慢地命令雅典人接受希庇亚斯，否则便是与波斯为敌。

　　雅典人对此无理要求无比愤怒，立即决定帮助亚细亚殖民地对抗专横的波斯人，并向爱奥尼亚联盟的主要城市米利都派遣了20艘战船。

　　雅典舰队与爱奥尼亚舰队会合后一同前往以弗所。在这里，两国陆上部队下船后向着吕底亚的首府萨迪斯挺进。最终他们成功占领了萨迪斯城，躲在城中的波斯总督阿尔塔弗涅斯与该城同葬火海。

　　但波斯迅速招募集结了一支大军，击败了雅典和爱奥尼亚两国的联合军队。雅典军队败走还乡，爱奥尼亚人在历经了长期斗争后又一次被迫屈服于波斯。

　　与此同时，大流士一世得知萨迪斯城被烧的消息时勃然大怒。按照波斯习俗，他向空中射了一箭，祈求上天帮助他惩罚在战争中犯下此番罪行的雅典人。为了让自己铭记此仇，他命令一位随从在每次用餐时提醒他希腊人的恶行。

　　不久后，大流士一世开始准备入侵希腊。公元前493年，他集结大军，命令指挥官马铎尼斯（Mardonius）率领波斯大军向爱琴海的欧洲沿岸前进，还派遣使者前往希腊各城邦索要贡品——土地和水，意思是臣服于波斯。

　　大多希腊城邦国家惧怕强大的波斯帝国，都选择臣服，唯有雅典和斯巴达断然拒绝。他们还不顾道义地杀害了前来索要贡品的波斯使者。雅典人将使者丢进土坑，斯巴达人将使者推下深井，让他们自取"土地和水"。

波斯指挥官马铎尼斯在其陆军部队在马其顿海岸登陆后，继续带领舰队向南航行，但在绕过阿索斯（Athos）山角时，遭遇了一场狂风暴雨，导致300艘船只被毁，2万多人溺水而死。

他的陆军同样遭遇了不幸，在夜里被色雷斯人（Thracian）突袭，遭大规模屠杀。在双重打击下，马铎尼斯重整舰队和陆军残部，匆匆返回亚细亚。

第61章 马拉松战役

大流士一世从未如此急切地想要征服希腊。他火速征集了一支新的军队，任命米堤亚贵族达提斯（Datis）和上文提到的波斯总督的儿子小阿尔塔弗涅斯为指挥官。这次集结的部队有50万人和600艘战船[1]。

一支虎狼之师最先攻占了爱琴海诸岛屿。留下小部分军队驻扎在占领地后，达提斯和小阿尔塔弗涅斯亲率10万步兵和1万骑兵横渡爱琴海，直抵阿提卡地区，在雅典郊外的马拉松平原登陆，登陆点距雅典仅30英里。

雅典人得知敌军已然近在咫尺的消息后惊恐万分，急忙派使者前往斯巴达请求援助。当时斯巴达有一种迷信，军队不可在月圆之前上阵厮杀，而雅典使者前来求助时离月圆之日还有5天，所以斯巴达人推迟了派出援军的时间。

此时雅典外援仅有普拉蒂亚人（Plataeans）。多年前雅典曾帮他们击退了邻国底比斯的侵略，普拉蒂亚人对雅典感恩戴德。此番得知雅典有难，立刻发动举国之兵驰援，但也仅有1000名勇士。雅典近乎处于无援境地，独自面对波斯侵略者。

除了这1000名普拉蒂亚勇士外，雅典军队只有9000名重装步兵，及其他随军的轻装奴隶。尽管与波斯军队的压倒性优势相比，雅典军力微不足道，但一番

---

[1] 后世史学家对此数据存有争议。

深思熟虑之后，雅典人还是决定大胆采取行动，在广阔的平原迎战敌军（公元前490年）。

根据雅典法律，人们从阿提卡的10个区中各选出1名将军，10位将军出征期间轮流掌管指挥权，每人一天。聪慧正直的指挥官阿里斯提得斯（Aristides）意识到了这种安排可能带来的风险，便将自己当天的指挥权交给了另一位久经沙场的将军米提亚德（Miltiades），他还告诉在场的人，服从德才兼备的指挥官是光荣高尚的行为。

随后其他8位指挥官都效仿阿里斯提得斯，让米提亚德一人全权指挥。这样，米提亚德才能在敌强我弱、敌众我寡的形势下采取必要措施，寻求一丝胜利的希望。足智多谋、步步为营的米提亚德没有辜负另外几位指挥官的托付。

米提亚德观察到波斯军队在马拉松平原上扎营，便在距敌军约1英里处的山坡上安营。为阻碍波斯骑兵的攻势，他令人在夜间用树干、树枝将敌军与山坡中间的空地铺满。次日清晨，雅典军队摆出战斗阵形，右翼是雅典自由民，左翼是普拉蒂亚援军，武装奴隶居中。

波斯的士兵大多是从波斯敌国的附属部落和国家中征召而来，大部分士兵用弓箭、标枪等投掷武器作战，部分手持长矛、剑和战斧作战。

波斯士兵手持柳条盾，上身仅披着轻便的鳞片甲。他们的防御装甲无法与雅典人相比，根本承受不住希腊重装步兵的猛烈攻击。

米提亚德很清楚这一点，他命令中间的轻装奴隶士兵跑步前进，逐渐加快速度，距敌300米时全速冲刺，弓箭手和投掷手近距离作战诱敌深入。然后，左右两翼雅典的长矛重装步兵包抄攻击装备较弱的波斯军队。

起初由轻装奴隶组成的希腊中间部队被敌人攻破，但两侧的雅典自由民和普拉蒂亚人对深入敌阵的波斯中间部队形成两面夹击，成功瓦解了波斯军。米提亚德的计谋非常成功，雅典方大获全胜。

波斯军队看到大势已去，惊慌失措，拼命逃向海边的波斯战舰，米提亚德的军队乘胜追击，大肆屠杀。在这场令人难忘的战役中，6000多名波斯士兵战死，而雅典方仅192人战死，其中还包括两名雅典指挥官和另外几名军官。最终波斯人在损失7艘战舰后，大部队安全撤回亚细亚。

雅典的流亡僭主希庇亚斯也在马拉松战役中战死。他竟然带领波斯人远征自己曾统治过的这片土地，这种堕落是极为可悲的。

战斗结束次日，斯巴达军队才到达。他们在满月时从斯巴达出发，大军迅速挺进。但赶到时，只剩下横尸遍野的战场。他们赞扬了英勇的盟友雅典后，便举兵回国了。

第62章　米提亚德——阿里斯提得斯——地米斯托克利

雅典人听到战争胜利的消息时兴奋至极。马拉松之战以后，米提亚德在受到所有希腊人的崇敬和爱戴，雅典人还授予他城邦最高荣誉。但没过多久，他就受到善变又忘恩负义的同胞们的背叛。

为夺回那些臣服于波斯的爱琴海诸岛，他请求率领一支由70艘战船组成的舰队出征。起初，他成功地占领了其中的几座岛屿，但在攻击帕罗斯岛时败北。雅典人随即对他口诛笔伐，指责他是受了波斯人的贿赂才停止围攻帕罗斯的。

公民大会便以叛国罪审判他，彼时的米提亚德因在帕罗斯岛身负重伤而无法自辩，便由其兄长斯特萨哥拉斯（Tesagoras）代为申辩。但米提亚德仍被那群见风使舵且忘恩负义的国民指责，最终被判处支付50塔兰特[1]的罚款。由于无法筹集这么大一笔钱，他被迫入狱。仅仅几个月后，米提亚德就因为伤重不治，在狱中孤苦伶仃地辞世（公元前489年）。

按照雅典的法律，父死，罚款由子女负责缴纳。甚至有传言说，雅典人在米提亚德年幼的儿子西蒙（Cimon）筹钱支付完罚款前，甚至不允许米提亚德的遗体入土为安。尽管米提亚德生前遭受了迫害，但他昔日的荣耀得以存续，雅典人在他死后又开始缅怀他。古往今来，人的天性中似乎都有这样一种反常现象，即

---

[1]　talents，希腊质量和货币单位。50塔兰特约等于5万美元。

轻视、谴责活人的功绩，而只有在那人往生之后，方才对其予以尊重。

半个世纪后，雅典令人绘制了一幅马拉松战役的图画。米提亚德出现在此图的最显著位置，带领着雅典军队走向胜利。

马拉松战役的胜利拯救了整个希腊，也让雅典在希腊诸国的地位显著上升。随后雅典在几位卓越领袖的带领下，权力和影响力得到进一步的扩大。

彼时雅典的阿里斯提得斯和地米斯托克利（Themistocles）都是难得的治世能才。虽然他俩针锋相对、政见不合，但都会为国家利益竭尽全力。阿里斯提得斯是马拉松战役期间雅典10位指挥官之一。他出身于富裕家庭，父亲是利西马科斯（Lysimachus）。地米斯托克利也是一个体面雅典家族的后裔。

他们年少时便相识，据说那时两人就已经表现出性格上的巨大差异。阿里斯提得斯温文尔雅、坦率正直，地米斯托克利则大胆自信、热情洋溢、能言善辩。

彼时雅典有两个主要党派，即贵族党派和民主党派。阿里斯提得斯本人属于前者，地米斯托克利则属于后者。他们很快便成为各自政党的领袖，由于立场和观点的分歧，两人一直处于对立面。

阿里斯提得斯聪慧廉洁，备受雅典人尊崇；地米斯托克利则能言善辩，常以雄辩的口才战胜不善言辞的阿里斯提得斯。

◎ 阿里斯提得斯和同胞们

但阿里斯提得斯并未因此灰心丧气，反而耐心地引导人们提出更明智的意见，同时竭力避免人们因草率决定而产生严重后果。

马拉松战役结束后的一年里，阿里斯提得斯被选为首席执政官。他在位期间的功绩充分证明了他的正直公正，后来还被授予"公正者"的称号。许多人遭遇纠纷时会请他单独裁决，而不是去普通法院。

地米斯托克利嫉妒他的竞争对手被授予此等荣誉，并利用"单独裁决"这一情况四处散布谣言，中伤阿里斯提得斯企图集中包括司法权、民法权在内的一切权力，最终建立违背宪法的独裁统治。

令人惊讶的是，雅典人曾赋予阿里斯提得斯"公正者"的称号，曾有那么多机会来鉴定他温和谦逊的卓越品质，但他们这次竟真的轻信了这些传闻。庇西特拉图的篡位仍历历在目，雅典人认为在温和、爱国主义的外衣下，可能潜藏着最极端、最危险的狼子野心。

因此，当听说一位受欢迎的领导人又一次密谋违反雅典法律时，他们感到无比震惊，鲁莽地对善良的阿里斯提得斯施行"陶片放逐"——针对此类危险的保护措施——判处他流放10年。关于此事有一则逸闻，它展现了一种令人惊讶但并不少见的人类情感：

在陶片放逐投票过程中，一个不会写字的公民来到阿里斯提得斯身边，他并不认识阿里斯提得斯，就请对方把阿里斯提得斯的名字写在贝壳上。"这个人伤害过你吗？"阿里斯提得斯问道。"没有啊，"公民回答，"我并不认识他。但我讨厌到处听到别人称他为'公正者'。"阿里斯提得斯一言不发，把自己的名字写在陶片上，然后还给了这位同胞。

第63章 雅典扩展海军——薛西斯一世备战入侵希腊

在雅典议会中地位稳固的地米斯托克利不曾拥有阿里斯提得斯那样纯粹的爱国主义精神，但他对名誉有着无限渴望。当他意识到提升国家福祉可以为自己赢得声誉时，就像受到最强烈的责任感驱使一样，满腔热忱地投入增进国家利益的事业之中。

他十分渴望建立丰功伟绩，当米提亚德在马拉松战役中获得荣誉时，他竟一度陷入深深的忧郁之中。当被问及原因时，他回答道："米提亚德的战利品让他无法入睡。"当他在雅典获得话语权后，很快出现了一个让他得以施展拳脚、扬名立万的机会。

一段时间以来埃伊纳岛（Aegina）的居民一直反对雅典的贸易活动，于是地米斯托克利建议雅典人拨出拉夫里翁山（Mount Laurium）的银矿收入建造一支舰队去惩罚那些寻衅滋事的岛民，以往这些银矿收入每年都会分给雅典公民。

雅典人听从了他的建议，于是地米斯托克利用这笔钱修建了100艘战船，有效地打击了埃伊纳岛的海军力量。此时雅典已成为希腊的海上霸主，但地米斯托克利仍在继续建造战船，直到建成200艘三层划桨战船。

他坚持造船是因为他坚信波斯人会再次入侵希腊，所以预备一支装备精良的舰队至关重要。舰队不仅可用于抵御外敌入侵，也可作为家园被侵略者征服后的避难所。

地米斯托克利所料不假。当大流士一世得知他的波斯军在马拉松战败的消息后，决定装备一支比先前规模更大的军队远征希腊。然而，一场发生在埃及的叛乱打断了他的计划。不久之后，大流士一世去世，他所有的安排就此终结。

大流士之子薛西斯一世（Xerxes I）继承父位，在镇压了埃及起义后，他承袭先王遗志，积极扩军备战，准备更大规模的远征。波斯再次派遣使者前往希腊诸国，跟上次一样要求各国奉上"土地和水"以示臣服，许多小城邦再次选择照做。但鉴于雅典与斯巴达之前残酷地杀害使者，所以这次波斯没有派遣使者去这两国。

薛西斯一世耗时四年召集军队、组建舰队，还开凿了一条穿越地峡、连接阿索斯山和希腊大陆的运河。打通这条通道是为了让波斯战船能够向南直行，不用绕着危险的阿索斯海角航行（阿索斯海角曾经是波斯将军马铎尼斯船队失事的地方）。准备工作终于完成了，薛西斯一世亲自指挥远征队，向赫勒斯滂海峡进发。

他带领的波斯军队是有史以来规模最大的一支，由170万步兵和40万骑兵组成。如果算上随军的大批奴隶和妇女，那么总人数共计400万人以上。[1]

波斯舰队包括1200艘战船和3000艘运输船，共载60万人。据说，有一次薛西斯一世检阅这支强大的军队时，想到百年后他面前的百万雄师将无一存世，不禁热泪盈眶。

然而，矛盾是人类的天性，尽管这位东方的专制者为人类生命短暂而徒劳地哀叹感慨，但他仍毫无愧疚地准备剥夺成千上万人的生命，让本已苦不堪言的人们再度面临战争的灾难。

为方便军队从亚细亚进入欧洲，薛西斯一世下令在赫勒斯滂海峡南北两端的两座小镇阿拜多斯（Abydos）和塞斯托斯（Sestos）间架起一座桥。这两镇间的海峡宽度不足1英里。不久后桥虽建成了，不料一场暴风雨袭来将其毁于一旦。

薛西斯一世为人冲动，听到桥塌的消息时，大发雷霆，愚蠢而残忍地下令处死所有建造这座桥的工人。

据说他奢侈无度、行事荒谬，竟令人用棍子击打赫勒斯滂海峡的水域，把脚镣扔入海峡，以示惩治狂风恶浪的决心。他的仆人对大海说道："你这苦咸的水啊，主人就是这样惩罚你，不管你是怎样的残酷无礼，他还是决心要穿越你这危险之流。"

波斯国王下令再建一座桥，由牢牢固定在两侧的双排船只组成。船只通过麻制缆绳连接在一起，船只的甲板上铺满树干，并以木板修饰平整以便部队通行。

波斯军队耗时七天七夜才渡过这座特别的浮桥，随后薛西斯一世率军穿过色雷斯、马其顿和色萨利，直奔希腊南部，大军途经的各北部城邦国家都表示臣服，波斯的舰队越过今孔泰萨海湾，穿越阿索斯峡湾的运河，继续向南行驶。

---

[1]　后世史学家认为波斯军队有20万—30万人左右。

第64章　波斯军挺进希腊

与此同时，那些拒绝向波斯屈服的希腊国家正积极准备迎战逼近的侵略者。这些城邦在科林斯召开了联盟大会，组成了希腊城邦联盟，并于会上商定了共同御敌的对策。

在这个危急关头，我们由衷敬佩希腊人的无畏精神。尽管敌我双方实力悬殊，但他们不允许自己有哪怕一刹那的沮丧。他们集结了希腊各城邦几乎全部的人口与庞大的波斯军队作战，希腊联军总共不超过6万自由民，可能还有6万的武装奴隶。

就好像要挫伤他们的斗志一样，希腊人在出发之前得到的德尔斐神谕是非常悲观的。神谕告知斯巴达人，只有斯巴达赫拉克勒斯族的一位国王自愿献出生命才能拯救斯巴达。而雅典人则被告知：

"西哥罗佩[1]边界之内和神圣的西塞隆（Cithaeron）山深处的一切都将倒塌，只有宙斯赐予雅典娜的那面木墙，是你们和孩子们的避难所。因此，不要在陆上抵御来自欧洲大陆的庞大骑兵或步兵军队，你们要转身撤退，寻找那面木墙。神圣的萨拉米斯啊！无论谷神是否显灵，无数母亲还是将失去儿子！"

雅典人一开始很困惑，不知道神谕所指的木墙是什么。有人以为是指雅典卫城，在古时那里曾被一道木栏环绕。但是地米斯托克利很有可能私下提点了德尔斐祭司，坚持声称舰队就是神谕中提到的木墙，并敦促雅典人相信他们的船舰可以抵御波斯人。最终他的建议被采纳了。

勇猛的斯巴达国王列奥尼达（Leonidas）亲率从各地集结的希腊联军约7000人，率先赶到色萨利和福基斯之间的塞莫皮莱[2]，扼守住地势险要的关隘之地。雅典舰队和盟国舰队一起向埃维厄岛[3]和色萨利海岸之间的海峡进发，在距温泉关口约15英里的阿提密西安（Artemisium）海角安营驻扎。

---

[1]　Cecropian，又称雅典卫城。

[2]　Thermopylae，又称温泉关。

[3]　Euboea，又译优卑亚岛。

此时，薛西斯一世的行军更像是凯旋的游行，而不是在攻城略地。希腊北部地区无人敢于阻挡波斯大军前进。他们途经的各个小国惊恐万分，竞相称臣，甚至热情欢迎波斯国王和他的大军。

薛西斯一世此时完全没有意识到他将要面对的希腊勇士是多么顽强不屈，也忘记了父亲曾战败于此的前车之鉴。到达塞莫皮莱山口后，他得知山口的防卫力量薄弱，于是派使者前去要求希腊人放下武器。勇猛的斯巴达国王列奥尼达回答道："有本事你就来拿走！"

波斯使者向希腊人保证，如果他们放下武器，伟大的国王（即波斯国王）就会与他们结为盟友，并赐予一个比他们母邦更大、更富饶的国家。但是斯巴达人毅然回绝，并称："无德的国家不配成为我方盟友；至于武器，无论与薛西斯一世是敌是友，我们永不放下武器。"说完这些话，列奥尼达就若无其事地继续操练士兵，或做其他消遣活动。

薛西斯一世耐心地等待了四天，见守关的希腊人没有丝毫投诚之意，便下令用武力征服这些不知好歹的希腊人。但是温泉关是一个易守难攻的狭窄通道，有的地方只有15英尺，最宽不超过25英尺。如此一来，波斯军队无法充分利用自己在人数上的巨大优势。每一列攻入狭隘通道的波斯军都被英勇无畏的斯巴达军屠杀。

薛西斯一世坐在邻近高地的宝座上，情绪激动地目睹着这场战斗，他看到自己最精锐的部队被击溃，便下令暂停进攻。第二天，战斗又开始了，但波斯方仍旧没有取得胜利。他们无法正大光明地取胜，便开始要阴谋诡计，决定使用金钱收买和招降。一个名为埃彼阿提斯（Epialtes）的希腊人背信弃义，投靠敌国波斯。

塞莫皮莱山向西几英里处有一条迂回曲折的小路，除了邻近地区的居民外，几乎没人知道它的存在。希腊叛徒埃彼阿提斯提议指引波斯军队从这条小路绕过去，拦截列奥尼达的撤退之路，并从希腊军背后发起攻击。

波斯国王欣然接受了这一提议，并派遣将军海达尔尼斯（Hydarnes）率领两万军队于黄昏时分出发。他们行军一整夜，在日出时到达山顶附近。然而，他们遇到了一个意想不到的障碍——福基斯（Phocian）守卫队。这支队伍受列奥尼达委托保护这条人迹罕至的山路。

刚开始，波斯军队在山中橡树树荫下行进并未被发现；但后来，福基斯人察觉出这不同寻常的沙沙声及庞大部队沉重的脚步声，开始拿起武器准备抵抗。

此时福基斯人发现敌强我弱，若是在这低处的山口坚守必定惨败。有鉴于此，福基斯人放弃了原先驻守的山口，转移到更高的地方，以免遭到波斯人强大箭雨的攻击。

但是，海达尔尼斯并没有像福基斯人预期的那样去追击他们，而是从容不迫地沿着撤空的山口向平原挺进，深入腹地，留下福基斯人在一旁为自己的轻率举动后悔不已，敌人竟这样顺利地攻入了。

第65章　温泉关防卫战

温泉关的希腊守军在薛西斯一世的阵营中有许多密友。薛西斯一世征召的新兵在内心深处并不将希腊视为敌人，其中有一个士兵在海达尔尼斯率部队行军数小时后，就设法逃到了希腊的据点，并告知希腊守军埃彼阿提斯已然叛国。

列奥尼达知道大势已去，立即召开了战事会议，会上各方一致同意为保留实力，希腊联军大部队应立即向科林斯地峡撤退。

与此同时，列奥尼达和他的300名斯巴达勇士决心坚守自己的位置，视死如归地掩护主力部队撤退。700名泰斯比亚人（Thespian）为斯巴达人的崇高精神所激励，也决定一同守卫关口，誓与列奥尼达共进退。

原先的军事联盟已然四分五裂，不过还有400名底比斯战士没有离去，他们来自底比斯的统一政党的两个帮派。列奥尼达把他们留了下来，以防止底比斯提前叛变。比起作为同盟军，他们更被视为人质。因为底比斯人向来反对其他希腊人的自由观，他们支持寡头政治，在希腊与波斯起争端时有意与波斯为盟。

列奥尼达鼓舞他的部下准备好迎接死亡。"来吧，我的战友们，"他喊道，

"让我们坐下来，共进此世的最后一餐，明天我们就将和冥王哈迪斯一同进食了。"到了午夜，他带领小分队冲向敌人的营地。

波斯人因此突袭而大吃一惊，顿时陷入混乱。由于在黑暗中分不清敌友，他们常常攻击到自己人。而希腊人则紧紧地团结在一起，那些视死如归的希腊人倾尽全力，势如破竹的猛攻使敌人溃不成军，差一点就深入薛西斯一世的帐前。

黎明时分，波斯人便发现攻击者为数不多，列奥尼达为避免发生敌众我寡的冲突，只好放弃袭击，将部下带回山中狭径。波斯人紧随其后，双方在很长时间里战事焦灼，难分胜负。

希腊人有着破釜沉舟的毅力，众多敌人倒在他们的刀剑之下。但是，在战斗最激烈的时候，一支波斯标枪刺穿了英雄列奥尼达的心脏。这让他的追随者们更加愤怒，波斯军逐渐因抵挡不住愤怒的希腊军而开始撤退时，交战双方看见由海达尔尼斯指挥的两万名士兵正从山口的另一端向前推进。

斯巴达人和泰斯比亚人撤退到峡口最窄处的高地上，占据一堵旧城墙，决心继续将生死置之度外，奋战到底。但是卑鄙的底比斯人质们试图乘机逃跑投降敌军，可惜他们中的大多数人在没有到达敌军之前就被不明所以的波斯军杀死。

波斯军从四面八方包围了希腊守卫战士，有些人忙于推倒希腊人身后的旧墙，其余人则不停地射箭，一时间箭如雨下。从始至终希腊人都展示了不变的泰然自若和超绝勇气。

有人曾说，波斯的标枪和箭雨多得把阳光都遮住了，甚至斯巴达的勇士狄奥尼斯（Dioneces）疾呼道："在这阴凉下作战，何等畅快！"希腊方一直英勇顽抗到最后一个士兵倒下。他们倒下时，身上满是攻击者射来的箭。至此，温泉关最终被波斯军队侵占。

后来人们在这些勇士埋骨之地周围竖起了两座纪念碑。一座碑上的铭文记载了少数希腊人反抗300万波斯人的英勇行为，而另一座碑文上详细记录了列奥尼达和300个斯巴达勇士的事迹，上面写着："过客啊，请带话给斯巴达人，说我们坚决地履行了诺言，将在此长眠了。"

列奥尼达军队的表现堪称爱国典范。在温泉关战役进行的同时，希腊联军舰队在海上与波斯海军相遇，但这场海战中希腊方并没有拿出像温泉关守军们那样无畏的勇气。

但似乎上天还是眷顾着希腊，当薛西斯一世的庞大舰队在色萨利海岸的卡司塔纳伊亚湾（Casthanaea）停泊时，遭遇了持续三天的暴风雨袭击，波斯损失了至少400艘战船，另有大量运输船和补给船也葬身大海。

暴风雨平息之后，波斯军迅速驶离了这个不祥之地，前往埃维厄岛与希腊大陆间的海峡，最后停泊在阿菲提（Aphetae），距离希腊舰队驻扎的阿提密西岸海角约10英里。

第66章　海战

尽管暴风雨让波斯舰队蒙受了不少损失，但这支舰队仍旧规模庞大。波斯大军压境使希腊联军惊恐万分。他们立即召开战事会议，与会多数人决定向南撤退。

埃维厄人（Euboeans）意识到，如果希腊联军舰队向南撤退，那么埃维厄岛就会暴露在波斯舰队的攻势之下，所以他们竭力劝说希腊联盟舰队总指挥——斯巴达人欧利拜德斯（Eurybiades），请求舰队推迟出发，给埃维厄人时间将家属和财产转移到安全的地方。

但欧利拜德斯不为所动，断然拒绝了他们的请求，于是埃维厄人转而向曾在会议上反对撤军的雅典军队指挥官地米斯托克利求援。地米斯托克利表示，黄金有时比言辞更有说服力，若是埃维厄给他30塔兰特，他就会着手阻止联军舰队出发。

埃维厄岛居民付给他规定的数目后，地米斯托克利用5塔兰特贿赂欧利拜德斯，让他撤销舰队的撤退命令。除了坚持要撤军的科林斯人阿狄曼图（Adimantus）之外，其他指挥官都服从总指挥官的命令。后来地米斯托克利用3塔兰特作为礼物换取了这位科林斯将军的默许，剩下的22塔兰特则入了他自己的腰包。

地米斯托克利在这一事件中的所作所为充分展现了他对人性的了解。其他唯利是图或苟且偷生的指挥官只有在接受贿赂之后才敢于面对波斯劲敌，这与温泉关战役爱国保卫者们英勇无畏的精神形成了鲜明对比。

波斯舰队指挥官已经做好了战斗准备，并派出200艘埃及战舰绕过埃维厄岛东侧到达埃夫里普（Euripus）海峡的最南端，将海峡出口堵住，准备来一个瓮中捉鳖，将希腊联军一网打尽。

波斯舰队的一名逃兵将这一军情透露给希腊人，于是希腊联军又紧急召开会议讨论对策。会议上指挥官们表示，由于波斯舰队近期遭遇风暴，折损了不少，又有200艘战船离开大部队，波斯军力现已被削弱。于是他们一致决定主动出击波斯舰队。希腊战舰在日落前起锚，向敌人发起进攻。

尽管波斯军队在数量上占极大优势，但希腊联军的船小且灵活，能在狭窄海湾运转自如。他们充分利用此优势，很快便俘获了敌军战船30艘，同时击沉了很多敌船。夜幕降临时，突如其来的暴风雨使战事中断。

希腊人很快重返阿提密西安岛驻扎，但波斯人就没那么幸运了。由于不熟悉这片狭窄而复杂的海域，又被黑夜和暴风雨弄得晕头转向，他们不知道该朝哪个方向航行，许多波斯战船在逃回阿菲提驻地的途中不幸失事。

这次风暴同样让那200艘驶向埃夫里普海峡南端的波斯战船损失惨重。他们被困茫茫大海之中，此时乌云密布，漆黑一团，找不到可以指引方向的星星，船只随着波涛汹涌的海浪飘荡，最终被海水卷到埃维厄岛岸边的礁石上。整个舰队遭受了严重损失。

第二天，前来增援的53艘雅典战船将这可喜的情报传达给希腊指挥官。希腊联军士气大振，当晚便再次攻击了波斯舰队，并成功摧毁了波斯方一支名叫西西里（Cicilian）的舰队。波斯指挥官们见敌军竟能以少胜多，感到十分挫败和羞愧，因此决心倾尽全力挽回声誉。天刚一亮，他们便下令准备全面开战。

大约中午时分，他们抵达希腊联军的驻地，激烈的战斗打响。此役以希腊方获胜告终，不过他们为胜利付出了沉重的代价——5艘战船被摧毁，许多船只遭损，特别是雅典舰队损失惨重。

在这种情况下，加之收到列奥尼达和斯巴达军队在温泉关全军覆没的消息，让希腊指挥官们决意南撤，以帮助阿提卡和伯罗奔尼撒各城邦的居民。因为温泉关失守，这两地必定暴露无遗，波斯大军可能不日便会进攻。

希腊联军舰队立即起航驶向赛隆尼克湾，并在萨拉米斯岛和阿提卡海岸间的海峡中停泊。

第67章　波斯摧毁希腊大部分地区

这时，薛西斯一世的地面部队越过福基斯和维奥蒂亚到达阿提卡，而他的波斯舰队也向南驶进，跟随希腊联军舰队进入赛隆尼克湾。

无力抵抗的伯罗奔尼撒人已经撤退到了科林斯地峡，波斯军队在行进途中几乎没有遇到任何抵抗。雅典的主要武装力量在舰队之上，无奈之下也被迫放弃了雅典城。

在这个动荡的年代，德尔斐城的阿波罗神庙依旧保存完好。与此相关有一则趣事：德尔斐人听说波斯军队成功地占领了温泉关，惊恐万分，便询问神谕如何保护神殿和殿内的珍贵宝藏。

神谕的回复是："阿波罗的武器足以保卫他的神殿。"于是，德尔斐人弃城而逃，举家穿越科林斯湾迁往亚该亚[1]，躲在帕纳塞斯山石峰间深深的洞穴里。

前往此处的唯一道路坎坷崎岖。追击德尔斐人的波斯军队沿此路前进时，一场突如其来的雷雨袭来，波斯兵惶恐不安，迷信地认为是凶兆。德尔斐人则欢欣鼓舞，坚信雷雨是阿波罗神正在履行他的诺言，保护他的神庙。

不知是因为雷击还是德尔斐人在暗中发力，两块巨大的岩石从帕纳塞斯高山上滚落下来，砸向了波斯士兵。波斯军惊慌失措，急忙逃窜。此时德尔斐人从藏

---

[1]　伯罗奔尼撒北部。

身之处冲出，对波斯军穷追不舍。

为了给这次惨败找寻借口，这支波斯军队返回主力部队后，添油加醋地描述了许多奇闻，说他们在德尔斐听到了从地下传出的可怕声音，还看到很多恐怖的东西。神庙祭司就喜欢到处散布牛鬼蛇神的故事，不久人们都相信亵渎圣殿者遭受挫败是因为神的惩罚。

希腊联军舰队抵达萨拉米斯之后，地米斯托克利认为挽救阿提卡为时已晚，于是说服雅典人前往战船避难。之前他也对神谕做出过相关解释——战船就是阿波罗所说的可保雅典安全的"木墙"。

因此，他们将雅典民众送往萨拉米斯岛、埃伊纳岛，以及阿尔戈利斯地区特洛曾（Troezene）的内海港镇，将废弃的家园留给了愤怒的侵略者。出发前，雅典人在地米斯托克利的鼓动下通过了一项法令：为了共同保护母国，召回所有被流放的雅典人，雅典人也因此获得了流放在外的阿里斯提得斯的宝贵援助。

阿里斯提得斯当时居于埃伊纳岛，一听到法令便奔向萨拉米斯。国难当头，他不计前嫌，一心挂念着雅典同胞的安危。

薛西斯一世的军队很快占领并摧毁了阿提卡。曾经不可一世的都城被攻破。当初全民撤退时仍有少数雅典人拒绝离开母国，他们徒劳地保卫着雅典城，最终全部成了波斯侵略者刀剑下的亡魂。

与此同时，波斯舰队在距雅典海军所在海湾不远的雅典海港卡勒隆（Chalerum）驻扎。希腊联军也在考虑是该冒险再与波斯军交战，还是该继续向海湾深处撤退，以帮助保卫科林斯地峡。此时伯罗奔尼撒人已经在科林斯地峡修筑了一道防御工事，抵挡侵略者的进攻。

地米斯托克利在军事会议上力劝大家留下与波斯人作战，但绝大多数指挥官急切地想继续撤退。最后少数服从多数，大会决定立即起航后便结束了此次会议。地米斯托克利知道，若是会上通过的决议生效，一切都将付之东流，于是说服欧利拜德斯召开了第二次会议，他竭尽所能劝导指挥官们撤销之前的决定。

在讨论的过程中，地米斯托克利有一句话冒犯了欧利拜德斯。他举起手杖做出要打人的样子，但地米斯托克利一心只想说服希腊同盟军留下作战，对斯巴达人威胁的姿态毫不在意，只是平静地对他说："打吧，但请听我一句。"欧利拜德斯对自己的暴力行为感到惭愧。他请对方继续说下去，并不再打断。

地米斯托克利坚信离开当前据点会让希腊联军暴露无遗。他们现在处于狭窄的水道中，庞大的波斯舰队无法在这里全力施展，但如果撤军就必会经过宽阔的海域，敌军很有可能快速趁势攻击，将希腊联军一扫而尽。他还强调如果放弃萨拉米斯和埃伊纳岛上的雅典妇女儿童，他们必遭波斯敌军的残忍屠戮。

他话音刚落，科林斯海军将领阿狄曼图便嘲笑道："难道大家想被那个已经无城可守的雅典人指挥吗？"此言暗指雅典城已被波斯毁灭，地米斯托克利是亡命之徒，没有资格发言。地米斯托克利激愤地答道："雅典人的确为维护自己的独立和希腊民众的自由牺牲了私有财产，但他们仍有'一座城'留存在200艘战船之中。"

他补充道："如果盟国抛弃雅典，那么雅典人就会带上妻儿和200艘战船前往意大利海岸寻找新的家园。古神谕曾预言雅典人终有一天会建立一个繁荣兴盛的国家。"希腊各盟国若真的让雅典走上这条路，必定会后悔莫及，因为当下只有雅典舰队才能保护希腊海岸。

地米斯托克利的这番话警醒了各盟国，他们唯恐雅典人真的脱离同盟，于是一致决定让希腊联军舰队坚守萨拉米斯，备战迎敌。但尽管命令已下，伯罗奔尼撒的几个指挥官不久又想着撤军。地米斯托克利得到消息，大多数想撤军的人打算在夜间起航。

为了让他们无路可退，地米斯托克利秘密实施了一个阿里斯提得斯绝不可能采纳的计谋。他秘密派遣使者前往拜访波斯国王薛西斯一世，告诉对方希腊士兵已经手足无措，正准备逃跑。如果波斯想立刻粉碎敌人，就应该派出一支舰队封堵希腊船只出逃的海峡口。

薛西斯一世以为地米斯托克利已经变节，心中暗喜，便听从了他的建议。当那些想临阵逃脱的希腊联军得知波斯人已封堵海峡口时，便发现自己已无路可退，于是只能专心准备迎战。

第68章　萨拉米斯海战

公元前480年10月20日的清晨注定要因萨拉米斯战役被世人永远铭记。希腊将士们吟唱着神圣的赞美诗和颂歌迎接这一天的到来，歌声中不时还夹杂着一阵阵振奋人心的号角声。

希腊联军在指挥官的带领下摆出作战阵形，他们互相勉励，为保护妻儿、保卫家园而战，为捍卫神庙而战，更是为了自由而战。每一位将士都热血沸腾，正因为目标如此神圣，他们最后在战场上都表现出了奇迹般的英勇顽强。

波斯人虽然没有这种高尚的情操，但也不乏勇敢奋战的强烈动机，他们知道马上就要在君主的眼皮底下战斗了，人人跃跃欲试。波斯舰队沿着阿提卡岸边排列成行，薛西斯王对此役信心十足。他将华丽的王座安置在临近的小山坡上亲自观战，一旁是随从和贵族们，一旁是大臣们，随时准备记录部队及指挥官的英勇事迹。

阿提卡沿岸大片地区人头攒动，黎明时分，整个波斯舰队开始行动。岸上的士兵们迫切地想亲眼见证这场即将来临的战斗，在好奇心的驱使下，他们占据了几乎所有宽敞的山丘，寻找每一处能看到海域的高地。

在这充满悬念和期待的时刻，地米斯托克利的战舰上发生了一件令人震惊的事。当他在甲板上举行战前祭祀时，三个美少年俘虏被带至他面前，他们据说是波斯国王的侄子。负责祭祀的占卜师拉着地米斯托克利的手，命令他把这三个少年献祭给酒神狄奥尼索斯，如此希腊人不仅可以安然无恙，还能取得胜利。

地米斯托克利对如此残酷的做法感到无比惊讶。虽然在一些希腊岛屿上，岛民会以活人献祭酒神狄奥尼索斯，但在雅典此等野蛮行为是绝对禁止的。但最后，人们还是呼唤着酒神的名字，将这三个不幸的俘虏带到祭坛前，坚持按照占卜者的指示将这三位少年献给酒神。

在和煦的微风中，进攻的号角响彻海域。由380艘战船组成的希腊联军舰队向有1300艘战船的波斯舰队发起进攻。

雅典舰队在地米斯托克利的带领下很快就攻破了波斯军的防线。每名士兵、每艘战舰都体现了勇猛的斗志和机敏灵活的战术。经过激烈而漫长的战斗，希腊人取得了彻底胜利。波斯方伤亡惨重，漂浮的尸体甚至覆盖了整片海域。

大批波斯战船被缴获或击沉，其余波斯战船上的士兵惊慌四散。希腊方损失了40艘船，但战亡人数相对较少，许多船只虽被击沉，但很多人自己游到岸边得以自救。

一支精英波斯步兵驻扎在萨拉米斯和希腊大陆之间的普叙塔列阿（Psyttalea）小岛上，他们的任务是协助波斯大军歼灭可能在海战中前来寻求避难的希腊人。

然而，向来机警的阿里斯提得斯猜到了敌军的计谋，他带领着一支雅典部队，在薛西斯一世的眼皮底下攻击并杀死了这座小岛上所有的波斯守军。看到海上舰队惨遭溃败，精锐部队也被希腊军击溃，薛西斯一世痛苦地从宝座上跳了起来，绝望地猛然撕裂了自己的衣服，并匆忙下令撤军。

波斯舰队的残余势力四处逃散，有的逃到小亚细亚的港口，有的逃到赫勒斯滂海峡，薛西斯一世的陆军则仓皇撤退到色萨利。

萨拉米斯战役的失败重挫了这位曾经不可一世的亚细亚专制者，尽管他周围有数以百万计的追随者，他依然心有余悸。他下令大军立即撤回亚细亚，并安排波斯将军马铎尼斯和30万精兵继续与希腊联军战斗。

此时薛西斯一世又收到了假意投诚的地米斯托克利传来的消息，信中说希腊同盟各国在议会上建议希腊战舰立即驶向赫勒斯滂海峡破坏那座浮桥，阻止波斯撤回亚细亚，但地米斯托克利极力劝阻联军执行此计划。薛西斯一世得到的这一消息让他更加坚定了撤退计划。

据说，狡猾的雅典人地米斯托克利如此暗示薛西斯一世有两个目的：一是要让仍具威胁性的敌人迅速撤退；二是万一希腊联军失败，他还可以得到波斯国王的庇护。带领希腊联军在萨拉米斯海战中取胜的地米斯托克利后来真的遇到了需要波斯国王庇护的时候。

第69章　波斯军撤退

薛西斯一世此次撤军是有史以来最严重的灾难之一。波斯士兵遭受的苦难丝毫不亚于近代拿破仑的法国军队撤离莫斯科时所承受的苦难。由于撤军匆忙补给不足，撤军后不久他们便遭遇了严重的饥荒，一时之间饿殍遍野。

被逼得走投无路的波斯士兵离家乡还有千里之遥，只好饥不择食，一路吃着树叶，啃着树皮和青草。饥荒之后，瘟疫迅速在波斯军中蔓延开来。跨越色雷斯、马其顿和色萨利的行军路线上尸横遍野，成为人间炼狱。

马铎尼斯麾下的6万精兵与薛西斯一世一同前往赫勒斯滂海峡。除了这些人和王室守卫得到了部分供给以外，其余普通士兵皆缺衣少粮。经过45天的行军，他们抵达赫勒斯滂海峡的岸边，跟随国王从色萨利平原撤退的大军几乎损失殆尽。

薛西斯一世曾经为穿越赫勒斯滂海峡建造的那座宏伟的浮桥已被暴风雨摧毁。战败的波斯国王正巧遇到一艘腓尼基战舰（也有人说是一艘渔船），他便乘坐此船回到了亚细亚。人类有史以来最庞大的远征军就这样成为希腊人的手下败将，这一事也警示人们无节制的虚荣心和膨胀的野心必招致噩运。

若薛西斯一世没有被战争带来的快感冲昏头脑，那么他内心深处定是懊悔不已。他只要想到对希腊发动侵略战争导致百万大军半数以上都命丧黄泉，就十分痛心。这支军队转瞬即逝的辉煌让他悔不当初！

也许是为了逃避这种自责的痛苦，又或者是为了满足他堕落的欲望，薛西斯一世回到萨迪斯后便纵情声色，亲信小人，导致波斯帝国内乱。最终，他在宫廷政变中被大臣杀死。

第70章　狡诈的地米斯托克利

波斯军撤退后，除雅典舰队外，其他希腊联军舰队进入港口过冬。地米斯托克利率领雅典舰队驶向爱琴海南部的基克拉泽斯群岛（Cyclades），其中帕罗斯岛和纳克索斯岛最大。他以当地居民通敌为借口，向他们勒索了大笔钱财。后来，他被指控没有将这笔钱上缴国库，反而挪为私用。大约在同一时间，他再一次证明了他的为人处世毫无原则。他告诉雅典同胞们，有一个提议对雅典非常有益，但不能直接向公民大会提出来。于是雅典人让他将其计划与阿里斯提得斯商议，并承诺，如果阿里斯提得斯同意，他们就同意该计划。

因此地米斯托克利告诉阿里斯提得斯，他的计划是把在帕加萨港口（Pagasae）越冬的希腊联军舰队付之一炬，如此一来雅典就会成为希腊唯一的海上强国。阿里斯提得斯知悉后，向人们宣告："没有什么比地米斯托克利的计划对我们更有利，但又置我们于不仁不义。"雅典人听毕，断然拒绝了这一建议，甚至不曾询问其目的，因为他们相信阿里斯提得斯聪慧过人、诚实正直。

部分雅典人开始返回被波斯军摧毁的雅典城。不过，出于对马铎尼斯可能再次攻城的担心，仍有很多人将妻小继续留在萨拉米斯岛和埃伊纳岛。

希腊联军整个冬季都在向众神献祭，感谢众神将他们从波斯手中解救出来。他们还将战利品奖赏给在战争中表现突出的将士们。在颁发奖品时，发生了一件事，充分证明了地米斯托克利的军事才能及他军事同僚们的虚荣心。

当盟军舰队的指挥官们被要求列出在萨拉米斯战役中表现英勇、杀敌无数的参战者名单时，他们都将自己的名字写在名单之首；至于第二名，几乎全体代表一致投给了地米斯托克利。之所以说是几乎，是因为雅典代表将第一名的票投给了自己的将军地米斯托克利。

无论指挥官们心属何人，各城邦一致宣告地米斯托克利是萨拉米斯战役的大功臣，斯巴达人也奉他为大英雄。后来他应邀访问斯巴达，受到斯巴达全民的热烈欢迎，人们为他戴上橄榄花冠，认为地米斯托克利是希腊人中最聪明能干之人。

与此同时，斯巴达将军欧利拜德斯也被其同胞誉为勇士。地米斯托克利回国时，斯巴达人还为他献上了一辆华丽的战车，并派了300名贵族青年作为仪仗队护送他到边境。

甚至在随后的奥林匹克运动盛事期间，比赛正在如火如荼地进行着，地米斯托克利忽然出现在观众席上，全场为之轰动，甚至忘了竞技场上的选手们，所有人的目光都集中在那个曾拯救希腊于水火之中的人身上。

此时，波斯将军马铎尼斯并没有闲着。他认为雅典才是波斯最危险的敌人，于是想方设法引诱雅典退出希腊联盟。

他找到马其顿国王亚历山大一世（Alexander I）做中间人前往雅典讲和，并以波斯君主的名义承诺，如果雅典愿意不再参战，就为他们重建城池，让雅典人尽享富贵荣华，还承诺将整个希腊的统治权交予雅典。

秘密得知此消息的斯巴达人立即派使者前往提醒雅典人，并讲明雅典人对整个希腊的责任义务，并承诺如果雅典不脱离联盟，就向他们提供所需的任何经济援助，并为他们的妻儿提供庇护。雅典人遵循了阿里斯提得斯的建议，以最高尚、最爱国的方式回复了波斯人和斯巴达人。

他们告诉波斯国王的使者，雅典人民不愿与那些使母国沦为废墟、亵渎庙宇的人达成和平协议。同时他们很有尊严地谴责斯巴达人，说他们不会背弃盟友，更不会因为金钱利益放弃履行他们的责任。

提议遭拒绝后，马铎尼斯立即进军雅典。此时希腊联军又一次无耻地让雅典人孤立无援。就连劝诫雅典支持联盟共同事业的斯巴达人也没有派遣一兵一卒来协助捍卫阿提卡城，反而还下达了一条自私自利、冷酷无情的命令：不派出援军，只在科林斯地峡建造更多防御工事以保护伯罗奔尼撒地区。

雅典人不得不再次放弃他们的城市。他们把返回雅典的家人再次送回萨拉米斯岛，然后登上战船，准备誓死保卫城邦。雅典人在这个关键时刻表现出的强烈和爱国主义精神与斯巴达人心胸狭隘之举形成了鲜明对比。

马铎尼斯抵达阿提卡后，又派遣一位使者去见雅典人，重申先前提出的条件，让雅典脱离联盟。但是，即使雅典人身处绝境，被盟友抛弃，阿里斯提得斯和同胞们也不愿希腊沦落外敌手中，再次断然拒绝了波斯使者。

此时的雅典人强烈反对任何向波斯妥协的行为，以至于五百人议会的成员利西达斯（Lycidas）仅仅因为建议人们考虑一下马铎尼斯的提议，就被愤怒的雅典人用石头砸死，他的妻儿也都死在一群暴怒的妇女手下。当然，不论背后蕴含的感情多么高尚，戕杀无辜的行为无疑是残忍至极的。

第71章　普拉蒂亚之战——战争结束

马铎尼斯的军队在阿提卡地区肆虐，再次摧毁了雅典城。但是考虑到在道路崎岖的阿提卡山区行进，想要管理波斯军这样庞大的部队，是一件非常困难的事情，特别是其中的骑兵面临诸多风险。他们担心希腊人出其不意地反攻，所以再次退守维奥蒂亚。

此时的阿里斯提得斯带领一支代表团前往斯巴达。他严厉地指责斯巴达人，并敦促他们立即向雅典提供援助。代表们惊讶地发现斯巴达人竟像事不关己似的，开心地庆祝着公共节日，并表示10天之后才能给雅典答复。

无论如何，他们最后终于派出了一支由5000名斯巴达士兵和3万名轻武装的希洛人组成的队伍前往援助雅典。援军穿越科林斯地峡时，其他伯罗奔尼撒城邦国家也派出军队前来增援，抵达阿提卡后，又有8000名雅典军和来自普拉蒂亚、泰斯比亚、萨拉米斯、埃伊纳和埃维厄岛的军队前来援助。

斯巴达长期以来都是希腊的主要军事城邦国家，此次由斯巴达人帕萨尼亚斯（Pausanias）担任希腊联军的最高统帅，联军总共由近4万重武装部队、7万轻武装部队组成。雅典军由阿里斯提得斯指挥。

希腊人立即向驻扎在维奥蒂亚地区阿索波斯（Asopus）河岸的马铎尼斯大军进发。在数天的行军路程中，不时与敌人发生小规模冲突。随后，希腊联军在普拉蒂亚地区西塞隆山脚下离阿索波斯河不远处安营扎寨。

在一场惨烈的大规模战斗后，波斯军惨败。马铎尼斯本人也战死沙场。波斯继任指挥官阿尔塔巴兹（Artabazus）得知马铎尼斯的死讯后，急忙带领4万帕提亚人（Parthians）向赫勒斯滂海峡撤退。

余下的近20万波斯军队几乎全军覆没。波斯指挥官营地大量的财宝成了希腊联军的战利品。就在这场大战打响的同一天，即公元前479年9月22日，在小亚细亚的米卡里海角，希腊舰队还和波斯舰队展开了一场海战，最终以波斯舰队全军覆没告终。

希腊至此已完全摆脱外敌的束缚。他们为维护独立政权与彼时最强大帝国的全部军事力量抗衡，最终取得胜利。这充分证明了即使在遥远的古代，只要是为正义和光荣的事业而奋斗，人们终将取得最后的胜利。

雅典人终于有时间来重建城市。在地米斯托克利的指挥下，他们开始建筑坚固的城墙，以防未来再次遭受敌人攻击。

这一行为引起了斯巴达人的猜忌，他们派遣大使抗议雅典的设防工事，声称这样的城墙非但无法捍卫雅典，还会在波斯再次入侵时成为敌军的据点。雅典人不愿与斯巴达争执，也不愿放弃其城市防御计划，于是采取了缓兵之计。

他们提醒斯巴达人，鉴于雅典靠近海岸，所以需要建筑围墙保护雅典免受海盗袭击，同时否认要建设威胁希腊自由的防御工事。他们还答应派遣大使前往斯巴达，向斯巴达人陈述建城细节，使斯巴达不必惊慌。

随后，地米斯托克利、阿里斯提得斯和一位名为阿勃罗尼库斯（Abronycus）的人被举荐为大使前往斯巴达。雅典人此举的真正意图是争取时间来完成防御工事，地米斯托克利率先动身前往，并安排阿里斯提得斯和阿勃罗尼库斯在城墙快建成时再出发。

地米斯托克利到达斯巴达后，声称尽管之前有过承诺，但在另外两位使者到达前他不能擅作主张对建城细节做出解释。他一边以此为借口拖延时间，一边四处行贿。在斯巴达人失去耐心之前，雅典的防御工事进展得相当顺利。他们夜以继日地工作着，甚至妇女和儿童也尽其所能帮助完成这项重要工事。

然而不久以后，雅典人在争分夺秒地建筑城墙的消息传到了斯巴达人耳中，这让斯巴达人陷入惊慌。地米斯托克利无法再找借口拖延，便心生一计。他建议斯巴达人勿信谣言，派遣几个德高望重的斯巴达人前往雅典，一探究竟。

斯巴达人听取了他的建议，但他们的代表前脚刚到雅典，后脚就被秘密逮捕并被扣为人质以确保地米斯托克利和他的同僚们（此时他们也已经抵达斯巴达）

的安全。后来雅典的防御工事即将竣工，地米斯托克利便毫不犹豫地承认了他为争取时间使用的各种诡计。

斯巴达人意识到自己被骗后非常愤怒，但还是准许地米斯托克利及其同僚安全返回雅典。但是斯巴达人从未原谅他，对他的敌意也最终促使地米斯托克利走向穷途末路。

第72章　雅典城的防御工事

彼时雅典还没有一个合适的港口为庞大的海上贸易服务。为此，地米斯托克利让同胞们在距雅典城约5英里远的比雷埃夫斯（Piraeus）建造一个大型港口，同时还在那里建了一座防御工事比雅典卫城还要坚固的城池。

这些城墙由大块的方形大理石砌成，并注铁加固，城墙上的道路宽到可供两辆四轮马车并排行驶。通过这些措施，雅典的对外贸易得到了极大发展，这座城市很快变得比波斯入侵前更繁华。

阿里斯提得斯还观察到人们对梭伦的法律颇有微词，因为该法律规定穷人无资格担任政府重要职务。他担心若这种不公平的阶级差异一直持续下去，民众终有一天会奋起反抗。尽管他自己出身贵族，但还是提议废除了相关法律，让雅典的政体更加民主化。

虽然地米斯托克利带领雅典人打了无数胜仗，为国家做出了不可磨灭的贡献，但与他敌对的一个强大政党还是逐步在雅典政坛崛起，部分原因是斯巴达人在背后的操纵，还有一部分原因是地米斯托克利开始作威作福，还常在公共场合夸耀自己的伟大功德。

他的声望非但没有让他免受敌人的迫害，反而将他置于危险的境地。据说，他权势滔天威胁到了雅典民主体制。鉴于他那段时间举止荒诞，人们有理由怀疑他图谋建立自己的绝对权力，想在雅典一手遮天。

雅典人对于此类事件并不陌生，惊慌的人们开始诉诸陶片放逐法，这位萨拉米斯海战的大英雄被匆忙地判处流放。值得一提的是，阿里斯提得斯拒绝加入愤怒的雅典人群，强烈反对人们对于地米斯托克利的判决，尽管他本人之前被驱逐出国主要是由于地米斯托克利在背后耍阴谋。

希腊联军与波斯的战争还在继续，希腊也取得了明显的成功。由斯巴达国王帕萨尼亚斯指挥的联军舰队在消灭塞浦路斯岛上强大的波斯驻军后，驶向了博斯普鲁斯（Bosphorus）海峡——一条连接普罗庞提斯海[1]和尤克西恩海（Euxine，黑海古称）的狭窄通道。在那里，他们围攻并占领了拜占庭（Byzantium，今君士坦丁堡）。

帕萨尼亚斯是一个虚荣心强但意志薄弱的人。他被此次的胜利冲昏了头脑，野心急剧膨胀的他甚至渴望成为整个希腊的主宰，他秘密地请求波斯国王助他实现这一计划。

薛西斯一世不仅答应提供援助，还答应将女儿许配给帕萨尼亚斯，条件是希腊成为波斯的属地。得知此消息后，帕萨尼亚斯竟开始以"伟大的国王"的女婿自居，公开穿着波斯服装，行为举止也模仿得有模有样，还对希腊同盟国其他指挥官傲慢无礼。

结果希腊联军因为怀疑他对联盟的忠诚，厌恶其嚣张跋扈、独断专行，便废除这位联军总指挥的职权，让雅典军的联合指挥官阿里斯提得斯及米提亚德之子西蒙共同担任希腊联军指挥官。这二人的能力和态度都获得了希腊联军的普遍认可。

不久帕萨尼亚斯就因叛国罪被召回斯巴达。因证据不足被判无罪后，他暗中继续与波斯人书信往来。后来他的阴谋败露，被迫逃到雅典娜神庙中避难。斯巴达人向来认为神殿是神圣不可侵犯的，不愿进殿将罪人拖出，于是将神殿团团围住。昔日叱咤风云的一代名将最后就这样饿死在神庙中。

帕萨尼亚斯往日种种不端行为让斯巴达军事强国的地位被雅典取而代之。随后在雅典的组织下，一个新的希腊联盟（史称"提洛同盟"）成立了。圣地提洛

---

[1] Propontis，又称马尔马拉海（Marmora）。

岛（因阿波罗神闻名于世）被选为会议地址，同盟金库也位于此地。

提洛同盟会议商定会员国每年应向同盟会支付共计460塔兰特作为战争费用，并任命阿里斯提得斯来确定每个城邦国家应支付的比例。

◎　阿里斯提得斯

他非常公正地完成了这项涉及多方利益的任务，受到各同盟国的一致称赞。不久之后，这位"公正者"阿里斯提得斯溘然长逝。尽管他曾官居要职，手握大权，但一直忠于职守、勤勤恳恳、舍己为人；他死后甚至没有留下足够的钱供葬礼所用。

后来他的葬礼由国家出资，雅典同胞们为示尊敬，在帕列隆（Phalerum）为他立了一座纪念碑。另外给他每位女儿一份嫁妆，给他的儿子小利西马科斯一块土地和一份抚恤金。

第73章　地米斯托克利

不久地米斯托克利也与世长辞，但他死时的处境与其政敌阿里斯提得斯截然不同。他被驱逐出雅典后，居住在阿尔戈斯城，斯巴达国王帕萨尼亚斯曾来此拜访了他，还试图劝说这位被驱逐者加入他的阵营，但并未成功。

帕萨尼亚斯死后，有书信等证据表明地米斯托克利很可能对那位叛徒帕萨尼亚斯的阴谋略知一二。斯巴达人很乐意借此机会惩罚曾经让他们颜面扫地的地米斯托克利，于是派遣信使前往雅典，要求他们将地米斯托克利以背叛希腊的罪名带到提洛同盟会议上接受审判。

雅典人同意了，地米斯托克利被传唤。但他非但没有服从命令，反而逃到科西拉岛[1]，后又逃至伊庇鲁斯岛，发现此地也不安全，于是他又辗转逃到摩罗西亚（Molossia），尽管他知道该国国王阿德墨托斯是他的仇敌。

地米斯托克利趁国王阿德墨托斯外出时潜入王宫，向王后告知了他的危险处境，并按照王后的建议，抱起国王的一个孩子，跪在家庭守护神面前等待国王的归来。阿德墨托斯看到此情此景，对地米斯托克利顿生怜悯，便将私人恩怨抛诸脑后，同意为他提供庇护。

然而，地米斯托克利还未尝到平静的滋味，雅典和斯巴达的信使们很快就赶来要求阿德墨托斯国王交出逃犯。虽然国王体面地拒绝了，但地米斯托克利知道他不该继续待在此地了，不然保护他的人将会面临希腊联盟诸国的惩罚。

因此，他穿越马其顿到达爱琴海的皮德纳港（Pydna），在那里他用化名登上了一艘商船，在路经纳克索斯岛时险些被同盟舰队抓住，但好在最后还是安全抵达了小亚细亚的以弗所。

接下来他做了一个大胆明智的决定。他写信给最近刚继承父亲薛西斯王位的波斯国王阿尔塔薛西斯一世（Artaxerxes I），声称曾经为已故国王提供服务，请求现任波斯国王的庇护。

阿尔塔薛西斯一世欣然同意了，并邀请地米斯托克利来苏萨（Susa）王宫。在地米斯托克利抵达后，阿尔塔薛西斯一世赠予他200塔兰特，并告诉他：这是波斯对他定的价码，他有权得到这笔钱，因为他是自愿将自己交到波斯人手中的。

这位流亡的统帅在波斯居住的第一年，波斯语就已十分流利，不用翻译人员

---

[1]　Corcyra，今科孚岛。

就能与国王交谈。他才华横溢、处事圆滑,很快就得到了阿尔塔薛西斯一世的赏识。过了一段时间,波斯国王又任命他为小亚细亚一个地区的指挥官,并把其中几座城都作为食邑封赏给他。

地米斯托克利曾在一处名为马格尼西亚(Magnesia)的地方生活过一段时间。即使他在东方享受着无尽的奢华,也无可避免地品尝到了投靠敌国给他带来的精神折磨。

也许是他对自己所遭受的迫害感到愤怒,也许是为了提高自己在阿尔塔薛西斯一世心目中的地位,他向波斯国王吹嘘自己有能力让希腊诸国臣服于波斯。但是,当他静下心来思考时,他又忧心忡忡,思绪万千。当阿尔塔薛西斯一世真的准备再次进攻希腊时,地米斯托克利吞下毒药,结束了自己的生命。

马格尼西亚的居民为他立了一座宏伟的纪念碑,并赋予其后人以特权。据说,雅典法律禁止埋葬那些被驱逐出国的人,但地米斯托克利死后,人们按照他的遗愿,将他的遗体秘密地运送到阿提卡埋葬。

我们已对地米斯托克利的一生作了详尽的记述,依旧很难去总结他的品格。他的才华足以使其跻身伟人之列,他的狡诈自私却又让自己饱受道德的谴责。

第74章 西蒙——雅典的辉煌

阿里斯提得斯死后,他的同僚——才华横溢的西蒙被任命为希腊联盟舰队的首席指挥官,带领联军与波斯军交战。联军攻下了色雷斯沿岸一些被波斯占领的城镇,然后西蒙领军进入小亚细亚。西蒙不仅让爱奥尼亚人重获自由,还把卡里亚的多利安城从波斯的枷锁中解放了出来。

随后,他继续向东穿过利西亚和潘菲利亚(Pamphylia),并在潘菲利亚取得了两次决定性的胜利。第一次是在海上,另一次是同一天在攸里梅敦(Eurymedon)河口附近。希腊联军俘获200艘波斯战船,几乎摧毁了其他所有敌船,波斯的陆上部队也被杀得片甲不留。

　　然后，希腊舰队前往塞浦路斯，进攻并俘获了前往支援攸里梅敦河波斯舰队的80只腓尼基战船。遭受如此重创，波斯的海军力量几乎全军覆没，此后阿尔塔薛西斯一世对希腊人心存畏惧，再也不敢进攻希腊了。

　　战争到此应该就结束了，但是其间获得无数战利品的希腊联军不愿放弃这场有利可图的战争。因此，这场战争又延续了20年之久。与其说是为了惩罚波斯，不如说是为了掠夺被征服的各个地区。

　　但是，现在波斯的威胁已不复存在，许多人口稀少的小国开始厌倦这场无止无休的战争，不愿每年派出军队增援联盟舰队。因此，雅典召开联盟会议，会上决定那些不愿出战的国家不需派遣军队，只需每年按比例派遣战船，并缴纳会费支付雅典海军的费用即可。

　　最后，雅典在希腊建立了绝对霸权地位，这出人意料，但又合情合理。每年各城邦国家缴纳的会费逐渐成为一种定期性、强制性的贡赋。那些已经被雅典剥夺了舰队的小国就算不服，也无力抵抗希腊霸主雅典的剥削。

　　雅典人因此获得了前所未有的权力和财富，开始装饰他们的城市，享受舒适惬意的生活，并沉浸于奢靡的娱乐活动中。这一切都是以牺牲联盟其他附属城邦的利益为代价的。

　　雅典卫城的防御工事已经完成，从雅典城到外港比雷埃夫斯长达5英里的道路由两道长长的城墙保护，这两道墙的强度和厚度与地米斯托克利当初建造的比雷埃夫斯城墙相当。雅典的防御工事，包括港口和连通各港口的道路，共计长达18英里左右。

　　西蒙也为雅典城的建设及雅典穷人的福祉做出了很大贡献。作为盟军总指挥，他没有保留任何战利品，而是将其全部用于公共事业，建造了雅典宏伟的门廊、茂密的树林、雅致的花园，以及其他公共设施。

　　但他并没有止步于此。后来他宣称自己的所有财产都属于全雅典公民，于是推倒了自家花园和果园的篱笆，邀请所有人前来享用。他每天都会在家中为穷人提供免费餐饮。当他在街上遇到衣不蔽体的市民时，便令随从跟对方交换衣服。对于西蒙的这些行为，部分由于他本就慷慨大方，部分是出于政治上的考虑——

在雅典这样的民主城邦国家，争取民意是非常有必要的。

害怕被外国势力征服曾是希腊众多独立城邦国家之间唯一有效的纽带，但随着这种恐惧的消失，希腊各城邦的纠纷——希腊民族无数罪恶的根源——迅速显现。

诸城邦又开始互相猜忌，开始寻找各种借口四处生事。斯巴达人对雅典财力、势力急剧上升感到分外眼红。当时雅典以对待属国的态度对待那些他们称之为盟国的城邦，态度极其傲慢。随之而来的就是各城邦或是怀恨在心、或是公开反抗。但这无异于以卵击石，所有的反抗最后皆以失败告终。

在这一背景下，萨索斯岛（Thasos）的居民也开始对雅典心生不满，于是宣布退出提洛同盟，并派遣使者寻求斯巴达的保护和援助。得知这一消息，雅典将军西蒙随即率军向萨索斯岛进发，并迅速控制了除主要城市萨索斯城外的整个岛屿。萨索斯城防御牢固，他们顽强坚守了三年，最终还是因城内弹尽粮绝屈辱地投降了。

第75章　斯巴达奴隶起义——伯里克利的崛起

斯巴达人在萨索斯被雅典军队围困期间，一直在背后提供帮助，他们还暗中庆幸终于找到与雅典决裂的机会。正当斯巴达准备入侵阿提卡时，一场可怕的灾难突然袭来，迫使他们放弃了计划。

公元前464年，斯巴达遭遇地震，接二连三的强震摧毁了城中几乎所有房屋，只有五间得以幸存，约两万人丧生。这一灾难发生后，斯巴达的奴隶们纷纷揭竿而起，认为他们重获自由的绝佳机会已然到来。

不过，斯巴达国王阿希达穆斯（Archidamus）对此类叛乱有先见之明，他在第一声警报响起时就吹响号角，出兵镇压。希洛人发现他们的主人已经全副武装，于是退到了伊索米山（Ithomé）的坚固堡垒中。这场反抗战争持续了10年之久，斯巴达人几乎投入了全部军力平叛。

在漫长的围攻战中，斯巴达向雅典和其他盟国请求了支援，但由于斯巴达对雅典的猜忌心愈来愈甚，不久就以不再需要他们帮助为由遣回了雅典援军。

雅典彼时仍然手握其他城邦国家的军队，被派去的雅典援军遭如此遣返对他们而言简直就是奇耻大辱，愤怒的雅典人在部队从伊特霍姆返回雅典后立即通过了一项法令，终止与斯巴达的联盟，并与阿尔戈斯结盟。希腊两大城邦之间仇恨的种子就此播下，后来还引起了一场旷日持久的毁灭性战争，即"伯罗奔尼撒战争"。

西蒙向来支持贵族式政府模式，所以他一直以来也是斯巴达制度的崇拜者，并对斯巴达政府持友好态度。因此，当他的同胞们开始将斯巴达视为仇敌时，他的声望便每况愈下了。民主派势力趁机掌握政权，权势日益强大，后来成功地将西蒙驱逐出国。

现在上台的政党领袖是厄菲阿尔特（Ephialtes），但其背后真正的掌权者是名望颇高的贵族克桑提普斯（Xanthippus）之子伯里克利（Pericles），克桑提普斯曾是米卡里海战中雅典军的指挥官。

伯里克利堪称盖世之才，他的老师皆是希腊有名的能人。爱奥尼亚地区克拉佐美尼（Clazomene）的著名哲学家阿那克萨戈拉（Anaxagoras）是伯里克利的自然科学和道德科学的老师，向他灌输了更广阔、更自由的见解。伯里克利非但学识渊博，还具有不迷信的唯物主义思想，相信科学与智慧。

伯里克利长得英俊潇洒，和昔日的僭主庇西特拉图有几分相似。因此在一段时间内，雅典人出于迷信和嫉妒，不曾选举他担任重要公职。他的举止严肃而庄重。虽然他在与同胞们交往时总是和蔼可亲、彬彬有礼，但他从不参加社交活动，甚至很少有人看到他微笑。他爱好读书胜过娱乐，爱好工作胜过消遣。

在雅典军队服役数年后，他鼓起勇气参加了公民大会。他能言善辩，语惊四座，演讲时字字珠玑，不乏真实示例，令人醍醐灌顶，远超以往雅典雄辩家。不久，伯里克利便成为举足轻重的人物。

除了雄辩的口才以外，他还十分机敏老练，向来遇事不惊。即使面临敌人也不露声色，会坚定冷静地遵循自己的判断，无视对手的暴力和辱骂。

第76章　伯里克利的晋升

西蒙被放逐后，伯里克利获得了一个施展才华和抱负的机会。此时的雅典已达到权力巅峰——它是希腊提洛联盟公认的盟主，是希腊大陆、岛屿及小亚细亚沿海众多城邦国家真正的统治者。虽然雅典与其他国家仍以"盟友"相称，但其权势已远超近现代的帝国。

此时的雅典不仅是阿提卡最繁华的首都，还是希腊地区乃至整个文明世界的中心。繁荣昌盛的雅典给博学多才之人以丰厚的赏赐，从而吸引了来自世界各地杰出的哲学家、演说家、诗人和艺术家。

坐上雅典城邦的第一把权力交椅是很多人的野心，伯里克利逐步走向争夺这个神圣崇高位置的道路。为了在公民大会中取得并保持优势地位，他必须连续不断地为公民举行各种盛大的节日和娱乐性活动或是修建基础设施。但他不像西蒙，没有大笔财产任其挥霍，无法负担这笔巨额支出。

有一天，他突然想到可以将国库中的金钱挪为己用。但当时国库的开支全由亚略巴古法院监管，该法院的大多数成员属于贵族政党，必定不会为政敌——民主党领袖作嫁。

因此伯里克利决定采取的第一步措施就是削减当时受人尊敬、牵连甚广的亚略巴古法院的权力。于是，他让厄菲阿尔特在公民大会上促成一项法令，剥夺亚略巴古法院对国库的管理权，并将其大部分司法权移交大众法庭。

接着，伯里克利开始用国库中的钱贿赂人民，提高陪审法官的生活津贴，还向那些参加政治集会的公民发放报酬。同时，他还从国库中拿出巨资将庙宇、剧院、体育馆、门廊和其他公共建筑装饰得富丽堂皇。

宗教节日的数量和规模都有所增加，市民们每天都会参加公费的宴请和娱乐活动。为支付这项新的开支，他提高了其他盟国应缴的军费。如此一来，雅典的军费收入就达到了1500塔兰特，这在当时可是一笔大数目。

由于与波斯的战争是征收这一沉重赋税的唯一借口，所以雅典还在继续这场战争。在伯里克利上台后不久，雅典就向埃及派遣了一支军队，帮助那里的居民反抗波斯。但不幸的是，这次远征并未像预期的那样收获大量战利品。经过长达五年的战争，波斯成功镇压了埃及叛乱，将埃及首领伊纳鲁斯（Inarus）钉死在十字架上，大部分希腊援军也为波斯军所杀（公元前454年）。

同时，希腊地区爆发了内乱。多里安与腓尼基爆发了战争，斯巴达加入了多里安阵营，雅典加入了腓尼基阵营，最终大多数希腊城邦国家都卷入了这场战争。公元前456年，雅典在维奥蒂亚的赞纳格拉（Zanagra）和塞诺菲塔城（Cenophyta）的战斗中取得胜利，还成功占领了埃伊纳岛。

这场战争于雅典人而言既不得名又不得利，靠打仗获取的战利品而富裕起来的雅典人不愿继续支持该战争。因此，雅典人很快就有了与斯巴达休战的想法，人们又想起了那位亲斯巴达的政治家西蒙，认为他是与斯巴达谈和的不二人选。

伯里克利意识到当前公众舆论的潮流，并且认为自己应该明智地顺应潮流，于是他假装同样希望召回昔日的对手，并在公民大会上发布了一项撤销西蒙陶片放逐判决的法令（公元前453年）。

西蒙回国后，战争便中断了，经过三年的谈判，双方达成了休战五年的协议。雅典人的注意力随后又转向与波斯的战争。西蒙率领一支由200艘战船组成的舰队去夺取塞浦路斯岛。但在执行这项任务的过程中，这位杰出的指挥官不幸牺牲了。不久雅典与波斯达成和平协议（公元前449年）。

西蒙的遗骸被运回雅典，人们为他建立了一座辉煌的纪念碑。贵族党派很快推出了一位可以与伯里克利抗衡的新对手，即西蒙的妹夫修昔底德（Thucydides）。这位出身显赫的新领导人，作为政治家具有可敬之才，但在政治方面还是不及伯里克利。几年后，伯里克利就成功地将对手修昔底德用陶片放逐法驱逐出国了。

较长一段时间内，雅典的属国一直忍受着雅典严厉的苛捐杂税。后来，埃维厄人抓住机会，在雅典与维奥蒂亚交战时宣布独立。

伯里克利立即率领一支军队镇压起义的岛民，但他前脚刚抵达埃维厄，后脚就收到情报说麦加伦人也起兵造反，另外斯巴达人正准备入侵阿提卡。

他收到消息后迅速返回希腊大陆击败了发动起义的麦加伦人，在斯巴达军队临近阿提卡时，伯里克利贿赂了普利斯托纳克斯（Plistoanax）国王信任的谋士克林德里德斯（Cleandrides），让他说服经验不足的年轻国王从阿提卡撤军。就这样，伯里克利用强有力的政治措施很快化解了雅典面临的危险。随后，他再次率军前往埃维厄岛，不久便降服了该岛。

他把这次战役的所有花费记录在公账上，其中贿赂普利斯托纳克斯国王谋士的款项记为"10塔兰特，派作必要用途"。百姓深信他为人正直，不加追问就通过他的账目了。各方此时都对内战感到厌倦，于是在公元前445年达成了休战30年的协议。

第77章　伯里克利的权力——雅典与科林斯的战争

彼时伯里克利的声望和权力处于鼎盛时期。他以其明智宽松的政策为国人争取了难得的和平与繁荣。他无可辩驳的口才，让国人都愿意接受他提出的任何措施。一直反对他的贵族们再也无法阻挡他前行的道路，转而争相巴结他。

得到了雅典两大政党的支持，伯里克利意识到了自己的独特优势，他开始表现得更加高高在上，不再像以前那样急于讨好穷人获得支持。事实上，他的权力已经与专制君主的权力不相上下，尽管统治基础还算不上牢固。

希腊人享受了数年的和平宁静，突然科林斯和其属地科西拉岛又因些许争端爆发了一场战争，再次扰乱了所有希腊城邦的安宁。科西拉岛是科林斯的殖民地，当地人凭借其航海技术和贸易活动，积累了大量的财富，甚至远超其宗主国。结果，科西拉人不仅拒绝继续向科林斯称臣，还为埃皮达姆努斯[1]的统治权与科林斯开战。

科林斯向几个伯罗奔尼撒国家请求援助镇压科西拉人。另一边，科西拉则与雅典缔结了防御联盟，雅典派遣一支舰队协助维护该岛独立。为了惩罚雅典人插

---

[1]　Epidamnus，科西拉人在伊利里亚（Illyria）海岸建立的殖民地。

手这场纷争，科林斯在卡尔息狄斯（Chalcidice）半岛的波提狄亚（Potidaea）小镇上掀起了一场叛乱。波提狄亚是靠近马其顿边界的一座小城，曾是科林斯的殖民地，但当时是雅典的一个属国。

雅典立即派出一支舰队和一支陆军部队攻打波提狄亚，而伯罗奔尼撒联盟也迅速向该城派去援军。与此同时，科西拉人在积极争取那些尚未决定阵营的城邦国家加入他们。特别是在游说斯巴达时，科林斯派使者痛诉雅典人的行为，指出雅典人违反了公认的希腊政策，即任何国家都不应干涉他国及其附属国事务。

科林斯人的努力没有白费，以斯巴达为首几乎所有的伯罗奔尼撒诸国，连同地峡以外的许多国家组成联盟准备与雅典开战。阿尔戈斯和亚该亚起初保持中立。与雅典人结盟的有科西拉岛、阿卡纳尼亚、色萨利、普拉蒂亚和诺帕克特斯（Naupactus）地区的一些城市。

伯里克利在战争风暴袭来时毫不惊慌，但他的同胞们并非同样毫不畏惧，当意识到要放弃安逸奢侈的生活、踏入战争的浑水时，他们开始抱怨政治领袖伯里克利将他们拖入了这样一场令人惊恐的战争中。

起初，人们没有勇气站出来弹劾伯里克利本人，而是将不满发泄到他的朋友和亲信身上。菲狄亚斯是当时一位非常著名的雕刻家，被伯里克利任命为公共建筑的管理者，却因为一项轻罪而被判入狱。和伯里克利亦师亦友的哲学家阿那克萨戈拉被指控颠覆民族宗教，传播异教思想，并被驱逐出雅典。

当时受到迫害的名人还有米利都的阿斯帕西娅（Aspasia）。她是一个美貌出众、才华横溢的女人。她从米利都移居雅典，不久便引起了伯里克利的注意。伯里克利被她的美貌、智慧和口才深深吸引，于是休妻后娶了阿斯帕西娅。

雅典人认为就是阿斯帕西娅因个人恩怨唆使伯里克利与伯罗奔尼撒诸国不和，这也是人们在公民大会上指责阿斯帕西娅不敬神灵、有伤风化的真正原因。伯里克利在大会上亲自为阿斯帕西娅辩护，并恳切地为她求情，甚至动情地流下了眼泪。人们或是认为这些指控确实无根无据，或是无法抗拒伯里克利的雄辩，最后宣判阿斯帕西娅无罪。

接着，伯里克利的敌人直接攻击他本人，指控他侵吞公款。但是他完全反驳了这一指控，并证明他的收入全部来自私产。他俭朴的生活方式本就足以使雅典人相信他管理公共事务的操守。他在城中修建寺庙、门廊和其他宏伟的艺术建筑，为人们提供许多奢华的娱乐活动时，而自己家中却朴素无华，甚至家人们都抱怨他为人吝啬。这与当时许多雅典富人纸醉金迷的生活形成了鲜明对比。

伯里克利成功地澄清了敌人的诽谤，进而稳固了自己的地位。他采取了明智的措施以抵御伯罗奔尼撒人入侵——让阿提卡的居民带着财产退到雅典城内，同时把牲畜运到埃维厄岛和邻近的岛屿上。由于斯巴达人打陆地战跟雅典人打海战一样，几乎战无不胜，因此他不愿冒险与斯巴达人在陆上交战。因为他的先见之明，雅典城的粮食储备足够养活彼时拥挤在城中的人们，但当务之急是这么多人的居住问题如何解决。许多人住在庙宇和其他公共建筑物中，或是城墙上的角楼里，还有许多人被迫在雅典城和比雷埃夫斯港之间的空地上搭建了临时住所。

第78章　伯罗奔尼撒战争爆发——伯里克利遭责与他的死亡

一场历时27年之久的著名战争——伯罗奔尼撒战争于公元前431年打响。斯巴达国王阿希达穆斯率领一支庞大的伯罗奔尼撒联盟军挺进阿提卡，不曾遭到任何抵抗。浩浩荡荡的大军沿着阿提卡东海岸前进，沿途烧毁了许多城镇，所到之处皆沦为废墟。当雅典人看到伯罗奔尼撒联盟军即将兵临雅典城下，他们立即派人前往通知伯里克利，让他速速回国保卫雅典城。

正当伯罗奔尼撒联盟大举进攻阿提卡地区时，为了复仇，伯里克利正率领雅典和科西拉的舰队，摧毁了防御力量薄弱的伯罗奔尼撒沿岸地区。伯罗奔尼撒联盟军又遭遇粮食短缺问题，国王阿希达穆斯不得不撤军。大军沿着阿提卡西部海岸撤退，继续肆虐着沿途的城市。

第二年初夏，伯罗奔尼撒联军又出兵攻打阿提卡，因为伯里克利仍然坚持着他谨慎的政策，努力保卫雅典城，联盟军队又一次在阿提卡杀人放火，恣意妄为。

但此时，一个比伯罗奔尼撒联军更可怕的敌人袭击了不幸的雅典。一场瘟疫在比雷埃夫斯城爆发了。人们认为这场瘟疫源于埃塞俄比亚，后来才逐渐蔓延到埃及和亚细亚西部地区。瘟疫迅速席卷了雅典，成千上万人丧命。

据描述，这种瘟疫是一种发热性传染病，伴有许多痛苦的症状。那些熬过了第一阶段的人，接着会经历肠道和四肢的溃烂。历史学家曾提及，这场瘟疫毒性猛烈，甚至连猛禽都不愿触碰未经掩埋的尸体，所有吃了有毒尸体的狗都死了。这场瘟疫死亡率极高，由于雅典城人口过于拥挤，死亡人数大幅增加。

信徒们虔诚地祈祷着，医生们倾尽全力救治着，都无法阻止疾病的蔓延。可怜的雅典人陷入了深深的绝望之中，觉得自己被神灵遗忘，还有人认为这就是神的惩罚。很多时候，病人无人照料，死者的尸体无人安葬。而那些尚未患上瘟疫的人，公然违反法律、人伦和神谕，四处胡作非为。

与此同时，伯里克利率领着一支由150艘船组成的舰队，在伯罗奔尼撒半岛沿岸地区为非作歹，烧杀掳虐。回到雅典后，他们发现敌军因担心瘟疫蔓延而匆匆退出了阿提卡。他将舰队派往卡尔息狄斯海岸，协助仍在围攻波提狄亚的雅典陆地部队。此举非常失败，因为前去支援的军队染上了瘟疫，大多数舰队人员染病身亡。

雅典人遭受了如此苦难，对伯里克利的怨气也愈来愈浓，他们指责伯里克利让雅典卷入伯罗奔尼撒战争，给雅典带来了诸多灾难。在一次公民大会上，伯里克利为自己的行为辩护，并告诫人们要有勇气和毅力共同捍卫雅典的独立。

他表示，战争带来的苦难他曾经在演说中有所提及，人们应该心里有所准备；至于瘟疫，那是人类无法预见或避免的灾难。他提醒人们，雅典仍然拥有一支强大的舰队，在当下的恶魔过去之后，他们的海军仍可协助雅典建立统一的帝国。

接着，他呼喊道："遭受众神的折磨，我们应该耐心忍受。遭受敌人的折磨，我们应该刚强不屈。这是我们祖先的箴言。在逆境中坚韧不拔的毅力造就了雅典现在的力量和荣耀；即使雅典终将遵循盛极而衰的命运，这一箴言仍将万世长存。"

伯里克利慷慨激昂的演说的确暂时安抚了雅典人的恐慌和愤怒，但并未完全消除。后来雅典人不仅罢了他的官职，还对他处以重罚。与此同时，这位杰出的人才需要忍受的折磨除了政治上的焦虑，还有他本身遭遇的精神压迫——他的家人相继死于瘟疫。

但他仍然顽强地忍受着命运带给他的一切痛楚，赢得了身边所有人的钦佩。不过，在他最后一个孩子的葬礼上，他终于崩溃了。当他按照当地习俗为孩子戴上花环时，突然痛哭流涕、泣不成声。没过多久，那些见风使舵的同胞们又开始后悔曾经对他的所作所为，让他官复原职。可惜没过多久，他便随着孩子们一起长眠于地下，也成了当时瘟疫的受害者（公元前429年）。

从彼时同期作家的文章中可发现，他们都认为伯里克利是智慧与口才均名列前茅的希腊政治家。尽管他雄心勃勃，但行使权力时颇为节制。值得称道的是，在战争如此频繁的时代，在如此尚武好战的国度，他长期执政期间所颁布的法律政策既强健有力又仁慈温和。当被迫参战时，这位杰出的政治家会站在敌方和己方的立场上，不懈地研究如何尽可能减少伤亡来战胜敌人。

据说，在他弥留之际，周围的人正在讲述他的伟大事迹。他突然打断了他们，对给予他如此高的赞扬表示惊讶。他自认为人外有人，山外有山，必然有人比他更加优秀。同时人们还忽略了他最高的、独特的荣誉是什么，即他的所作所为从未让任何雅典人感到哀伤。

第79章　克里昂——尼西亚斯——亚西比德

伯里克利逝世后，战争持续了七年之久，双方都没有取得决定性的胜利。伯里克利的继任者克里昂（Cleon）是一个思想激进、毫无原则、擅长蛊惑人心的政客，最后他在马其顿的安菲波利斯城（Amphipolis）与斯巴达联军对战时不幸阵亡。

克里昂的继任者是贵族政党领导人尼西亚斯（Nicias）。他虽品格高尚但毫无事业心，且军事能力平庸。公元前421年，即伯罗奔尼撒战争延续的第10年，在主和派尼西亚斯的牵头下，雅典与斯巴达签订了一则为期50年的和平条约，俗称《尼西亚斯和约》。

但不久之后，由于盟国不愿维护联盟宣称的权利，科林斯拒绝继续遵守和平条约，并与阿尔戈斯、伊利斯和阿卡迪亚的曼蒂纳亚（Mantinaea）结成新的四国联盟，这个联盟宣称要捍卫伯罗奔尼撒诸国的主权，免受雅典和斯巴达的侵略。

这一目标似乎不难达到。但在还未实现之前，伊利斯和曼蒂纳亚两国就发生了信任危机，双方都不愿意放弃曾经在条约中承诺要交予对方的土地。

两国因此互相猜忌，年轻的雅典人亚西比德（Alcibiades）趁机煽风点火。那时他刚刚登上政治舞台，后来对雅典产生了深远的影响。

亚西比德是雅典上层阶级克莱尼阿斯（Clinias）之子。他极具人格魅力，天资聪颖，但缺乏正直廉洁之心——而这恰恰是真正的伟人不可或缺的。另外，他性情暴躁，遇事易冲动，经常做出不光彩的行为。

少年时代的他便已显露出卓越的才能和性格魅力。有一回，他与玩伴在雅典街头玩耍时，看到一辆满载的马车驶向他们所在的街道。因为不想游戏被马车打断，他便叫车夫停下。但车夫哪会听小儿之言，欲继续赶马前进。愤怒的亚西比德随即扑到马前对着车夫大喊道："你要是有胆子的话，就从我身上碾过去！"那人急忙勒住马停了下来，亚西比德在与伙伴玩耍结束后才让那位马夫离开。他年少时因出身高贵、风流倜傥引得许多同龄人的喜爱，青年时期的他更是过着放荡不羁的生活。

男性崇拜他的机智，女性赞叹他的美貌，据说雅典的女士们竞相寻求他的欢心。多亏早年大名鼎鼎的哲学家苏格拉底注意到了俊秀机敏的亚西比德，与他结为好友，对他悉心教导，否则养尊处优的亚西比德可能终其一生都只是纨绔膏粱。

善良的苏格拉底不愿看到拥有如此高贵气质的聪慧青年道德沦丧，于是循循善诱，劝阻亚西比德勿要再行浪荡之举，远离那些酒肉朋友。智者苏格拉底在一定程度上成功了。尽管后来亚西比德甚是尊敬和蔼可亲的苏格拉底，深知老师的训导于己大有裨益，但他冲动鲁莽的性格不曾改变，还一直受到各种各样的诱惑。这些都常动摇着他的决心。

亚西比德年少时曾加入围攻波提狄亚的雅典军。在一次战斗中，他身负重伤，还被敌军围住，同在战场的苏格拉底奋力前来救助，成功地将亚西比德救回自己的军营。后来，亚西比德在德利姆之战[1]中救了苏格拉底一命，报答了先前的救命之恩。

亚西比德年纪轻轻就开始管理公共事务。他慷慨大方、能言善辩，受到了广泛的认可和欢迎，这为他后期的影响力打下了坚实的基础。起初他是亲斯巴达派，其家族也一直与斯巴达保持着密切联系。

但斯巴达人对他放荡奢侈的生活方式嗤之以鼻。他们还记得在佩西司特拉提达伊（Pisistratidae）家族统治时期，当斯巴达插手雅典事务时，亚西比德的曾祖父曾宣布断绝与斯巴达之间的友好关系。斯巴达人对此仍耿耿于怀，所以轻蔑地拒绝了这位年轻雅典人伸出的橄榄枝，还将一切与斯巴达相关的外交事务交予亚西比德的政敌尼西亚斯。

亚西比德对斯巴达人的行为很愤怒，他开始对斯巴达人怀恨在心，很快就让他们意识到轻视他的严重后果。前文提到，斯巴达与雅典在履行《尼西亚斯和约》的某些方面产生了矛盾，后来斯巴达又派遣使者前往雅典准备修订友好协议。但亚西比德担心若两国重修旧好，必定会有损他的个人利益，于是从中作梗，设法阻止两国达成和平协议。

斯巴达使者在雅典人面前宣布他们全权负责处理所有争议要点，亚西比德思虑一番后私下建议这些使者们撤回这一声明，因为雅典人可能会在公民大会上利用这一点提出不利于斯巴达的条件。他还向斯巴达使团承诺，若他们遵循自己的建议，他便会支持斯巴达方提出的所有要求，否则他定会极力反对。

懦弱的使者们听从了亚西比德的建议，他们向雅典公民宣布自己权力有限之后，曾假意示好的亚西比德就怒不可遏地向使者们发起言语攻击，指责他们出尔

---

[1]　the battle of Delium，公元前424年，雅典败给维奥蒂亚。

反尔、别有用心，利用这一事件鼓动雅典人反对斯巴达。

雅典人对他们亲眼所见、亲耳所闻之事愤愤不平，准备取消与斯巴达的友好和约，但此时雅典突发地震，导致公民大会推至次日进行。

当公民大会再次召开时，亚西比德的政敌尼西亚斯察觉到雅典人经过一夜的思考，已经冷静了下来，当下应该听得进较为温和的建议，于是他提议在对斯巴达采取任何敌对措施之前，雅典应先派遣使者前去调解一番，人们表示同意。但狡诈的亚西比德在雅典使者出发前告诉他们要坚持几项基本条件，否则就不与斯巴达谈和。他深知斯巴达人永远不会同意那几个条件，所以故意从中作梗。

结果正如他所料，雅典使团与斯巴达没有达成任何实质性的协议。随后雅典人便与草创初就的联盟——以阿尔戈斯为首的四国联盟组成了一个攻守联盟。雅典加入该联盟之后，科林斯因之前与雅典的私仇立即宣布退出，转而投入斯巴达的阵营。

公元前419年，伯罗奔尼撒战争再次爆发。战争初期的进展较为缓慢，但不久就愈演愈烈。整个希腊地区血流成河，生灵涂炭，惨不忍睹。

第80章　亚西比德逃离雅典

彼时亚西比德已经官居高位，无人敢质疑他的权威。他便开始放浪形骸，穷奢极欲。他开始模仿东方人的举止，还穿上飘逸的紫色长袍。他亲自参战时手握金盾，盾牌上画着手持雷电杖的小爱神厄洛斯。

雅典的有识之士见他狂妄自大且荒淫无度，不免为其感到遗憾。但大多平庸之辈依旧盲目地钦佩亚西比德，认为他才华卓越、风度翩翩。亚西比德还为他们举办各类盛宴、竞赛活动。这使那些人愈发崇拜这位领袖。

但亚西比德不满足于自己现有的权力和声望，极其渴望通过征服外邦来提高声誉。他知道雅典人想扩展在西西里岛的势力，于是提议远征西西里岛。尽管尼西亚斯极力劝阻，大多数人民还是支持亚西比德，随后雅典人组建了一支庞大的舰队和一支强大的陆军部队，并任命亚西比德、尼西亚斯和另一位将领拉马库斯（Lamachus）担任此次西西里远征队的联合指挥官。

就在大部队准备起航时，雅典城内发生了一件事。虽然并非大事，最终却引起一系列严重后果。一天夜晚，几位不明身份的人将雅典几乎所有的赫尔墨斯神像都毁坏了。亚西比德的政敌便抓住此次机会指控，说是亚西比德和其放荡的同伴在酒后嬉闹时犯下了此等亵渎神明的罪行。

亚西比德一贯放荡不羁的不良习性世人皆知，所以雅典人倾向于相信此事就是亚西比德所为，准备将他送上法庭接受审判。但雅典军队的战士们对这位将军极其忠诚，人们不敢此时动手，只好令他先起航远征西西里岛，并决定把审判推迟到战事结束，大军回来以后再进行。亚西比德倒是坚持要立即接受审判，但遭到拒绝。

亚西比德带领舰队离开港口后，他的政敌们就立即开始攻击他，并变本加厉地散布流言，说亚西比德预谋颠覆民主政府，还把他的一些奴隶提来作证。他的奴隶声称，有一次亚西比德和他疯狂的同伴模仿祭祀谷神德墨忒尔的仪式，亵渎厄琉西斯秘仪，雅典人听闻后忧虑重重。

雅典大众受人挑唆后愈加情绪激愤，竟残忍地处死了亚西比德的许多朋友，并召他本人回国受审。当他接到传召时，军队刚抵达西西里岛。但他与几位同伴思前想后，认为回去必是一死，便决定逃到阿尔戈斯，后来他又逃到了斯巴达。尽管斯巴达人和他曾有过不快，但他们还是友好地接待了他，后来还欣然接受他供职于斯巴达。

亚西比德在斯巴达生活期间非常克己自制。他知道斯巴达人生活朴素，便摒弃了昔日的不良习性，变得举止庄重、衣着朴素，斯巴达人很难相信眼前的这位是那个曾经玩世不恭的亚西比德。他剃光了头发，只吃公共餐桌上的粗粮和难以下咽的黑色肉汤。他甚至要比莱克格斯（斯巴达立法者）那些刻板的同胞们还要朴素。后来他的演讲还成为该国简洁风之典范。

另一边，雅典人听闻亚西比德投靠斯巴达后举国哗然，并在公民大会上宣布对他判处死刑，没收其所有财产，还令祭司们对他发出诅咒。但后来雅典人对他们昔日残忍的做法深感后悔。因为亚西比德指导斯巴达人采取了一系列措施，不仅导致了雅典西西里远征队的惨败，还在背后鼓动小亚细亚部分的雅典属国和爱琴海部分岛国的人们发动起义反抗雅典的统治。

亚西比德亲自来到爱奥尼亚，鼓励当地人摆脱雅典的束缚。他还通过吕底亚总督替萨斐尼（Tissaphernes）让斯巴达和波斯之间达成联盟关系。

他征战在外时，以亚基斯（Agis）国王为首的斯巴达贵族结成了一个强大政党，秘密传令给爱奥尼亚的一位斯巴达将军，让他处死亚西比德。听到风声的亚西比德匆匆逃离营地，前往吕底亚避难。机智灵敏、风姿潇洒的他很快就深得总督替萨斐尼的喜爱。

第81章　雅典内乱——亚西比德归来——再次受辱——亚西比德之死

亚西比德逃亡之后，雅典因缺乏强有力的首领，纷争不断，整个地区四分五裂。公元前411年，即伯罗奔尼撒战争的第20年，雅典贵族派系成功推翻了雅典的民主政府，并建立了一个由400人组成的机构来管理国家事务，400人集团有权在紧急情况下召集5000名公民代表，征求意见和建议。

这400人集团俗称"四百僭主"。他们刚被授权后就彻底消灭了雅典制度中余存的自由民主。他们举止傲慢、为人刻薄，还在爱琴海群岛上招募了一支雇佣军，用以威慑、奴役同胞。

当时雅典军驻扎在萨摩斯岛，他们在远征小亚细亚镇压叛乱后便撤回此处。当雅典民主政府被推翻、新上台的寡头集团实施暴政的消息传来后，萨摩斯岛的雅典士兵愤怒地拒绝服从新政府。他们派人前往斯巴达请求亚西比德回到萨摩斯岛军中，协助重建民主政府。

亚西比德思虑一番后同意了士兵们的请求。他抵达萨摩斯岛后立即当选为总指挥官。随后他遣人通知雅典的"四百僭主"，若他们还想保命的话，就应立即放弃强取的违法政权。

这一消息传来时，雅典正处于混乱恐慌之中。收到消息的"四百僭主"争吵不休，准备诉诸武力。不巧的是，向雅典提供补给的埃维厄岛发生了叛乱，前往平叛的雅典舰队又被斯巴达军摧毁。因此，阿提卡沿岸和雅典的港口当下都没有舰队可供防御。

在此情况下，绝望的雅典人奋起反抗压迫者，推翻了仅存在了几个月的400人政府，恢复了他们古老的民主体制，人们还宣布召回亚西比德。但亚西比德在重返雅典之前，还想去完成几项辉煌的军事壮举。他认为如此便可以避免因为曾与斯巴达人亲近而招致雅典人猜忌，同时带着辉煌的功绩凯旋。

按照之前的想法，亚西比德率领一支雅典舰队出发，在赫勒斯滂与斯巴达军交战，成功地在海上及陆上战场都取得了胜利，击败了斯巴达人。他回到雅典后，受到人们的热烈欢迎。雅典人纷纷为他送上花冠，在热烈的掌声中，他走到人们集会之地，大会上他口若悬河，妙语连珠。最后，人们为他戴上了黄金冠冕，并任命他为雅典海军最高统帅。他之前被没收的财产被归还了，祭司们也按照指示撤销先前对他的诅咒。

然而好景不长，由于雅典的许多属地纷纷起兵反叛，人们派亚西比德率军前去镇压叛乱。但出征期间发生了一些紧急情况，他不得不暂时离开舰队。负责继续指挥战斗的是一位名叫安条克（Antiochus）的军官，后者不顾命令，在总指挥官缺席期间，执意与斯巴达交战，结果雅典军惨遭失败。

当战败的消息传到雅典时，声讨亚西比德的声音愈加激烈。他被指控玩忽职守，再次被撤职。得知此事后，他离开了舰队，回到他在色雷斯的克索涅索斯（Chersonesus）建造的堡垒中。后来他聚集了一群亡命之徒，在他们的帮助下掠夺邻近的色雷斯部落。总而言之，苏格拉底的这位学生最后堕落到与土匪、海盗为伍了。

这一次斯巴达人没有轻饶他。此时，亚西比德发现敌人斯巴达日益强大，他在色雷斯的居所并不安全，于是越过赫勒斯滂海峡，来到普罗庞提斯亚洲侧的一个小国比提尼亚（Bithynia）。但他在那里遭到了色雷斯人的袭击，便又前往弗里吉亚，成功地获得了波斯总督法纳巴索斯（Pharnabasus）的庇护。

但不幸的是，斯巴达人对亚西比德恨之入骨，秘密传信给法纳巴索斯，让他处死亚西比德。这个背信弃义的波斯人为博得斯巴达人的好感，指派了两个亲信去谋杀亚西比德。

当时亚西比德住在一个小村庄中，一天晚上，刺客们包围了他的房子，并放火烧屋。他被火焰惊醒，猜到是波斯总督背信弃义想置他于死地，急忙将长袍裹在左手，右手握着一把匕首，从大火中跑了出来，安全逃到屋外。

他一路击败了前来取他性命的刺客，但逃到不远处，一群敌人在他背后拿起了弓箭。一时间万箭齐发，亚西比德最终倒在了血泊之中。与亚西比德一同四处流浪的同伴提姆曼德拉（Timandra）被留下来处理亚西比德的尸体并为他举行葬礼。公元前404年，年仅40岁的亚西比德，希腊史上著名的将领，就这样与世长辞。

亚西比德是一位杰出的战士、演说家和政治家，他天性高贵慷慨，可惜并不诚实正直，否则必将名垂青史。他做事毫无原则又易冲动，犯下了许多不可原谅的错误，这些错误在一定程度上间接导致了他最终可悲的下场。

亚西比德死后不久，雅典便不再是一个独立的城邦国家。在他退出历史舞台后，雅典内忧外患，深陷战争的泥淖，几乎不曾有过胜利。斯巴达指挥官莱山德（Lysander）率领大军对赫勒斯滂海峡亚细亚一侧的要塞拉姆普萨卡斯（Lampsacus）展开猛攻，成功地占领了此地。扼住了该要塞便是截断了雅典的海上粮食供应线。雅典人听闻拉姆普萨卡斯被攻陷，便立即派遣舰队前往救援，但最终被莱山德领导的斯巴达舰队击败。

此次雅典舰队指挥官是米提亚德的后裔、才华横溢的科农（Conon）。公元前405年，这场海战发生在与拉姆普萨卡斯城隔海相望的阿哥斯波塔米河口（Aegospotomas），史称"羊河战役"。该战中雅典舰队几乎全军覆没，雅典至此再也无力与斯巴达抗衡。

斯巴达获得了无可争议的制海权后，莱山德又率军轻松地征服了色雷斯和小亚细亚沿岸地区，以及那些仍然依附雅典的爱琴海诸岛。在逐个消灭了雅典的盟国之后，莱山德开始进攻雅典城。

雅典人背水一战，顽强抵抗，但被困数月后因粮食短缺，最终于公元前404年被迫投降。雅典与斯巴达签订和约，条件包括：一、雅典必须拆毁其外港比雷埃夫斯的防御工事及连接港口与雅典城的长墙；二、雅典必须放弃在昔日属国的一切权利；三、雅典必须召回至今流亡在外的"四百僭主"；四、雅典必须承认斯巴达的霸权地位，并在战时听从斯巴达指挥官的要求；五、雅典建立政治制度需征得斯巴达同意。

就这样，曾经的希腊霸主雅典被大大地削弱了，漫长的伯罗奔尼撒战争至此结束。这场战争除了浪费希腊地区各城邦国家的力量和资源外，并无其他益处。

第82章　戏剧的起源——第三阶段的戏剧家

戏剧表演起源于祭祀酒神狄奥尼索斯的宗教活动。在葡萄成熟季节，希腊人会举行盛大的仪式，人们欢快地跳舞，吟唱着酒神赞美诗。这一庆祝方式类似于现代许多国家举行的"丰收节"仪式。

一位名叫泰斯庇斯（Thespis）的雅典人，厌倦了年复一年的庆祝活动。他灵机一动，将祭祀酒神的赞美诗改写成对话式的剧本，一位朗诵者通过背诵台词和一人分饰多角的方式将剧本演绎出来。因而，泰斯庇斯被认为是西方最早的演员。

泰斯庇斯出生于阿提卡地区的伊卡利亚岛（Icaria），大致活跃在公元前6世纪早期。除了创作、表演外，他还设计了一辆简陋的可移动舞台车，他和同伴们推着车四处巡演。

这种车便是最早的舞台形式，那位朗诵者就是最早的演员。另外，虽然在现代戏剧中很少有唱赞美诗的环节，但它是古希腊戏剧的重要组成部分。这些吟唱者被世人称为"合唱队"。他们的职责是在演出期间在一旁用歌声对舞台上的表演进行解释和评论。

不久，泰斯庇斯的表演场所从可移动的舞台车换到了狄奥尼索斯神庙的一处固定舞台。随后舞台上开始有了第二位表演者，他们开始使用面具、服装和布景进行表演。泰斯庇斯提出"表演"的概念后不久，类似的娱乐活动逐渐发展成一种戏剧形式。

最初的表演主要取材于古希腊神话和史诗。希腊古剧院的建筑规模宏大，在许多方面与现代剧院有所不同。

古希腊剧院通常是露天建筑，包括舞池、后台及观众席。在祭祀酒神狄奥尼索斯的节日期间，城中所有人都会前去观看一系列戏剧作品的表演，他们几乎一整天待在剧院中。

古希腊剧院一般而言都会依山坡而建，如此一来观众席位便有了坡度，上下层的观众都能无障碍地看到舞台上的表演者。剧院规模宏大，最大的可以容纳两至三万人。舞台后方有一个双层柱廊，观众可以自行前往那里避雨。

一般而言，古希腊剧院一大早便开始表演节目，人们会自带坐垫和食物以免在演出期间为了买点心而错过精彩节目。古希腊剧院的日常节目包括四场戏：三场悲剧和一场喜剧。表演结束后，评委会根据作品优劣，颁奖给最受欢迎的作品。

于是希腊人开始以获得此奖为荣，特别是在雅典，大量的戏剧作品应运而生。据说，在某个时期内，雅典城的剧院上演了不少于250个第一等级的悲剧，500个第二等级的悲剧，以及大量的喜剧和讽刺剧。

古文献中有关最早的一批希腊剧作家的生平鲜有记载。现已知戏剧面具的发明者弗莱尼古斯（Phrynicus）是泰斯庇斯的学生。同时期的科尔里卢（Choerilus）是第一位在固定舞台上表演的戏剧诗人。

活跃在这一时期喜剧家的还有发明"萨梯羊人剧"（satyric—drama）的普拉蒂努斯（Pratinus）。此类剧因合唱的主要内容是半人半羊的森林神萨提尔而得名。不过，公认的希腊第一位杰出的戏剧作家是埃斯库罗斯（Aeschylus）。

公元前525年，埃斯库罗斯出生于希腊阿提卡地区的埃琉西斯（Eleusis）。他对雅典戏剧做出了许多重要的贡献，其悲剧作品气势雄壮、掷地有声，升华润色了早期戏剧。因此，他理所当然地被尊称为"悲剧之父"。

在戏剧领域稳坐头把交椅56年后，埃斯库罗斯在一场戏剧比赛中败给了另一位才华横溢的年轻选手索福克勒斯（Sophocles）。埃斯库罗斯无法接受对方的作品更受人们喜爱，于是离开了雅典，移居西西里岛。在那里，他受到了当地锡拉库扎国王希罗的热烈欢迎。诗人西蒙尼德斯和品达（Pindar）、喜剧作家埃庇卡摩斯（Epicharmus）当时都是希罗国王的宫廷诗人。埃斯库罗斯最后死于西西里岛南端的小城吉拉（Gela），享年69岁（约公元前456年）。

吉拉城的居民为埃斯库罗斯举行了隆重的葬礼，还在他的坟前立了一座纪念碑。关于埃斯库罗斯的死，希腊民间流传着一种奇怪的说法。据说，有一天他在田野里走路，忽然，一个乌龟从天而降，正中他的头部，埃斯库罗斯就这样被砸死了。原来是一只老鹰为了砸碎乌龟的硬壳享受美食，误认为他那油闪闪的光头是一块石头。

埃斯库罗斯创作了近百部戏剧作品，但只有七部流传了下来。他的作品风格大胆、独树一帜、无人能及。虽然我们必须承认，他力求简洁明了，所以文章有时会显得唐突晦涩；他的语言虽庄严肃穆，却常有浮夸空洞之嫌。

第83章　戏剧家（续）

在戏剧比赛中战胜了埃斯库罗斯的索福克勒斯，于公元前496年出生在雅典西北郊的科隆努斯（Colonos）。他的父亲索菲卢斯（Sophilus）虽是一名铁匠，但似乎颇有地位。索福克勒斯从小便接受了良好的教育，青少年时便以学业有成远近闻名。

萨拉米斯海战爆发时，索福克勒斯刚满16岁。年轻的索福克勒斯曾因容貌俊美及音乐天赋绝佳被选为庆祝战争胜利的朗诵队少年领队，朗诵队的职责是围着希腊方获得的一堆战利品载歌载舞。

索福克勒斯年少时便视埃斯库罗斯为偶像，立志长大后成为与埃斯库罗斯一样有成就的戏剧诗人。他成年后将所有的精力都放在悲剧诗歌的创作上，经过漫长的准备工作，他终于在28岁那一年战胜了埃斯库罗斯获得了最佳戏剧奖。

在评委的鼓励下，索福克勒斯继续为舞台写作。据说他创作了不少于120部悲剧，但只有7部得以保存至今。他还创作了许多挽歌和抒情诗歌，以及一部关于戏剧诗歌的散文作品。

索福克勒斯是一位战士、政治家和诗人。他曾在伯里克利对抗斯巴达的战争中在其麾下效力，后来还协助伯里克利指挥雅典舰队，对抗萨摩斯人。他率领军队占领了离萨摩斯不远的爱奥尼亚的阿奈城（Anaea）。从战争中凯旋后，心怀感激的同胞们一致选举他为执政官。

他的声望丝毫没有因时间的流逝而减退。每次作品登台时他都会亲自到剧场观看。他一出现，观众席便会响起经久不息的掌声。索福克勒斯曾12次获得过戏剧一等奖。他的一生大体上是顺风顺水的，但并非没有经历过人生的磨难。

他年事已高时，那些不孝子孙渴望立即霸占其财产，便假意向世人宣称他已经精神失常，还向法院申请剥夺他管理事务和财务的权利。但聪明的索福克勒斯知道，要证明他虽年事已高却依旧耳聪目明并不是件难事。

他开始在法庭上即兴创作，尔后大声朗读刚创作好的诗歌《俄狄浦斯在克罗诺斯》（Cedipus Coloneus）。诵读完毕，他质问在场的人，一个精神痴呆之人能否写出这样的作品来。法官们钦佩他的才华，不仅拒绝了他子侄辈的申请，还严厉地指责他们卑鄙不孝。

尽管之前索福克勒斯收到了许多访问国外的邀请，但他对母邦有强烈的眷恋之情，怎么也无法下定决心离开，即使只是短暂的一段时间。公元前406年，他死于雅典，享年90岁。据说，他去世并不是因为年事过高，而是当时他的一部戏剧获了奖，兴奋过度而死。

他逝世时，雅典正遭斯巴达围攻，即使像斯巴达这样如此刚毅刻板的民族也十分敬重文采斐然的索福克勒斯，所以斯巴达将军莱山德同意停战，直到索福克勒斯的葬礼结束为止。无论是同时期还是后世的人们都一致认为索福克勒斯是一流的悲剧诗人。同胞们钦佩其卓越才华，敬仰他和蔼正直的性格，还为他立了一座华丽的纪念碑。

希腊另一位著名的悲剧诗人是欧里庇得斯（Euripides）。就在希腊和波斯双方舰队于萨拉米斯海湾展开大规模海战的当天，他出生在萨拉米斯岛。有传言说他的父亲姆涅撒库斯（Mnesarchus）来自富人阶层，母亲克利托（Clito）出身贵族；不过，喜剧诗人阿里斯托芬在其戏剧作品中断言说：他母亲只是一个草药小贩。

波斯入侵雅典给当地人带来无尽的苦难，据说欧里庇得斯的父母不得不转而操持贱役以维持生计。若事实真是如此，那段悲苦的日子定不会很长，因为他们后来给儿子提供了良好的教育，毕竟这在当时只有富人阶层才能做到。

德尔斐神谕预言欧里庇得斯会受众人敬仰，并被授予胜利者的花环。他的父母曾误以为他会在体育比赛中脱颖而出，为此他们煞费苦心地对欧里庇得斯进行体能训练，但也并没有忽视培养其心智。

著名的哲学家阿那克萨戈拉是他的哲学老师，才华横溢的演说家普罗狄克斯（Prodicus）教授他雄辩术。他还学习了音乐和绘画，特别是在绘画方面造诣颇高。

欧里庇得斯成年后自己做主放弃了他并不喜欢的体育事业，并以前所未有的热情投身于他所钟爱的哲学和文学研究。

后来，他的老师阿那克萨戈拉因传播颠覆国家既定宗教的言论，被驱逐出雅典，此事警醒了欧利庇得斯——不要试图去纠正普遍存在的错误。于是他谨慎地选择了更为安全的职业。在18岁时，他开始专注创作舞台剧本。

从这一时期起直到他72岁离开雅典前往马其顿为止，他一直在进行戏剧创作，作品达75部之多（一说92部）。他的许多悲剧都是在家乡萨拉米斯岛一个阴暗的洞穴里写成的，那里是他得以远离雅典喧嚣的常去之地。

他一遍又一遍地润色自己的作品，因此创作时间漫长。据说有一次，一个诗人嘲笑欧里庇得斯花了三天时间才写出三首诗，还夸耀自己在三天里能写出一百首。"也许你真的可以写出一百首，"欧里庇得斯回答道，"但你应该记住，你迅速写出来的诗注定会很快消失在历史长河之中，而我的诗将永远流传。"

欧里庇得斯72岁时，应马其顿国王阿奇拉（Archilaus）一世的邀请，前往这位君主的宫廷。这位国王还从希腊各国召来了许多杰出人物。因此，在暂居马其顿期间，欧里庇得斯有幸结识了著名画家宙克西斯（Zeuxis）、著名音乐家提谟修斯（Timotheus）、才华横溢的悲剧作家阿迦同（Agathon），以及其他许多著名人物。

公元前405年，即欧里庇得斯在马其顿王宫生活的第三年，他溘然长逝，享年75岁。关于他的死因尚不确定，传言说他是在森林里散步时被阿奇拉国王的猎犬撕成了碎片。马其顿国王为欧里庇得斯不完整的遗体举行了盛大的葬礼，并为他立了一座纪念碑。

欧里庇得斯的戏剧作品没有埃斯库罗斯和索福克勒斯的庄严风格，但更加通俗易懂、平易近人。后两位剧作家的作品充满丰富的道德和哲学情操，韵律优美，受众人钦佩也是情理之中。欧里庇得斯因行文组织缺乏技巧而被人诟病，雅典人还认为他文中一些语言有亵渎神灵之嫌。欧里庇得斯有过两次失败的婚姻，这很可能是他在作品中对女性表现出不友好态度的原因，他也因此被称为"仇女者（woman-hater）"。

前文提及过悲剧起源于酒神狄奥尼索斯节日期间所唱的酒神赞美诗，喜剧也起源于这一节日。

最早的喜剧表演不过是一些骗人的把戏。据说苏苏里翁（Susurion）是史上首个喜剧演员，他常与一群小丑在阿提卡各村庄的临时舞台上背诵滑稽的作品。

人们通常认为埃庇卡摩斯（Epicharmus）是历史上首位喜剧诗人。他出生于喀俄斯岛，三个月大时随父母移居西西里岛，此后一生的大部分时间都在西西里岛度过。他活跃在公元前5世纪中叶，一生共创作了52部喜剧，但都没有被保存下来。

他因为在一部戏剧中逾矩影射锡拉库扎国王希罗之妻子，被驱逐出西西里岛。据说他一直活到了90多岁。与埃庇卡摩斯同时代的喜剧作家包括雅典人克拉提努斯（Cratinus）和埃乌波利斯（Eupolis）。他们二人创作了许多喜剧，但也都未能保存下来。

希腊最著名的喜剧诗人阿里斯托芬（Aristophanes）来自雅典，他的出生日期不详。史料记录，他在伯罗奔尼撒战争的第四年，即公元前427年，发表了人生中第一部喜剧。他在希腊人中享有颇高声望，并连续多年创作了众多成功的舞台剧本。与其他早期喜剧诗人一样，他的作品幽默辛辣地描绘了人们的行为举止以警醒世人。他一生共创作了54部喜剧，只有17部被保存至今。

第84章　第三阶段的诗人和史学家

这一时期的著名诗人，除前文提及的之外，还有抒情诗人品达，公元前520年左右，他出生于底比斯附近维奥蒂亚的首府库诺斯克法莱（Cynoscephalae）。

最初他的同胞维奥蒂亚人并不认可其诗歌，但希腊其他城邦国家却纷纷表示钦佩他的文学天赋。锡拉库扎国王希罗和阿格里真托（Agrigentum）国王塞隆（Theron）都向他伸出橄榄枝，承诺赞助他的创作。各城邦国家君主也都争相授予他荣誉。

德尔斐神谕还令人们在阿波罗神庙中为品达安置一个座位，在那里他可以吟唱为阿波罗神所写的诗文。神谕还指示，要把圣殿里初熟的果子分出来供品达使用。

后来，品达因在一首诗中赞美雅典人从而冒犯了他的同胞，国人对他处以巨额罚款。但雅典人不允许他因雅典而遭此横祸，于是立即为他送来了相当于双倍罚金的金钱。

品达55岁时在公共剧院的观众台上骤然离世。他死后人们对他愈发尊敬。甚至冷酷的斯巴达人在掠夺摧毁底比斯时，也不曾动过品达的房屋和家人丝毫，后来马其顿的亚历山大大帝占领底比斯时亦是如此。

品达的诗歌作品充满道德教诲和爱国主义思想，思想独到、气势宏伟。他是公认的希腊"抒情诗人之首"。但不幸的是，他的许多作品都遗失了，现存的作品只有四部颂歌，分别歌颂了奥林匹克运动会、皮西安竞技会、内曼运动会和地峡运动会的胜利者。

公元前5世纪的希腊兴起一阵著史潮流。希腊第一位历史学家希罗多德（Herodotus）于公元前484年左右出生在小亚细亚多利安的哈利卡纳苏斯城（Halicarnassus），成年后移居萨摩斯岛。彼时流行的方言是优雅的爱奥尼亚语，《荷马史诗》便是用此语言著写的。希罗多德很快就熟练掌握爱奥尼亚语，据说他的作品最能展现爱奥尼亚语的优美。

希罗多德受友人鼓励，计划写一部史书，于是前往埃及和意大利寻找资料，还游历了亚洲各地。他在游历期间收集了许多不为人知的国家的珍贵资料，以及人们不曾听说过的风俗习惯。

后来他将自己的所见所闻著成了一部史书《历史》，共九卷。在文学作品缺乏复制手段的时代，他在奥运会上向聚集的希腊人朗读了其中部分内容，迅速在整个希腊地区名声大震。我们今天所了解的大部分古希腊历史都要归功于希罗多德的记录。据说他的后半生是在意大利南部"大希腊"的图利乌姆城（Thurium）度过的，70多岁时在该城去世。

另一位杰出的希腊史学家修昔底德于公元前470年左右出生在雅典。其父奥罗路斯（Olorus）是雅典贵族，声称是色雷斯国王的后裔，其家族在色雷斯沿海地区拥有众多金矿。修昔底德自幼受到良好的教育，著名哲学家阿那克萨戈拉教授他哲学，著名的演说家安梯丰（Antiphon）是他的雄辩术老师。

修昔底德15岁左右时陪父亲去参加奥林匹克运动会，在那里，他听到希罗多德在集会中向希腊观众背诵着自己创作的史诗，赢得了掌声。年轻的修昔底德便下决心要成为像希罗多德那样伟大的史学家，他按捺不住内心的激动，竟放声大哭起来，希罗多德碰巧注意到了他，据说还祝贺修昔底德的父亲有这样一位优秀的儿子，年纪轻轻就如此热爱文学。

从那时起，修昔底德就一直把著作史书作为自己的人生目标。公元前431年，伯罗奔尼撒战争爆发，修昔底德预感一系列重要事件即将上演，这将为他创作史书提供充足的资料，于是他开始记下期间大小战役。最后，他终于成功地创作出一部极具完整性的历史著作《伯罗奔尼撒战争史》（*History of the Peloponnesian War*）。

伯罗奔尼撒战争初期，修昔底德住在雅典，他目睹了瘟疫的肆虐，作品对此作了生动真实的描述。后来他移居爱琴海的萨索斯岛，离他先祖所生活的色雷斯海岸不远，在那里他拥有大量房产和数座金矿。后来他四处游历，据说死于公元前410年左右。

修昔底德的《伯罗奔尼撒战争史》以阿提卡方言写成，共八卷，因其生动优美、客观真实的描述而备受世人赞誉。

第85章　第三阶段的哲学家

希腊最早的两个哲学流派分别是由泰勒斯创立的爱奥尼亚学派（又称米利都学派）和由毕达哥拉斯创立的南意大利学派（又称毕达哥拉斯学派）。在此基础上，希腊历史第三阶段出现了苏格拉底学派（the Socratic）、埃利亚学派（the Eleatic）和赫拉克利特（the Italic）学派。苏格拉底学派源于泰勒斯的爱奥尼亚学派，其创始人苏格拉底的学说受到他的两位老师阿那克萨戈拉和阿尔克劳（Archelaus）影响，而这二人皆是泰勒斯的学生。埃利亚学派和赫拉克利特学派则是在南意大利学派的基础上产生的。

埃利亚学派的创始人是色诺芬尼（Xenophanes），出生于爱奥尼亚的克勒芬城。据说他活到100岁高龄，去世的具体时间尚不确定，但大约是在公元前5世纪中期。色诺芬尼起初信仰毕达哥拉斯学派，后来他将该学派与自己的观点融合在一起，创建了埃利亚学派。

色诺芬尼的著作都没有被保存下来，所以关于他的哲学体系我们所知甚少。据说，他认为宇宙是永恒的，宇宙中有无数个世界，并断言："若曾经有一瞬万物不曾存在，那如今应当无物存在。"他还提出了"一神论"，认为这个神无形、永恒、智慧、无处不在。

巴门尼德（Parmenides）是色诺芬尼的学生，也是其哲学学派的继任者。巴门尼德于公元前5世纪初期出生在埃利亚。同他的老师色诺芬尼一样，他也相信宇宙永恒，相信世界存在着一个无所不在、赋予万物生命的上帝。他认为地球是球形的，位于宇宙的中心；"火"和"土"是形成世界的基本元素，一切有生命和无生命的东西都是由"火"对"土"的作用产生的。

本节所述的芝诺（Zeno）通常被称为"埃利亚（the Eleatic）的芝诺"，以区别于同名的斯多葛派（Stoics）哲学家芝诺（被称为"基提翁的芝诺"）。"埃利亚的芝诺"顾名思义出生于埃利亚，是著名哲学家巴门尼德的得意门生，后来他也成为埃利亚学派的继任者。"埃利亚的芝诺"是公民权利的热心拥护者，据说他因蓄谋反对埃利亚僭主的权威而被拘捕、拷打，最终被处死。

遗憾的是，他的著作都没有被保存下来，但人们认为他的哲学观点与同一学派的前辈相差无几。他认为自然不存在真空；世上存在四个要素，即热、湿、冷、干；人的身体由泥土构成；人的灵魂由上述四种元素混合而成。

"埃利亚的芝诺"还是一位优秀的逻辑学家，在人们辩论时他从不支持任何一方，让人们摸不透他的真实看法。

他否认运动的可能性。据古罗马修辞学家塞内加（Seneca）称，芝诺甚至质疑物质世界的存在。

芝诺有位学生名叫留基伯（Leucippus），是原子论的奠基人之一，后来古希腊哲学家德谟克利特（Democritus）又发展了原子理论。留基伯断言世间万物都是由不可分割的物质微粒即原子组成。原子处在永恒的运动之中，宇宙的一切事物都由在虚空中运动着的原子构成。

赫拉克利特被称为"哭泣的哲学家"，创建了以其名字命名的赫拉克利特学派。他出生在爱奥尼亚地区的以弗所，活跃在公元前5世纪早期。

才能卓越的他备受人们尊重，他的同胞甚至还请求他担任城邦领袖。但是赫拉克利特以"他们的思想过于偏颇，无法欣赏美好的政府体制"为由，拒绝了这一提议。

他每次出现在公共场合时，会夸张地为这邪恶的世界哭泣。为表示他对人们日常活动的蔑视，有一次他和几个男孩在公共场合掷骰子，人们好奇地聚集在他周围时，他却说，"万恶的人们，你们在好奇什么？我控制骰子不是比控制你们更好吗？"

后来他似乎无法忍受与常人为伍，便隐居于深山，像后世的隐士一样，以草药和树根为生。由于长期不良的饮食习惯，他渐渐变得虚脱，患了水肿，于是回到以弗所寻求医疗救助。即使在生命攸关的时刻，他也不愿像常人一样行事。他没有向医生们坦白自己的病情，而是莫名其妙地问医生："你们能否使阴雨天变得干燥起来？"

医生们四目相望，不知所云，赫拉克利特不屑再作解释，便来到一个牛棚里，躺在一堆牛粪上。据说他是想用牛粪的热气把他身体里的水吸出来，结果不久后，他死在了牛棚中，享年60岁。

他留下的几部作品深受学生的推崇。他刻意将文章和对话表现得晦涩难懂，因此要理解他的意思既需聪慧的头脑，还需刻苦钻研。悲剧诗人欧里庇得斯向苏格拉底借了一份赫拉克利特作品的副本，之后问苏格拉底对此作品有何看法，苏格拉底由衷地赞美道：

"我所理解的部分无疑是引人入胜的，我不理解的那部分必定也是如此，但需要读者像一个潜水探宝者那样去寻根究底。"

恩培多克勒（Empedocles）是毕达哥拉斯学派著名哲学家，他生于西西里岛的阿格里真托城，活跃在公元前5世纪中叶。像毕达哥拉斯的许多其他追随者一样，他也将自己的部分观点植入了该学派体系中。他还相信灵魂转世，因而反复告诫人们不要杀害或食用动物。

阿那克萨戈拉于公元前500年出生在爱奥尼亚地区的克拉佐美尼。他是爱奥尼亚学派早期的代表人物，古人赋予他"精神（Mind）"这一称号，或因他智力超群，或因他首次将上帝描述成一种非实体的智慧生命，完全独立于物质之外。

他在雅典生活多年，在此期间他教授的学生有几位后来闻名遐迩，包括伯里克利、欧里庇得斯和苏格拉底。阿那克萨戈拉宣称太阳是一颗炽热的石头，而不是人们普遍认为的太阳神阿波罗。所以他因亵渎神灵受到审判，被判处流放。后来他在赫勒斯滂海峡的亚细亚一侧教授哲学，度过余生。

正如上文所述，阿那克萨戈拉是古代哲学家的先驱，享有极高的荣誉，他相信上帝是独立于物质的，不同于毕达哥拉斯和其他几位哲学家的主张。他们认为上帝仅仅是一种精神或炽热的物质，无所不在，是灵魂或生命的本质。

爱奥尼亚学派的最后一位代表人物是阿尔克劳（Archelaus），关于他的出生地尚无确切历史记载，有人说他出生于雅典，也有人认为他是米利都人。他是阿那克萨戈拉的弟子，并与老师一同被放逐。阿那克萨戈拉死后，阿尔克劳继承了老师在拉姆普萨卡斯的学校。后来，他又返回雅典开办了一所哲学学校，许多学子从希腊各地慕名而来，拜师求学。

第86章　苏格拉底

苏格拉底是古希腊最伟大、最优秀的哲学家，他于公元前470年出生在雅典的一个普通家庭。他的父亲索佛洛尼斯科斯（Sophroniscus）是个名不见经传的雕刻匠，母亲是个助产士。他年轻时跟随父亲学过雕刻手艺，但后来放弃雕刻，投身于更有意义的公共教师事业。尽管父亲的经济条件一般，但苏格拉底依旧接受了良好的教育。

他的第一份正式工作便是公共教师。他为人低调真诚，生活艰苦朴实，与希腊许多为了名利而故意表现得神神秘秘、喜欢卖弄学问的教师形成了鲜明对比。

无论严寒酷暑，他只披着一件破旧披风，经常光着脚。他并不常去宏伟辉煌的大厅或门廊，喜欢整日在体育馆、市场、法院等公众场合与各类人谈论各种各样的道德或哲学问题，不论对方贫穷或富贵、博学或白丁。

他无论行至何处，背后都跟着一群崇拜他的学生。学生从他那里汲取了自由探究的精神，并从他对至善、宗教、真理和美德的热情中受到了鼓舞。他最杰出的学生有克里托（Crito）、亚西比德、色诺芬（Xenophon）、柏拉图、亚里斯提卜、费登、克贝和欧几里得。他教授学生们伦理学、政治学、逻辑学、修辞学、算术和几何学，并和他们一起品读著名诗人的作品，并指出其中绝妙之处。

他向人们展示了信教与不信教的区别；解释正义与非正义、理性与愚蠢、勇气与怯懦、高贵与卑贱；谈论政府形式和地方法官必备的素质；还谈及正直之人和良好公民应该具备的知识。他对待研究敦本务实，因为他相信美德是知识的最终目的。

苏格拉底深信存在一位无所不能、无所不知的慈祥上帝，是万物的起源和主宰。在他看来，整个大自然，尤其是令人惊叹的人体结构，可以有力地证明高明造物主的存在。他认为，对这个伟大存在的实质进行推测是轻率的，并认为这足以阐明他的精神本性。

虽然苏格拉底相信上帝是宇宙最高统治者，但他也承认其他神灵的存在，并且认为这些神灵是次等智慧生命，对人类事务有一定的影响，有权享受人类的尊敬和崇拜。他一向尊重国家宗教，并定期参加祭祀仪式，但是这位智者不相信希腊神话中那些奢靡放纵的寓言，我们有理由相信他崇拜母国诸神很大原因是为了不惹怒怀有宗教偏见的同胞们。

◎ 苏格拉底救助亚西比德

苏格拉底以其泰然自若的心境闻名于希腊所有的哲学家之中。他不会让不幸扰乱自己的心绪。其妻赞蒂皮（Xanthippe）是有名的悍妇，可他对妻子容忍万分，也常常试图改变她暴躁的脾气。但后来，当他发现无论如何努力都无济于事时，他便将妻子的责骂当作是一种教会他忍耐与自制的训练。苏格拉底还曾自嘲道，"若你娶到一位好妻子，你会很幸福；若你娶到一位糟糕的妻子，你会成为哲学家。"

苏格拉底一直过着艰苦朴素的生活，节制的生活习惯使他后来即便到了迟暮之年，仍旧朝气蓬勃、精神抖擞。他从不逃避履行公民职责，尽管这些事情可能与爱好教师职业、喜爱做学问的他格格不入。

苏格拉底曾三次在雅典军队中服役。第一次39岁的他加入了导致伯罗奔尼撒战争爆发的波提狄亚战役，他比战友们在忍受冬季作战的艰苦时更显从容，英勇的他在战场上劈开一条血路救了好友亚西比德一命，后来还放弃了将士们授予他的勇士花环。

七年后，他第二次拿起武器从军，参加了德利姆之战。德利姆位于雅典北部，雅典军与维奥蒂亚军在此处展开激战，期间雅典指挥官不幸阵亡，溃败的雅典军匆忙后撤，苏格拉底便位于最后撤退的那批将士之列。撤军期间他还救了从马背上摔下的色诺芬。色诺芬为感谢苏格拉底的救命之恩，为他著写了传记，将这位伟大哲学家的箴言传给后人。撤军期间有一次苏格拉底差点被杀，多亏了亚西比德的及时援助才免于一死。这样，亚西比德也算是报答了之前的救命之恩，此事之后两人成为真正意义上的生死之交。

苏格拉底此后还参加过一次战役，是发生在色雷斯的安菲波利斯之战。后来，他在65岁时成为五百人议事会成员，还曾升至议事会会长，这一职位任期仅有一天。在行使繁重职责的那天，他宣布将之前遭到不实指控的10名无辜男子无罪释放，虽然愤怒的人们极力要求处决这10人，但任何威胁或言语恐吓都没有动摇刚正不阿的苏格拉底。

在苏格拉底生活的时代，雅典出现了一批被称为"诡辩派"[1]的职业教师，他们崇尚错误的推理和险恶的教义，自称有能力教授人类知识的每一个分支，无

---

[1]　Sophists，一称智者派。

所不知，精通政治、法律、哲学、美术等。一向对学问执着的苏格拉底认为有必要去揭露这些人的真面目。

"诡辩派"常常喜欢玩弄概念游戏、混淆是非、歪曲事实，试图迷惑聪明的苏格拉底。苏格拉底的学生、大名鼎鼎的柏拉图曾这样描述其中一场辩论：两个诡辩家努力向苏格拉底证明："一个人能同时讲话和保持沉默；一个人有父亲又没有父亲；狗是他的父亲，他的父亲又是所有人的父亲。"

苏格拉底可以洞察诡辩家们言语中的细微之处。在与对方的辩论中，他总是能揭露他们论点中包含的谬误，从他们巧妙掩盖的错误和荒谬中找出真理。

在与诡辩家的辩论中，苏格拉底会运用他奇特的辩论方式（后世称为"诘问法"），向对方提出一系列问题，了解其思路，并逐渐引导对方朝着与其不利的方向进行。通过这些手段，他不仅能成功战胜对手，而且还能让对方陷入自相矛盾的窘境。

不过，尽管苏格拉底为他的国家、为真理与美德的伟大事业做出了巨大贡献，后来却被忘恩负义的人们无端指责。由于伯罗奔尼撒战争的失败，雅典陷入混合了无政府主义和专制统治糟粕的悲惨境地。

当一个国家政府被解散时，道德和正义往往会被忽视，这便是当时雅典的状况。在世风日下、道德沦丧时，仇恨和嫉妒终于找到机会作恶一方。一个由名叫梅利图斯（Melitus）的年轻人领导的小派别在公民大会上指责苏格拉底藐视传统宗教，引入新神，腐化青年思想。

他们恶意歪曲事实，用脱离了语境的苏格拉底的话语片段作为证据。苏格拉底因为注重自己道德的纯洁性，不允许神圣信仰被亵渎，也不屑费力为自身人格进行辩护。

他既不惧死亡，也不尊重法官。他在法庭上态度高傲地向人们简要解释了那些毫无根据的指控，并提醒人们他曾经为国家做出的贡献。但是他发言时那种无畏和自由的态度，只会激怒那些无知又心存偏见的法官们，结果，最后大多数法官判决让他饮毒而死。

然后苏格拉底被投进监狱等待死亡降临。他心中坚持的宗教与道德情感让他得以保持内心的平静。后来，一个偶然的事件延误了判决的执行：在他被宣判死刑的第二天，正好是"圣船"载着祭品从雅典出发前往神圣的提洛岛祭祀阿波罗神的日子；按照惯例，在这艘圣船返回雅典之前，所有死刑都暂停执行。

苏格拉底也因此得到了30天的宽限时日，这段时间对这位哲学家和其弟子而言意义重大。每天早晨，他的弟子们都会来牢房探望他，而他也像往常一样与弟子们交谈，鼓励他们崇尚美德，指导他们学习哲学等课题，并以自己为例向他们表明服从戒律会带来真正的幸福。苏格拉底在独处时写下了一首阿波罗神赞美诗，还将《伊索寓言》的部分章节改编成诗。

苏格拉底听天由命，平静地面对死亡，而他的朋友们一想到即将失去他就悲痛欲绝，这两者之间形成了鲜明的对比。弟子们为他制订了越狱计划，还贿赂了狱卒，万事俱备，只等苏格拉底本人同意。朋友们知道苏格拉底是个有原则的人，他们虽然担心计划落空，但还是决定搏一搏。苏格拉底的老朋友克里托负责竭力劝说苏格拉底。

执行日期的前一天清晨，克里托拜访了苏格拉底。看到苏格拉底还在睡觉，克里托便轻轻地走到他的床边坐下。苏格拉底醒来后，克里托把朋友们的一致请求告诉他，并根据苏格拉底所处的情况，一再强调，逃走主要是为了日后能照顾家人，极力劝他留住自己的性命。苏格拉底听朋友说完后表示感谢，但宣称自己绝不会逃跑，因为这完全违背了他做人的原则。

执行死刑的一天终究还是来临了。他的亲友们一大早就来到监狱与他共度最后的时光。他的妻子赞蒂皮情绪激动，悲伤地大哭起来。苏格拉底向克里托示意把她带走，因为他希望平静地度过人生最后的时光。然后，他与弟子们交谈，先是谈论了他著的诗歌，后来谈论了自杀这一话题，还表示他是极不赞成自杀的。最后，他们探讨了他深信不疑的灵魂永生。

苏格拉底当日大部分时间都在讨论这些有趣的事情，还满怀热情与信心地表示期望自己在未来世界里能够享受美好与幸福。此时在他的弟子们看来，苏格拉底似乎已经更像一个荣耀的灵魂而非一个将死之人。

渐进的暮色提醒着他死亡的时刻已经来到。他向人讨要了一杯毒酒，当他把毒酒拿在手里时，身旁的朋友们都悲痛万分，声泪俱下。只有苏格拉底本人内心平静，他慢慢喝下毒药，在房间里走来走去，安慰着他的朋友们。

当他无法再走动时，便躺在长椅上，在心脏停止跳动之前，他大叫道："我的朋友们，记得把象征生命的公鸡献祭给医神艾斯库累普！"他在最后的时刻还不忘纪念国家的宗教习俗。最后，他用披风遮住了头，停止了呼吸，享年70岁。

苏格拉底死后不久，善变的同胞们为如此苛待他而感到后悔莫及，承认冤枉了无辜的苏格拉底，并将他们如今的不幸看作是当初对他不公的惩罚。人们推翻了对他的判决，处死了指控他的人，放逐了其他密谋策划害死他的人，还立了一座铜像来纪念他。人们如此崇敬苏格拉底，以致后来出现的各种哲学派别都声称起源于他的学派，尽管他们否定歪曲了他的学说，却以与他的名字沾边为荣。

希腊民间流传着这样一件与苏格拉底之死有关的感人事件。一位斯巴达青年听闻苏格拉底的名声和品格后，对其仰慕之心日浓，非常渴望亲自拜访这位哲学家，为此他徒步前往雅典。踏入著名的雅典城那一刻，他脑中满是这次旅途所要拜访的对象苏格拉底。

但是这位青年后来打听到苏格拉底被雅典人处死的消息时，他的恐惧和悲伤无以言表。于是他转身出城去寻找苏格拉底的坟墓，一走到墓前便放声大哭，当晚还睡在了苏格拉底的墓旁。次日清晨，这位青年怀着悲伤的心情返回了拉科尼亚。

第87章　第三阶段的艺术家

艺术的萌芽源于远古时期，无确切记录。虽然早期埃及和腓尼基等国在艺术方面取得一定程度的成功，但后来古希腊时期艺术发展突飞猛进，创造了独特风格的高超艺术作品，让后人可望而不可即。

希腊民族有着敏锐独特的眼光，他们品味高雅，激发历代无数文人雅客赋予原本呆板的艺术以魅力和高贵，与诗歌一同流芳百世。

　　毋庸置疑的是，希腊宜人的气候、灿烂的阳光、蔚蓝的天空、秀丽的山谷、雄伟的山脉、浪漫的海岸与岛屿，以及爱琴海和地中海沿岸的诸国，都对古希腊人产生了潜移默化的影响，让这些天性热情的人们开始研究并改进模仿大自然的艺术。

　　爱奥尼亚，希腊文学和科学的发源地，也是希腊艺术最早呈现出一派欣欣向荣景象的地方。尽管希腊本土的文明因无休止的战争和内部纷争而停滞不前，但小亚细亚沿岸的希腊殖民地却日新月异、繁荣昌盛，人们才有了闲暇时间发展艺术和科学。我们发现，早在公元前8世纪，爱奥尼亚地区的部分城市已成为彼时高雅艺术的中心，而当时位于欧洲的希腊人仍旧是一群蛮族。

　　爱奥尼亚柱式建筑正是诞生于爱奥尼亚地区，据说最早的高雅绘画和雕塑也是产生于此。后来爱奥尼亚的艺术、诗歌和哲学一起逐渐传入希腊本土，以及意大利和西西里岛繁荣的殖民地。

　　希波战争期间，据说希腊有100座象牙雕刻的巨大神像，多覆以黄金，还有许多宏伟的寺庙和其他公共建筑，都由最优质的大理石建成。

　　直到波斯军被驱逐后，希腊才开始慢慢引领其殖民地的艺术发展，而不是一味追随。薛西斯一世的蛮族大军离开被付之一炬的雅典后，雅典通过地米斯托克利、西蒙、伯里克利颁布的一系列明智宽松的政策，在短短40年间摇身一变成为繁华的城市，其灿烂辉煌的装饰艺术在人类历史中独树一帜。

　　雅典全盛时期建造的帕特农神庙[1]历经了2300年的风雪至今仍保存完整，充分证明了古希腊建筑的典雅和宏伟。这座宏伟壮丽的神庙为雅典守护女神雅典娜而建，由优质的白色大理石建成，东西宽31米，南北长70米，采用了多立克柱式的建筑风格。

　　帕特农神庙所在的雅典卫城地区曾建有许多宏伟的门廊和其他公共建筑，尽管雅典卫城周长仅六英里左右，但整个城堡因其各式各样的绘画和雕像作品充满了无尽的优雅与魅力。

――――――――

[1]　该神庙已被损毁，现仅留有一座石柱林立的外壳。

虽然完美的希腊建筑不只存在于雅典，但雅典城拥有无数林立的宏伟建筑，足以让人一饱眼福。伊利斯、德尔斐、科林斯、埃琉西斯、阿尔戈斯等其他许多城市都建有庙宇，其规模和宏伟程度都可与雅典的媲美。

位于伊利斯的奥林匹亚宙斯神庙长230英尺，高68英尺，采用了多立克柱式的建筑风格，神庙四周由一个华丽的柱廊环绕，柱廊上装饰有精美的雕刻。神庙内部立了一尊高约60英尺的宙斯神像。

这个巨大的神像出自著名雕刻家菲狄亚斯之手，由黄金和象牙等各种珍贵物品制成。众神之王宙斯坐在高贵的象牙和乌木制成的宝座上，宝座上镶嵌着宝石，并饰有描绘诸神冒险故事的精致雕塑和绘画。

神像头顶戴着一束橄榄皇冠，右手握着一座黄金和象牙制成的胜利女神尼姬（Nike）的雕像，左手拿着一根黄金制成的权杖。飘逸的长袍上点缀着金丝花朵与动物图案。有些希腊神殿虽没有如此富丽堂皇的装饰，却比伊利斯的宙斯神庙更宏伟。约在同一时期建造的埃琉西斯城的德墨忒尔和珀耳塞福涅神庙，面积大到可以容纳3万余人。

伯里克利统治时期雅典的雕塑和建筑艺术达到了巅峰。菲狄亚斯便是在此期间完成了那些令世人赞叹不已的杰作。后世的艺术家们也曾试图与之一较高下，但始终无法超越。除了上述著名的宙斯神像外，这位伟大的雕刻家菲狄亚斯还创作了其他许多俊美的神像和英雄雕像，用来装饰希腊的主要庙宇。

菲狄亚斯众多作品中备受赞誉的还有矗立在雅典帕特农神庙中巨大的雅典娜雕像，神像高26腕尺（约39英尺，12米），由象牙和黄金制成。据说，雕像使用的黄金价值不少于40塔兰特。

他还创作了一尊青铜制成的雅典娜雕像，也在雅典城矗立着，比前一尊还要宏伟巨大。据说，从25海里远的苏尼昂海岬（Sunium）都可以望见这座神像的长矛和顶饰。彼时的绘画艺术虽不及雕塑发展成熟，但在此时期也取得了较大进步，帕拉休斯（Parrhasius）、波吕格诺图斯（Polyanotus）、米孔（Micon）、菲狄亚斯的兄弟帕纳埃努斯（Panaenus），以及其他活跃在此时期艺术家的作品也得到了颇高的评价。

第四阶段
斯巴达占领雅典至罗马征服希腊

第88章　三十僭主——十人执政团

漫长的伯罗奔尼撒战争以雅典宣布投降告终。雅典与斯巴达国王莱山德签订屈辱条约，自此之后，雅典的民主体制被废除，取而代之的是斯巴达在雅典建立的傀儡政府，政权交由30个雅典贵族掌握。这30人暴虐成性、利欲熏心，他们的统治让雅典民不聊生，以至于被世人称作"三十僭主"。他们徇私枉法，肆无忌惮，残忍地杀害了所有支持民主制度的人，并肆意抄没人们的财产。

虽然"三十僭主"的暴政只持续了八个月，但其间他们处死的雅典人比伯罗奔尼撒战争最残酷的十年中斯巴达军队杀死的雅典人还要多。众多雅典人从血流成河的母国逃离，前往维奥蒂亚和其他邻国寻求庇护。

有一部分雅典难民决心解放他们的同胞，便投靠了流亡在维奥蒂亚地区的雅典名将色拉西布洛斯（Thrasybulus）。后来他们占领了阿提卡东北边境的要塞菲尔（Phyle），随后众多支持民主制度的雅典人集结于此处。

色拉西布洛斯被推举为七百雅典流民的首领，他们一起挫败了"三十僭主"派来镇压的军队。此次成功鼓舞了愈来愈多的雅典人前来投靠，这支军队日渐庞大，不久色拉西布洛斯发现他们已有足够实力解救雅典城了。

比雷埃夫斯的城墙按照之前的投降协议已经被拆毁了，于是色拉西布洛斯轻而易举地占领了比雷埃夫斯郊外的港口，击败了试图阻止他前进的僭主势力。此举让"三十僭主"及其盲从者感到惊慌失措。这也并非杞人忧天，因为不久之后，雅典城中的人们受此事鼓舞，纷纷拿起武器反抗僭主的统治，最终成功地推翻了这个傀儡政府。"三十僭主"匆匆撤到了埃琉西斯。城内的雅典人任命了一个由10人组成的委员会临时管理政府，并派人前往比雷埃夫斯与色拉西布洛斯及其追随者达成和解。

但这十人执政团被授予权力后不久，便开始与之前被废黜的"三十僭主"一样，与民主政治背道而驰。他们非但没有促成雅典内部各方和解，反而派遣大使前往斯巴达请求协助镇压色拉西布洛斯等人的叛乱。

与此同时，"三十僭主"也派遣使者带着同样的请求前往斯巴达求助，斯巴达欣然答应了他们的请求，派遣莱山德率领大军前往雅典，以武力迫使雅典人服从莱山德之前在雅典建立的寡头政府。

这位机智的斯巴达将领立即从海陆两面封锁了比雷埃夫斯城，眼看着色拉西布洛斯就要投降了，但在这个紧要关头，莱山德的政敌们在斯巴达议会中占了上风，他们希望阻止莱山德因再次征服雅典而名气愈盛。于是，敌对派系任命帕萨尼亚斯为阿提卡军队总指挥，立即率领大军前往阿提卡。

帕萨尼亚斯抵达比雷埃夫斯城前后，不愿继续参与这场无谓的战争，心想即使战胜了也不过是莱山德一党下台，换为另一个滥用职权的党派。于是，帕萨尼亚斯与雅典城及占领比雷埃夫斯的起义者缔结了一项和平条约。

这次和解的大意是双方宽恕彼此过去的罪行，赦免一些有罪之人，并且同意雅典重建民主体制。赦免的名单中不包括"三十僭主"、十人执政团的成员及暴政后期为虎作伥的人。虽然上述残暴者不曾对他人宽容以待，但仁慈的雅典人还是允许他们到埃琉西斯安稳地生活。

但这些人毫不领情，不久之后开始策划颠覆雅典的民主政府。雅典人得知他们正在召集一支雇佣军意图入侵雅典，于是率领军队前往埃琉西斯，将这些僭主及其主要支持者一一处死。

第89章　居鲁士——阿尔塔薛西斯二世——希腊万人大撤退

伯罗奔尼撒战争的直接结果是斯巴达战胜雅典，一跃成为整个希腊地区的霸主，拥有了至高无上的权力。

在与雅典作战后期，那些伯罗奔尼撒城邦与波斯结成亲密联盟，从波斯那里获得的资金可以帮助他们维持庞大的海军和陆军的巨大开销，这也是斯巴达能打赢此战的原因之一。

公元前401年，居鲁士[1]联合斯巴达试图从其兄长阿尔塔薛西斯二世[2]手中夺回王权未果。因斯巴达支持居鲁士密谋策反，愤怒的波斯国王宣布与斯巴达开战，希腊与波斯再燃战火。此战具体起因如下：

居鲁士曾担任总督一职，负责掌管小亚细亚一个重要的省，其中包括吕底亚、弗里吉亚和卡帕多西亚（Cappadocia）等地。后来他前往苏萨看望病入膏肓的父亲大流士二世，国王去世后，居鲁士因叛国罪被其兄长阿尔塔薛西斯二世投入监狱，不久后被母后帕瑞萨娣丝（Parysatis）所救，其兄长准许他官复原职。

居鲁士具有许多优秀品质，但他有一个致命的缺点：无法原谅伤害他的人。此前他被强加了莫须有的罪名，便一心想报复阿尔塔薛西斯二世。于是他开始秘密准备起兵反抗兄长的统治，企图取而代之。

在伯罗奔尼撒战争期间，居鲁士曾全力帮助斯巴达攻打雅典，与斯巴达建立了深厚的友谊，于是他遣人央求斯巴达助他夺位，后者欣然同意了。斯巴达派去800名重装步兵，还命令爱奥尼亚驻地的斯巴达将军听从居鲁士的指挥，与居鲁士的舰队通力合作。

与此同时，斯巴达还允许居鲁士在希腊各地招募新兵。不久居鲁士就召集了约13000名希腊雇佣兵，其中包括10000多名重装步兵，其余的都是弓箭手。这支希腊雇佣军在吕底亚首都萨迪斯加入了居鲁士的10万名亚细亚大军。随后，居鲁

---

[1]　居鲁士三世，大流士二世之子。

[2]　Artaxerxes II，阿尔塔薛西斯·摩涅摩恩（Artaxerxes Mnemon），大流士二世之子。

士率领这支大军浩浩荡荡地向亚细亚北部挺进。

色诺芬是哲学家苏格拉底的弟子之一，也参加了此次居鲁士的远征，后来据此创作了《居鲁士远征记》（Expedition of Cyrus），流传至今。此著作是有史以来最精湛、最优美的叙事作品之一。

居鲁士的大军向前推进了1500多英里都不曾遇到强烈的抵抗。后来，他们在离巴比伦只有一天路程的库纳克萨（Cunaxa）平原上遇到了其兄长阿尔塔薛西斯二世的部队。起初，国王的军队借着飞扬的尘土悄悄逼近，但他们越走越近，闪着寒光的武器和绵延的队伍开始变得清晰，后来整个皇室壮丽辉煌的大军便完全暴露在平原之上。

波斯国王的先锋部队包括150辆战车，车轴装有向各个方向伸出的镰月弯刀。在战车后方是身穿白色盔甲的骑兵、手持盾牌的波斯步兵，还有手握巨大木盾的埃及军队及无数来自各波斯属国的轻装步兵。

双方相遇之后立即交战。居鲁士军队右翼的希腊部队打败了敌军阿尔塔薛西斯二世的左路军队。但由于居鲁士不幸战死，导致叛军一方失去了这来之不易的优势。

当时，居鲁士在战场上突然看到了被护卫包围的阿尔塔薛西斯二世，他再也无法控制自己的愤怒，猛地向对方冲去，大喝道："我看到你了！"他一路砍倒阻挡他前进的敌军，使出全身力气将标枪投出，但仅仅刺穿了波斯国王的胸甲。此时居鲁士也被敌军的弓箭击中，身负重伤的他迅速被国王的随从制服。居鲁士的头被砍下并展示在交战双方面前。他的军队看到首领被杀，万分沮丧，于是立即撤了军。

战斗初期击败了国王左翼部队的希腊雇佣军乘胜追敌到数英里之外，次日才得知居鲁士死亡的消息。眼前的胜利让这些希腊军兴奋不已，即使他们知道总指挥官已然战死，也不愿放弃这近在咫尺的宏伟大业。居鲁士死后，亚细亚军队的指挥权移交给了居鲁士的好友亚里乌斯（Ariaeus）将军。希腊雇佣军设法劝说亚里乌斯继续同阿尔塔薛西斯作战，并向他承诺：必能轻而易举赢得此战，事成之后，将拥他登上波斯王座。

但亚里乌斯很清楚，居鲁士一死，此番事业便不可能成功了。因此，他拒绝了希腊雇佣军的诱人提议，并同时邀请他们随同大军一起撤退到爱奥尼亚。

希腊雇佣军知道没有亚细亚这支大军，单凭他们是战胜不了波斯的。于是他很不情愿地同意了亚里乌斯的提议，撤退随之开始。他们沿着底格里斯河一直向北撤军。不久后，阿尔塔薛西斯二世令波斯总督替萨斐尼前往与希腊雇佣军首领交谈，假意承诺可以让希腊军安全抵达爱琴海沿岸，途中还为他们提供食物。前提是这支雇佣军必须承诺不再对波斯采取任何敌对行动，并尽快渡海回到希腊。

与此同时，替萨斐尼还秘密联系了亚细亚军队首领亚里乌斯，威胁与承诺并用，诱使他重新效忠于阿尔塔薛西斯二世，并协助波斯消灭那支可恶的希腊雇佣军。后来，大军撤退到底格里斯河支流扎巴图斯（Zabatus）河岸时，狡诈的替萨斐尼终于将他酝酿许久的邪恶计划付诸实施。

替萨斐尼借召开会议为幌子，将希腊雇佣军总指挥克利尔库斯（Clearchus）连同其他四名将军和一些下级军官，引诱到波斯军的帐内，这些希腊人一进帐便被抓了起来，陪同在帐外的侍从则被波斯人一一灭口。

随后替萨斐尼让亚里乌斯去告诉希腊军，克利尔库斯因为违反了与波斯国王的条约而被处死，但其他指挥官性命无忧。那些不幸的希腊指挥官最后结局如何起初人们并不知道，直到数十年后人们才确信替萨斐尼将他们交给了阿尔塔薛西斯二世。在阿尔塔薛西斯二世的旨意下，他们全部被处决了。

克利尔库斯被处死的消息传到军中后，希腊雇佣军一想到他们被困离乡数千里的敌国，主要军官还惨遭敌军诱捕杀害，全军上下惶恐不安。但道路愈艰难愈能激发出一些人的潜力，色诺芬就是其中一位。此时他虽在军中并无职权，但他眼见当下军心涣散，心想若不及时采取行动，必会被波斯军队彻底歼灭。于是，他召集营中剩下的军官，向他们讲述了他们的祖先在绝境中奋战的英雄事迹，鼓励大家拿出希腊民族的勇气和决心。

他慷慨激昂的演讲让所有在场的人精神大振。人们随即选举了新的军官，并推举色诺芬担任这支希腊雇佣军的首领。色诺芬率领军队继续撤退，队伍以中空阵形排列，中间安置辎重，就这样他们开始了著名的撤军行动，史称"万人大撤退"（the Retreat of the Ten Thousand）。

最初希腊人向遥远的尤克西恩海岸缓慢行军时，波斯人紧随其后，不断骚扰希腊后方军队，小规模冲突频发。波斯军虽在数量上占绝对优势，但他们惧怕奋起反击的希腊人，不敢冒险与希腊军全面交战。

这支希腊军因缺乏补给而苦不堪言，行军途中还遭遇蛮族部落的袭击及亚美尼亚冬季严寒的天气。后来，他们终于看到不远处的锡切斯山（Mount Theches），从那里可以看到希腊的尤克西恩海，尽管距离有50英里之遥。

他们跋山涉水，一路披荆斩棘，终于来到锡切斯山下，疲惫不堪的士兵们毅然登上山顶，当看到眼前激动人心的景色时，他们兴奋地欢呼道："大海！大海！"他们互相拥抱，想到不远处的家乡，想到家中的亲友，不禁流下了喜悦的泪水。

他们一路抵抗了沿途波斯军队的袭扰和阻击，历经地势险要之地，行军千余英里，终于以极少的损失抵达了尤克西恩海岸上的希腊殖民地特拉比宗城（Trapezus，今特拉布松），不久后又抵达了另一座希腊城市塞拉苏斯（Cerasus），他们在此集结部队后发现原来的10000名重装士兵有8600人仍然幸存。

他们从特拉比宗分水陆两路出发前往拜占庭。也许人们以为他们会走捷径各自回家，但是偏爱战争和冒险的他们先是效力于色雷斯王子塞奥底斯（Seuthes），后来又加入了爱奥尼亚地区的斯巴达军。

第90章　阿格西劳斯二世——斯巴达对战波斯

虽然阿尔塔薛西斯二世成功地平息了居鲁士的叛乱，但他并没有忘记，也不曾原谅援助居鲁士攻打波斯的希腊人。波斯将军替萨斐尼在频繁地侵扰色诺芬带领撤退的援军之后，又遵波斯国王指令，率领军队攻打小亚细亚的希腊殖民地，报复他们的母邦希腊。

斯巴达自然是阿尔塔薛西斯二世最痛恨的国家，因为斯巴达不仅协助居鲁士实施叛乱，还战胜了雅典等国，几乎控制了整个希腊本土及其殖民地。

斯巴达一跃成为希腊霸主，这虽然招致了波斯的敌意，但同时也为斯巴达抵抗外敌侵略提供了强有力的保障。他们很快便充分利用了这个优势。在得知亚细亚盟友及属地身陷困境后，斯巴达立即派遣指挥官提伯戎（Thimbron）率领大军前往爱奥尼亚，随后色诺芬带着万人大撤退的精锐部队也加入其中。

虽然他们成功地夺回了帕加姆斯（Pergamus）和其他几座城池，但很快斯巴达指挥官提伯戎被召回，取而代之的是得西利达斯（Dercyllidas）。这位新任指挥官出色地指挥了战斗，但后来也被召回。第三位指挥官是斯巴达的双王之一，后来还成为斯巴达最伟大的指挥官。

得西利达斯的继任者就是亚基斯国王（亚基斯二世）的弟弟阿格西劳斯二世（Agesilaus II）。已故国王唯一的儿子因为是私生子而被排除在王位候选人以外，出类拔萃的阿格西劳斯二世最终被选为王位继任人。阿格西劳斯二世身材矮小、天生跛足，却有着钢铁般坚强的意志，在这个动荡不安的时代取得了辉煌的功绩。

精力充沛、才华横溢的阿格西劳斯二世从谏如流，从不独断专行，深深吸引了他的朋友和追随者。他在议会和战场上果敢勇猛，也常令他的对手们肃然起敬。

公元前396年，阿格西劳斯二世亲自担任斯巴达军队指挥官与波斯交战。他率领部队横渡爱琴海抵达亚细亚一侧后，将军队指挥部设在希腊殖民地以弗所，并和军队在此越冬，其间还与波斯敌军交手数次。

第一场战役发生在小亚细亚中部的弗里吉亚，波斯军队被斯巴达军打得节节败退，胜利者将无数战利品装进了腰包。此时斯巴达指挥官阿格西劳斯二世不仅要对付战场上的敌军，还须提防替萨斐尼的外交诡计。因为替萨斐尼很可能知道波斯无法在战场上打败阿格西劳斯二世，因此假意提议召开和平会议，试图消除斯巴达指挥官的警惕之心。

机智谨慎的阿格西劳斯二世并没有上当受骗，继续与波斯作战，在接下来的帕克托洛斯河战役中击败了敌军，波斯军队此次又铩羽而归。这次战败使替萨斐尼付出了生命的代价，因为愤怒的波斯国王毫不顾及这位将军曾经的功绩，此战结束后不久就下令处死替萨斐尼。

法纳巴索斯接替了替萨斐尼的总督一职，也未能战胜斯巴达。但后来由于希腊地区的局势日益严峻，阿格西劳斯二世决定撤军回国。

原来，波斯人意识到了黄金对希腊诸国的吸引力，于是当阿格西劳斯二世在战场上所向披靡时，波斯人通过贿赂和游说，激起希腊诸国对斯巴达的不满，并破坏斯巴达在其他希腊城邦的既得利益。波斯还贿赂了一群雇佣兵，让他们在各个希腊城邦里兴风作浪。

底比斯、科林斯和阿尔戈斯是最早对斯巴达公开表露敌意的城邦国家，他们随后还成立了一个对抗斯巴达的联盟，不久还说服雅典加入此联盟。此时斯巴达人看清了当下的形势，也开始积极备战。

斯巴达组建了一支大军，并选举曾经大败雅典的著名将军莱山德作为首席指挥官。这位作战经验丰富的将军率军进入底比斯，想给敌军致命一击，但由于底比斯军早已知晓了莱山德的计谋，斯巴达大军在哈里亚托斯（Haliartus）城墙下遭到了底比斯军突袭。莱山德的军队四散而逃，他本人也当场被杀。

底比斯的这场胜仗促使许多小城邦加入了反对斯巴达的阵营。事态如此发展令斯巴达举国上下惊慌不已。公元前394年斯巴达在哈里亚托斯败给底比斯后，便迅速派遣使者前往阿格西劳斯军营，让他立即回国保卫国家。尽管眼前的胜利让这位斯巴达国王甚至想一举拿下波斯，但他还是服从了命令，并宣布："遵守法律，服从命令，才配得上'将军'这个称号。"

阿格西劳斯二世沿着当年软弱的波斯王薛西斯走了整整一年的路线，穿过色雷斯的克索涅索斯和色萨利平原，一个月后就到达维奥蒂亚。

底比斯及其盟友面对如此强大的斯巴达敌军并未退缩，他们正面迎战，在离底比斯30英里的喀罗尼亚（Coronaea，又作Chaeronea）平原上，展开了一场激烈的战斗，双方死伤惨烈，都未取得决定性胜利。但战后底比斯盟军退出了喀罗尼亚，阿格西劳斯二世继续留在此处，斯巴达的同胞们便宣称他们赢得了此战胜利。

第91章　科农拯救雅典

喀罗尼亚陆地战打响的同时，一场极为重要的战事也在海上打响了。要了解这一事件，我们有必要回顾一下雅典人科农，他在伯罗奔尼撒战争的最后一战——伊哥斯波塔米河海战失败后，逃至塞浦路斯岛，并在善良的萨拉米斯国王埃瓦戈拉斯（Evagoras）的庇护下，过了几年体面的流放生活。

尽管科农在萨拉米斯过着平静幸福的日子，但忧国忧民的他一直在为雅典的沦陷而悲痛不已。虽然当时斯巴达正在亚细亚与波斯军交战，似乎是出兵挽救雅典的好时机，然而萨拉米斯国小兵弱，国王埃瓦戈拉斯就算有心也无力帮助雅典。鉴于当时的情况，科农决定请求波斯国王阿尔塔薛西斯二世的援助。

这位爱国志士拿着波斯附属国国王埃瓦戈拉斯写给波斯国王的推荐信，前往亚细亚与阿尔塔薛西斯二世进行密谈，后者答应为他提供大笔资金。他用这笔钱购买了一支庞大的舰队，并从罗得岛和塞浦路斯岛等地招来了一批希腊雇佣军。根据协议，科农须和波斯总督法纳巴索斯共同指挥这支舰队。

科农渴望一雪前耻，率领舰队在海上四处寻找斯巴达安排在亚细亚沿岸的驻军舰队。公元前391年，他们终于在尼多斯城沿岸遇到了斯巴达舰队。激烈的战斗过后，斯巴达舰队被歼灭，超过50艘战船落入了科农和法纳巴索斯手中。

但科农并不满足于这次的小胜利，此时的他想利用手中的权力让雅典、波斯的利益最大化，至少表面上考虑了波斯的利益。到后来，维护母国雅典的利益成了他的唯一目标。

凭借强大的海军力量，科农毫不费力地将整个小亚细亚西海岸从斯巴达的统治中解救出来。此举大大提升了他在波斯人心目中的地位。尽管此时的波斯还对那位昔日横扫亚细亚西部的阿格西劳斯二世心存忌惮，科农还是轻而易举地说服了波斯。他声称压制斯巴达的最好办法便是让雅典恢复昔日的地位，进而与斯巴达相抗衡。

于是阿尔塔薛西斯二世从国库中支出了大笔资金帮忙重建雅典的城墙和防御工事。满心欢喜的科农率领着舰队扬帆起航，回到雅典完成这项伟大的工程。在雅典市民的积极配合和舰队全体船员的通力合作下，首都雅典在很短的时间内便恢复了昔日的辉煌。

在此期间，斯巴达人正与敌对联盟展开小规模战斗，听到雅典重建的消息后他们坐立不安，立即召开了紧急会议。焦虑不安的斯巴达人除了设计让波斯与雅典断绝联系外，想不出任何其他办法制止日益崛起的雅典。

斯巴达人认为要将阿尔塔薛西斯二世化敌为友，只能暂时或永久放弃重新获得的亚细亚属地，但若雅典恢复了霸主地位，斯巴达将会损失更多。因此，他们不停派遣使臣前往波斯宫廷，以谦卑的条件请求与波斯结盟。

斯巴达对波斯提出的唯一条件是波斯不再支持雅典。虽然斯巴达人的首席使者安塔尔西达斯（Antalcidas）是位善于辞令之人，但若没有科农过早地贸然暴露自己的真实目的，阿尔塔薛西斯二世也许就不会答应斯巴达的请求。

雅典海军将领科农重建家乡雅典后，仍然手握一支舰队，为展示重建后雅典的国力，他率领舰队横穿爱琴海抵达亚细亚海岸，并攻占了爱奥尼亚和一些岛国，让他们再次承认了雅典的霸权地位。

科农的这一行径传到了斯巴达精明的外交家安塔尔西达斯的耳中。安塔尔西达斯在波斯宫廷大肆渲染此事，导致后来以雅典使节身份到达波斯的科农被立即处死，阿尔塔薛西斯二世也同意了斯巴达的请求不再支持雅典。经过数年的谈判，斯巴达与波斯终于在公元前387年缔结了一项和平条约，史称《安塔尔西达斯和约》。

这一屈辱和约的签订是希腊诸国日益衰败的开始。另外，西西里和昔兰尼加（Cyrenaica）等希腊殖民地相继获得独立，极大地削弱了希腊的权势。后来，独立的昔兰尼加与利比亚、迦太基（Carthaginians）交战多年，直至公元前323年亚历山大大帝逝世后，昔兰尼加才被埃及王国吞并。

西西里的独立史更加辉煌悠久。在希腊母邦内乱缠身无暇顾及其殖民地时，迦太基人乘机进攻西西里岛，岛上一些繁华的城市数次遭到掠夺，人口也随之减少。

后来，公元前405年，著名的狄奥尼修斯[1]把西西里从外邦的统治下解放出来。他自己篡夺了西西里的王位，开始他残酷的统治，因此狄奥尼修斯也被称为"僭主"。但他也有许多值得称赞的品质，其中最突出的便是他的文学天赋。

老狄奥尼修斯曾是古代奥林匹克运动会诗歌比赛的冠军争夺者，虽然他与冠军失之交臂，但可以肯定的是，他定是文采斐然，毕竟他的诗歌受到了雅典人的高度赞扬，众所周知，雅典人评价文学作品向来客观公正。老狄奥尼修斯统治数十年后去世，其子小狄奥尼修斯继任，后者的能力虽不如其父亲，却是位更残暴的僭主。

尽管柏拉图的弟子狄翁（Dion）曾多次规劝小狄奥尼修斯，但这位僭主仍然执迷不悟，到后来酿成大祸，被流放至科林斯。这位为生活所迫的流浪僭主后来成为一名教师。此后西西里岛涌现出一群小君主及僭主，直到公元前212年，该岛被将军马塞勒斯（Marcellus）征服，成为罗马的一个行省。

西西里岛被征服之前，著名哲学家、数学家、物理学家阿基米德（Archime—des）为保护这座城市而殚精竭虑，据说他用燃烧的玻璃和巨大的杠杆摧毁了罗马战船。不过我们认为，古人对此事件的描述可能有夸张的成分。后来西西里岛被罗马洗劫时，这位伟人被一名罗马士兵杀害。

失去西西里远不及《安塔尔西达斯和约》的签署给希腊带来的损失大。每个希腊城邦国家都必须承认该和约，和约规定小亚细亚所有希腊殖民地城市必须与希腊母邦永远断绝联系，而长期以来，希腊母邦的财富和影响力很大程度上是得益于那些殖民地的。

斯巴达提出答应丧权辱国的条件只考虑了本国利益，严重危害了希腊的整体利益。斯巴达已经不再寄希望于征服亚细亚，因为历史的经验告诉他们，若他们争夺了这些地方，雅典便会一直保持海上霸主的地位。

《安塔尔西达斯和约》还规定希腊各小城邦都应自由独立，不再隶属于某个强大城邦。通过将此限制条款写入条约，斯巴达巧妙地将自己标榜为大众解放

---

[1]　Dionysius the elder，世称老狄奥尼修斯。

者，也因此赢得了那些自以为从中获益的诸小国的信任。

此举生效后不久便引发了一系列后果。斯巴达元老院成为各小城邦间发生小冲突的裁决场所。当然，斯巴达每次都会有计划地以最利于他们自己的方式解决各方冲突。

当初斯巴达发现征服外邦的机会被剥夺后，好战的斯巴达人丝毫不考虑和平或休养生息，一心只想重登希腊霸主地位，他们狡诈的使者安塔尔西达斯正是打着这一算盘才制定了与波斯的和约条款，以图实现吞并计划。

第92章　奥林索斯战争

阿卡迪亚地区繁荣的曼丁尼亚城（Mantinaea）成为斯巴达人吞并计划的首个牺牲品。公元前386年，斯巴达随便找了几个借口，就率领一支军队攻打曼丁尼亚城。曼丁尼亚虽顽强抵抗却无力回天，最终还是被迫投降，并承认了征服者至高无上的地位，成为斯巴达的附属国。

小城邦弗利奥斯（Phlius）也遭遇了同样的命运，只是他们因为惧怕强大的斯巴达军队，没做任何抵抗便开城投降，也成为斯巴达的附属国。与此同时，野心勃勃的斯巴达出兵攻打了另外一个城邦，这一次他们不但碰了壁，还就此埋下了隐患。

卡尔息狄斯半岛首府奥林索斯城（Olynthus）位于希腊北部爱琴海沿岸，介于马其顿和色雷斯中间，当雅典和斯巴达忙于其他事务而自顾不暇时，奥林索斯迅速崛起，成为那一地区强大而繁荣的联盟中心。

在这样一个人们普遍庸庸碌碌，却拥有如此多自由的地区，从来不缺乏心怀不满之人。虽然奥林索斯在组织以自己为首的强大联盟时，对其周围的小国十分宽厚，但联盟中的两座城市阿坎索斯（Akanthos）和阿波罗尼亚（Apollonia）均对奥林索斯的某些政策表示不满，于是派遣使节前往斯巴达请求支援，替他们惩罚有"狼子野心"的卡尔息狄斯人。

这一请求正中斯巴达的下怀，因为奥林索斯近期一直与雅典和底比斯来往密切，可能已经与这两国结为盟国，这让对雅典和底比斯记恨已久的斯巴达甚为恼怒。公元前382年，斯巴达议会投票支持阿坎索斯和阿波罗尼亚，决定派遣1万人马去惩罚奥林索斯。

尤达弥达斯（Eudamidas）和菲比达斯（Phoebidas）两兄弟被任命负责此任务，前者立即率领准备就绪的斯巴达部队出征，后者则集结其余部队紧随其后。尤达弥达斯率领2000名士兵行进入了卡尔西斯地区，并在第一次战役中大败奥林索斯人。但后来由于他挺进奥林索斯城时太过轻率，惨遭截击，最终在战乱中被杀害。他的军队也四处逃散。

彼时阿格西劳斯与另一位国王亚吉西波里斯（Agesipolis）共同统治着斯巴达。尤达弥达斯死后，阿格西劳斯派其兄弟特留提阿（Teleutias）担任指挥官率领1万人马前往奥林索斯。特留提阿有幸在前几次战争中击溃了奥林索斯军。但是，当他的部队抵达奥林索斯城时，遭遇了与前任斯巴达指挥官一样的命运。当危险威胁到城内人们家中的神像时，他们的勇气似乎被彻底唤醒了。

随后亚吉西波里斯国王亲自率领一支庞大的援军前来参战，但是，在蹂躏了敌人的领土之后，他患上了一种叫"热病"的病症，最后不治身亡。波利比亚德（Polybiades）被任命代替已故国王指挥军队，这位骁勇的将军围攻奥林索斯城四年，城内的人们饱受饥荒和战争苦难，最后被迫投降（公元前399年）。

投降协议的主要内容是：无论在和平或战争时期，奥林索斯都必须绝对服从斯巴达。在围攻奥林索斯城期间斯巴达曾得到马其顿国王阿明塔斯（Amyntas）的协助，于是战后他将奥林索斯的部分土地奖励给马其顿。就这样，斯巴达人将其人们口中的蛮族马其顿领入了希腊政治领域。此举甚是危险，就像让小老虎初尝到血液的滋味一样。

前文说到，在奥林索斯战争爆发之初，菲比达斯带领一部分军队跟随在兄弟尤达弥达斯大军之后。菲比达斯实际上带领了8000名士兵参战，这支军队后来突遭变故，没能按照预先的安排行事，还引发了一场新的战争，动摇了希腊的根基。

菲比达斯和其大军一路向北挺进，途中在维奥蒂亚首府底比斯附近扎营。不同于长期动乱不堪的雅典和斯巴达，底比斯城一直国泰民安，其财富和地位也日益上升，到后来该国在财力和影响力上都超越了其他希腊城邦国家。

尽管底比斯对外敌无所畏惧，但派系纷争最终将其从内部撕裂。以执政官伊斯梅尼阿（Ismenias）为首的民主党派与以执政官列昂提亚戴斯（Leontiades）为首的贵族党派互相争权夺势。一段时间以来，民主党派在底比斯处于领先地位，贵族党派认为与斯巴达人结盟是己方重掌大权的唯一方法。

因此，当菲比达斯和其大军偶然出现在底比斯城附近时，贵族派镇压对手的机会来了。列昂提亚戴斯出城面见了斯巴达军领袖，提出让他占领底比斯城，斯巴达军当然是暗暗窃喜，立即接受了这个提议。

这一行动恰逢其时。彼时正值谷物女神德墨忒尔的节日，底比斯[1]的妇女们在城堡里举行虔诚的仪式。按照习俗，祭祀仪式上不允许男性在场，因此这座城堡中只剩下手无缚鸡之力的女性。

不出所料，此时已是天时地利，菲比达斯从列昂提亚戴斯手中接过城门钥匙后，便率军从营地迅速进军底比斯城，未遇到任何抵抗便占据了城堡。底比斯人顿时惊慌失措。尽管列昂提亚戴斯向底比斯人保证斯巴达军的意图是和平的，但看到民主派代表伊斯梅尼阿被外邦军队拖进城堡时，还是有400名惊慌失措的底比斯重要人物逃至雅典。

列昂提亚戴斯完成此项卑鄙任务后，起身前往斯巴达，毫不费力地说服了斯巴达议会在底比斯驻军。的确，尽管斯巴达人最初假意指责这种行为太过鲁莽，人们还一度怀疑这一切都是斯巴达国王阿格西劳斯精心策划的阴谋。但毕竟阿格西劳斯是位老练的政治家，也是个狡猾的军事家。斯巴达人当然既不会谴责，也不会召回将领菲比达斯。他们派人去将底比斯民主派代表伊斯梅尼阿提来受审，草草地审判之后便处决了他。

这一重要事件发生在奥林索斯战争爆发之际。奥林索斯被占领后，一支斯巴

---

[1] 又称卡德米亚（Cadmea），以纪念底比斯城创建者卡德摩斯。

达驻军仍然占领着底比斯城堡。贵族政党在卡德米亚城内士兵的帮助下开始大肆没收人们的钱财，随意流放并滥杀无辜。最后，拯救者们奋起反抗把底比斯从压迫中解救了出来。

生活在雅典的底比斯逃亡者之中，最杰出的一位莫过于底比斯将军佩洛皮达斯（Pelopidas）。这位出身贵族的青年天资聪颖，还具有强烈的爱国主义情怀。为救国人于水深火热之中，佩罗皮达斯和几个朋友一起策划推翻压迫者。

与他一起密谋起义的还有彼时就在底比斯城的同胞菲利达斯（Phyllidas）。一天夜晚，菲利达斯特意迎合底比斯城的官员们，或者更确切地说，僭主们邀请他参加一场豪华宴会。佩洛皮达斯和另外六名贵族青年从雅典偷偷前来，于宴会当晚被秘密带入底比斯城内。

尽管密谋者小心翼翼，一位僭主阿基亚斯（Archias）在用餐时还是收到了一封举报信，信中警告他即将发生叛乱。但是这位糊涂的纵欲者一心沉醉酒色，他把信扔到一边，大笑着嚷道："明天再看吧！"一场流血事件随即上演。披着女袍的佩洛皮达斯和他的同伴们冲了进来，用匕首刺穿了那些残暴统治者的心脏。

城内的僭主们被杀之后，那位叛徒列昂提亚戴斯也死在叛乱者的刀下，而被抓的自由之士被释放。半夜时分，传令官们在城内四处召唤人们支持自由，大声宣布着"僭主已死"的消息，底比斯的公民们激动万分，欢呼雀跃起来。次日，成群结队的底比斯青年在城内各处高呼支持解放者。底比斯再次正式建立民主政府，几天后，斯巴达驻军见叛军得到了雅典人和那些曾流亡在外的底比斯人的增援，便不再反抗，撤离了底比斯城。

至此，公元前378年，底比斯起义成功。这场起义师出有名，有罪之人得以惩处，且极少殃及无辜。

第93章　伊巴密浓达

斯巴达人虽然无权抱怨这次失利，但他们担心此事一出，若一直无动于衷，不采取任何措施，必定会让其他斯巴达属国纷纷效仿。因此，他们决定再次发兵占领底比斯。希腊历史上再次打响了一场血腥战争，此战持续了七年之久，也导致了古希腊的彻底没落。

斯巴达方面，克列欧姆布洛托斯（Cleombrotus）指挥了第一场战役，此后将指挥权交至斯波德里亚斯（Sphodrias）将军。底比斯方面，有二人迅速声名鹊起，其中之一就是佩洛皮达斯，他已经被公认为是底比斯起义的重要推动者，并且品格高尚、能力超群。另外一人更是出类拔萃，他就是佩洛皮达斯的好友兼同僚、品德纯良的有志青年伊巴密浓达（Epaminondas）。

杰出的底比斯将军伊巴密浓达其实是一位淡泊名利之人，选择从政、从军仅仅是因为国家需要他的服务。他指挥军队时全身心投入，虽没有得到应有的回报，却一直都心甘情愿。当国家不需要他时，他便隐居起来潜心研究让人沉着冷静、宽宏大度的哲学。伊巴密浓达善于辞令，胜过所有同辈。但人们竟还称他知多言少、大智若愚。

伊巴密浓达是那个时代最有成就的将士之一，也是最具智慧的政治家、最爱国的公民之一。早先他被任命为底比斯军队的指挥官时，与另一位指挥官佩洛皮达斯一拍即合。他们之间有着无私的友谊，这在当时的情况之下是极其珍贵和罕见的。

斯巴达将军队指挥权交给了斯波德里亚斯将军，但后来他落入了底比斯的圈套，导致斯巴达军严重受挫。雅典人虽然起初支持底比斯，但后来由于某些未知的原因惊慌起来，意欲加入斯巴达的阵营。此时底比斯十分担心盟国雅典倒戈，于是不停地贿赂斯巴达使者，最终导致意志薄弱的斯巴达将军斯波德里亚斯带领军队与雅典军开战。

斯波德里亚斯被人故意误导，认为此举会受到斯巴达举国欢迎，于是他率军进入雅典领土并肆意蹂躏，但并没有打到雅典卫城。这种疯狂而无端的侵略激怒了不明所以的雅典人，直接导致雅典不再考虑支持斯巴达。虽然斯巴达极力撇清与斯波德里亚斯突袭雅典这一阴谋的关系，但为时已晚。

但是，这位将军最后并没有受到惩罚，这主要是得益于斯巴达国王阿格西劳斯和其子阿希达穆斯（Archidimus）的帮助。因而，有史学家认为，若是斯波德里亚斯大胆地向前推进，夺取了雅典外港比雷埃夫斯，那么斯巴达人也许就不会认为此举大错特错，反而会像之前他们对待征服卡德米亚城的菲比达斯将军一样尊敬斯波德里亚斯。

　　阿格斯劳斯仍然是斯巴达议会中举足轻重的人物，此时他发现有必要采取一些更加主动的措施，于是亲率一支拥有18000步兵和15000骑兵的大军，在维奥蒂亚与底比斯军两次作战，摧毁了几乎整个维奥蒂亚地区。他还不断侵扰底比斯和其属国，但遭到底比斯军及其盟友雅典将军卡布里亚斯（Chabrias）的大军阻挠，斯巴达并未取得任何决定性的胜利。

　　之前征服卡德米亚的将军菲比达斯奉斯巴达国王之命回国，但在途中遇害。底比斯一方由于提供补给的地区遭到多次毁坏，开始面临饥荒的威胁。他们试图从埃维厄岛走海运采购物资，却遭到斯巴达建立在当地的驻军频频阻挠，未能成功。

　　在此种紧急情况下，埃维厄地区的人们奋起反抗，驱逐了斯巴达守军，从而缓解了底比斯人面临的食物短缺问题。但不久后，在公元前376年，更严重的灾难对维奥蒂亚首府形成了威胁。斯巴达和其盟国集结了一支由60艘大型船只组成的舰队，目的是将部队运送到底比斯附近，并切断了所有的海上交通。

　　在此危急关头，雅典出手拯救了其盟友。精通海战和陆战的雅典将军卡布里亚斯被任命为指挥官，他率领一支强大的雅典舰队前去阻止斯巴达及其盟军舰队。两军舰队在纳克索斯岛附近相遇与并展开战斗。雅典舰队成功地打败了敌军舰队，粉碎了底比斯和雅典贸易航线的威胁。

　　与此同时，昔日雅典海军统帅科农之子提谟修斯与另一支雅典舰队一同在西部海域巡航，后来还一举击败了尼古洛库斯（Nicolochus）指挥的斯巴达舰队，而后接替提谟修斯的伊菲克拉底（Iphicrates）又征服了第三支斯巴达从科林斯、锡拉库扎等其他盟国和属国集结来的海军。

　　公元前374年，波斯国王想出面调停以平息属国埃及的叛乱，促成希腊全面和平的局势。但底比斯对在这次危机中获得的成功沾沾自喜，拒绝了波斯国王的提议。底比斯开始将原则抛诸脑后，把位于维奥蒂亚地区的几座敌对城市夷为平地，其中包括与雅典长期保持紧密联系的小国普拉蒂亚（Plataea），彼时这个小城邦中有不少盟国雅典的流民，他们对底比斯入侵者的种种行为表示极度愤慨。

底比斯的恶行也给自己带来了众多不利影响。后来他们终于恢复了理智，不久就同意与希腊各国召开和平会议，讨论实现全面和平的必要性。

公元前372年，希腊各城邦在斯巴达举行了和谈会议。雅典派遣了雄辩家安托克利斯（Antocles）和卡利特拉图斯（Callistratus）作为此次和谈的使者。斯巴达方面则由阿格西劳斯本人出席。大多数希腊历史学家都认为伊巴密浓达此次全权代表底比斯参加大会。各国共商和约条款，其中有一项条款宣称：必须承认每个城邦都是独立自治的国家，不论其大小。

斯巴达和雅典已经厌倦了无休止的战争，两国代表愿意签署该协议，并宣誓遵守和约内容。但是，阿格西劳斯不愿只代表斯巴达签约，他还想代表其全部盟国。这一点使整个谈判陷入僵局。底比斯大使伊巴密浓达宣称，除非允许他也以本国和其盟国的名义签署协议，否则他不能也不愿成为该和约的缔约国。

斯巴达当然拒绝了底比斯的这一要求。这充分表明了过往的种种灾难并没有磨平斯巴达人的傲气。斯巴达宣称其周边城邦国家可以获得独立，但不允许其他城邦国家享有类似特权。伊巴密浓达坚决主张母国底比斯必须与其他国家处于平等地位。

斯巴达人固执己见，泛希腊和平会议谈判就此破裂，底比斯被置于极其危险的境地。因为会谈之前底比斯的敌人是斯巴达及其临近盟国，但现在某种程度上其敌人几乎是整个希腊。

第94章　留克特拉战役——斐赖的伊阿宋

约公元前271年，在泛希腊和平会议召开的几个月后，斯巴达的另一位国王克列欧姆布洛托斯亲率一支由24000步兵和16000骑兵组成的联军在维奥蒂亚边境的留克特拉（Leuctra）安营扎寨。底比斯的军力虽不及敌方半数，但他们行军纪律和勇猛程度远超克列欧姆布洛托斯麾下士兵。

虽然底比斯军人数处于弱势，但伊巴密浓达对他麾下斗志昂扬的士兵充满信心，他率军挺进留克特拉平原，正面迎击斯巴达军。

两军相遇时，底比斯骑兵首先展开攻势，袭击对方骑兵，将其打回主力部队，造成敌军乱成一团，伊巴密浓达趁乱走出了决定此战胜负的关键一步。他将全军布成类似楔子的斜形方阵，最精锐的神圣卫队在左翼最前面，其他军队沿一条斜线摆开，此阵形的优势在于让最精锐的步兵率先交战，其后实力中等的步兵交战，最后才让实力最弱的步兵交战，一旦精锐步兵打开战争局势，就能从侧翼夹击。伊巴密浓达的部队像战船船首突出的铁嘴一样，刺穿了敌人的防线，击毙了一排又一排的斯巴达士兵，留克特拉平原上尸横遍野。

斯巴达军队虽然还在进行抵抗，但已然无法挽救当下的局势。斯巴达国王克列欧姆布洛托斯不幸战死，残余的斯巴达军逃回他们坚固的营地中以躲避追击，伊巴密浓达为谨慎起见并未对其赶尽杀绝。随后底比斯人开始收集战利品，并在战场建立了一座胜利纪念柱，最终顺利地撤回底比斯。留克特拉战役在希腊史上具有极其重要的意义，它宣告了斯巴达霸权的终结和底比斯霸权的兴起。

留克特拉战役是斯巴达历史上第一次被人数少于己方的敌军击败，此战也让整个希腊都为之震惊。斯巴达人和雅典人收到此战情报时的举动值得我们注意。在带着噩耗的斯巴达信使回国的当日，当地城中居民正忙着举行庆祝活动，祈求神灵保佑即将到来的丰收。

斯巴达的长官们得知战败的消息后并没有下令停止娱乐活动，而是把战死者的名字通报给其家属，同时禁止妇女们为失去的亲人哀悼。

次日，死者的亲友身穿华衣聚集在公共场所，彼此祝贺他们英勇战死的亲人，而那些战争幸存者的亲友们则留在家中悲切地等待着耻辱的判决。因为在斯巴达，战士们要么拿着盾牌胜利归来，要么光荣战死被人用盾牌抬回来，战败的逃兵会受到严厉的惩罚。

但后来，斯巴达国王阿格西劳斯也许是出于仁慈，也许是意识到疲惫的斯巴达不能再失去更多的民众，于是他向元老院建议鉴于当下情况，应适当减轻惩罚力度。"让我们设想一下，"他说道，"莱克格斯建立的神圣体制在如今这样不幸的日子里沉睡了，但此后它必会恢复往日的辉煌！"最后，聪慧过人的阿格西劳斯成功地说服了元老院众人。

另一边，斯巴达在留克特拉战败的消息传到雅典后出现了一种出乎意料的反映。为了讨好雅典人，底比斯派了一名特使去报告这个好消息。这位使者到达雅典后却受到冷遇，原来雅典人当时就已经开始眼红底比斯的成就了。

雅典在斯巴达身处逆境时袖手旁观，他们在此关键时刻采取如此做法也无可厚非。雅典表示不愿再为底比斯的繁荣添砖加瓦，并解除了与底比斯的联盟，同时还设法从衰落的斯巴达攫取一切对自己有利的东西。

未得到雅典支持的底比斯将目光转向了一个比雅典更强大的盟友。在这个时期，色萨利处于斐赖的伊阿宋的统治之下。他是位文武全才，声称自己是古荷马时代诸王的后裔。除具备英雄品质外，他还是位优秀的军事家和政治家。

伊阿宋这样的人物很适合在原始与文明交融的色萨利掌权。他出生于色萨利南部大城斐赖，后凭借自己的才华获得了巨大影响力和声望，并以统帅的头衔掌握着斐赖的王权。

聪颖过人的伊阿宋设想了一个伟大的计划。他发现，有很多山地人适应力很强，可以将他们训练成纪律严明的士兵，然后轻而易举地助他征服疲惫不堪的希腊南部各国。他甚至还打算向亚细亚及其东部扩张，类似于后来马其顿的亚历山大大帝的举措。

伊阿宋的第一步计划就是努力赢得希腊诸国对自己的好印象。他数次拜访重要联盟国，并以其诡辩之说和半开化的气势获得了他们的青睐，随后与底比斯结为正式盟友。史学家们表示底比斯那位爱国将士伊巴密浓达也许是所有希腊诸国赫赫有名的将士和政治家中最穷的一个，但他曾极力反对伊阿宋，对色萨利人送来的大笔金银财宝嗤之以鼻，但他终究无法改变当下的局势。

后来，色萨利的国王立即接受了底比斯的邀请，并给予对方雅典曾经拒绝的支持。留克特拉战役的战胜国和战败国仍在战场附近扎营时，伊阿宋率领两千名轻骑兵加入底比斯阵营，受到了他们的热烈欢迎。

但是，机智的伊阿宋在交战双方之间扮演着调停者的角色，而非其中一方的盟友。他也因此成为和平顾问，并以此身份成功地让交战双方在公元前370年达成休战协议。

谈判结束后，各方立即离开了战场。斯巴达军队匆忙回国，一是因为他们对此次突然和解是否能成功表示质疑；再者他们对那位出人意料的仲裁者仍旧心怀不满。确实，此刻希腊各国似乎都开始警惕伊阿宋，而他在返回色萨利后展开的行动也证实了希腊各国的担心并非杞人忧天。

回国后，伊阿宋公开宣布自己打算出席在德尔斐举行的皮西安竞技会庆祝活动，并声称血统纯正、无比虔诚、坐拥权力的他有权主持该活动。为了祭祀德尔斐的阿波罗神，他征收了各类家畜11000头以上，这足以表明他计划带领的追随者人数了。

但就在这位僭主的野心似乎要得到满足的关键时刻，一场意外让他所有的阴谋计划就此结束。公元前370年的一天，伊阿宋重整骑兵部队后，坐下倾听恳求者的心声，彼时有七个青年走了过来，假意恳请他为他们争论的问题做出评判，却乘其不备刺杀了他。至于此次暗杀的原因至今无人知晓。

伊阿宋被杀的消息传到希腊各国时，人们表面上不曾大张旗鼓地表示开心，但他们对五个逃跑的刺客表示友好欢迎，这足以见得他们的态度。因为此次事件，希腊得到了33年喘息时间，直到后来其北方邻国崛起。

第95章　入侵拉科尼亚

斯巴达和底比斯及双方盟国被仇恨蒙蔽了双眼，不久就再次展开了敌对行动。伊阿宋死后的第二年，其敌国便完成了几项重要举措。

彼时已与底比斯结盟的阿卡迪亚惨遭斯巴达国王阿格西劳斯率领的大军蹂躏。为报复斯巴达，底比斯派伊巴密浓达率领一支由维奥蒂亚、阿卡纳尼亚、福基斯、罗克里斯、埃维厄岛和其他城邦青年组成的大军挺进斯巴达领土。这片土地上次遭受战争的劫掠还是数个世纪之前。

底比斯军踏入斯巴达时，阿格西劳斯急忙撤出阿卡迪亚，回到祖国，保卫故乡。面对数量远超己方的敌军，运筹帷幄的阿格西劳斯成功地保护斯巴达免遭敌军毒手。

伊巴密浓达若是能在斯巴达领土打败骄傲的当地人，固然是莫大的荣耀。尽管当时长期未遭掠夺的富饶之城斯巴达毫无防御地立在他的大军面前，但他作为一位杰出的领袖，不会把士兵的生命和精力耗费在一个不切实际的计划之上。所以底比斯人决定借此时机发兵拉科尼亚的斯巴达诸属国，以发泄曾经从阿格西劳斯那里受到的屈辱。

但斯巴达国王并没有局限于保卫自家都城。他回想起留克特拉战役结束后，雅典人对底比斯获胜的态度，于是派遣了几位老谋深算的使节前往雅典，并在科林斯和弗利奥斯使者的帮助下成功地诱使雅典人拿起武器，一同反对底比斯。他声称斯巴达此举不是为了恢复其霸权，而是为了建立全面和平。除底比斯外，每个城邦国家都在上次斯巴达的泛希腊和谈会议上达成了这一共识。

由此看来，战火继续燃烧似乎完全是因为固执的底比斯人曾拒绝签订和约。鉴于此，雅典站在了斯巴达一方。雅典将军伊菲克拉底（Iphicrates）率领两万人马向阿卡迪亚进军，目的是将伊巴密浓达引出拉科尼亚。

宽厚明智的底比斯人伊巴密浓达收到伊菲克拉底率军前来的消息时，刚刚完成了一项伟大的任务。几个世纪以前，斯巴达军队将繁荣的麦西尼亚城夷为平地，悲惨的麦西尼亚人流离失所，逃亡希腊各地。

多亏了慷慨的雅典人，流亡在外的麦西尼亚人才得以聚集并定居在凯法利尼亚岛（Cephalonia），但他们仍渴望回到祖辈的长眠之地。伊巴密浓达十分怜悯他们，重建了麦西尼亚城，恢复其领土，从而使伯罗奔尼撒半岛上斯巴达的强大对手起死回生。

他刚刚完成这项工作，雅典人率军前来的消息就传到他耳中，于是他立即撤出拉科尼亚。雅典的伊菲克拉底认为此次任务已完成，便率军离开了阿卡迪亚。

两位将军互相监视着对方的行动，各自返回，不曾发生任何敌对冲突。

底比斯军在这次行动中没有与敌军发生任何冲突，倒使得底比斯的指挥官们被指控玩忽职守。伊巴密浓达在公民会议上全力为自己辩护，政敌们的挑拨离间非但没有使伊巴密浓达获罪，反而还为他赢得了更高的荣誉和声望。

这场军事行动带来最重要的结果就是麦西尼亚得以复兴，因为此地占斯巴达领土面积近一半。在这次行动中吃到了不少甜头的底比斯人在次年春天再次出征，信心丝毫不减当年。尽管斯巴达和雅典在卡布里亚斯的带领下，巩固了科林斯地峡的防御工事，堵住通往伯罗奔尼撒的通道，但伊巴密浓达还是成功地占领了其中一个据点，后来还践踏了科林斯的领土。

◎　接受审判的伊巴密浓达

但底比斯攻打科林斯后，并没有继续向伯罗奔尼撒内陆进军，而是撤军返回底比斯了。这次撤退的原因尚不清楚。当然，无论是否是受底比斯人之命，此事一度损害了伊巴密浓达的名声。

一些历史学家认为底比斯撤军是因为维奥蒂亚北部地区发生了状况。这是极有可能的，因为底比斯将军佩洛皮达斯随后立即率领大军前往平定维奥蒂亚北部的局势。当时该地区正在遭受色萨利国王伊阿宋的第三任继任僭主亚历山大的骚扰。底比斯大军到达色萨利后，那位僭主惊恐万分，恳求底比斯人的宽恕，并表示愿意服从他们提出的一切要求。

不久之后佩洛皮达斯第二次被召往北方，担任马其顿事务的调解人，并将该国的合法继承人扶上王位，在他带领小队人马返乡途中，忘恩负义的色萨利僭主突然袭击，将佩洛皮达斯扔进了地牢，但最后伊巴密浓达成功将他救出。在伊巴密浓达假扮普通士兵参加营救佩洛皮达斯的远征军后，虽然最终计划还未成功，但欢呼雀跃的士兵们就已将伊巴密浓达推上了高位。

在底比斯人的注意力集中在其北部边境时，斯巴达已经蠢蠢欲动。阿格西劳斯之子阿希达穆斯（Archidamus）成功地驱逐了拉科尼亚各城的底比斯驻军，随后又率军入侵了阿卡迪亚地区。尽管该地区最勇敢的战士吕科墨得斯（Lycomedes）带领士兵进行了顽强抵抗，但还是败给了阿希达穆斯率领的斯巴达大军。

此次交战阿卡迪亚人伤亡惨重，而斯巴达方未倒下一兵一卒。当捷报传到斯巴达时，年迈的阿格西劳斯和所有集会的居民喜极而泣。没有一位母亲需要为儿子战死而哀悼，这场战斗在斯巴达历史上被称为"无泪之战（The tearless battle）"。另外一方的阿卡迪亚人听从了底比斯将军伊巴密浓达的建议，加强边境防御，暂时阻止了敌军的入侵。

在此时期，波斯宫廷再次成为希腊人的谈判场所，或者换句话说，每个交战国都希望在这里得到阿尔塔薛西斯国王的财政支持。佩洛皮达斯作为底比斯使者被派往苏萨，他出色地完成了这项使命。

佩洛皮达斯气宇轩昂，语惊四座，赢得了那位亚细亚国王的青睐。国王与他拟定了一项最有利于底比斯的和约。和约规定，为维护希腊整体和平，雅典必须搁置舰队；斯巴达须承认麦西尼亚独立；若有拒绝遵守者，必将面临波斯和底比斯大军的联合攻击。

条约所涉各方需充分考虑其中各项条款，于是佩洛皮达斯回国向其同胞传达了此次谈判对本国的益处。后来，底比斯人决定派遣使者前往希腊各国，邀请他们派代表前往底比斯讨论拟议和约的条款。

希腊诸小城邦普遍听从了底比斯的呼吁，但雅典和斯巴达一直保持缄默。底比斯极力说服前来参会的代表们，称这些条款可让各方都能得益，但事情并未像底比斯人预料的那样顺利。

阿卡迪亚的使节吕科墨得斯（Lycomedes）开门见山地说底比斯城没有资格举行此类会议，至于与波斯联盟一事，阿卡迪亚既不在意也不需要。尔后其他城邦代表也表达了类似观点，会议没有达成任何实质性的决议就草草结束了。

曾经，安塔尔西达斯代表斯巴达与波斯签订了出卖全希腊人利益的和约，尽管此次底比斯与波斯缔结的和约并不会造成严重的后果，但两者的动机都是想削弱其他国家，最终使自己坐上希腊霸主的位子，所以这场议会如此收尾不足为奇。

第96章　雅典与阿卡迪亚联盟

底比斯曾经的计划和行动也证实了他们对整个希腊的觊觎。这与真正的自由精神背道而驰，其他城邦的猜忌也并非无稽之谈。唯有品行端正的伊巴密浓达置身事外，不参与底比斯国内的那些外交阴谋，只是在阴谋败露之后出面挽救。

公元前366年，伊巴密浓达被任命为部队指挥官，再次率军入侵伯罗奔尼撒半岛，迅速征服了亚该亚，并在该地建立了新的秩序。他还令当地居民宣誓服从底比斯的权威。

但亚该亚人并未一直遵守该约定，这在一定程度上是底比斯自己的愚蠢行为造成的。伊巴密浓达回国后，底比斯派遣专员前往亚该亚撤回了伊巴密浓达施行的开明政策，这激怒了亚该亚亲斯巴达的派系，导致该派系起兵反叛。最终，他们成功地夺取了亚该亚的领导权。

亚该亚一直对为达到目的不择手段的阿卡迪亚人心存芥蒂，后来他们联合斯巴达一起蹂躏了底比斯的盟友阿卡迪亚。这场激战持续了一段时间，但并未取得任何重要进展。

后来，被迫参战的一些城邦和属国对这场于他们毫无利益可言的战争感到非常疲倦。雅典和阿卡迪亚脱离了各自的盟友，为了共同利益和防御，两国结为新的联盟。

科林斯、亚该亚和弗利奥斯此前一直是斯巴达的忠实盟友，但此次他们请求斯巴达同意底比斯提出的讲和方案；或者，若斯巴达不愿割让麦西尼亚，至少应该允许他们与底比斯单独签订和约。

在阿格西劳斯之子阿希达穆斯的鼓动下，斯巴达尽管面临着衰落的命运，依旧傲慢地回复各国说：斯巴达永远不会承认麦西尼亚独立，但斯巴达盟友可以行使符合自身利益之事，可单独与底比斯签订和约。起初，底比斯同意与科林斯、亚该亚和弗利奥斯和解，条件是他们必须加入对抗斯巴达的阵营。但这个提议被婉拒了，后来底比斯勉强同意让这些国家保持中立地位。

经过此事，斯巴达失去了除锡拉库扎僭主小狄奥尼修斯之外的所有强大盟友，小狄奥尼修斯为履行其父亲的诺言，派遣一支大军前往帮助斯巴达。但斯巴达人似乎已经屈服于逆境，只关注伯罗奔尼撒半岛的防御。

伯罗奔尼撒地区此时并没有遭到底比斯的威胁。曾遭底比斯将军佩洛皮达斯和伊巴密浓达压制的色萨利僭主亚历山大，又重新夺得了曾被剥夺的权力，再次在色萨利和维奥蒂亚两地的边境城市实施暴政，底比斯发现事态发展到如此严重的地步，觉得自己有责任出面干涉。

于是佩洛皮达斯率1万人马前往色萨利，与饱受亚历山大苛政的色萨利人一起反抗马其顿的统治。公元前364年，亚历山大率领2万人马在库诺斯克法莱山脚下遭遇了底比斯军队，双方立即展开战斗。经过一番激战，马其顿军队被击败。

那位勇敢、爱国的底比斯将军佩洛皮达斯却英勇牺牲了。他在战场上看到了不远处的亚历山大，于是孤身冲去挑战那位色萨利的压迫者。怯懦的色萨利僭主躲在卫兵身后，佩洛皮达斯并未伤到对方一毫。而那位国王的卫兵们一齐将标枪掷向佩洛皮达斯，他就这样倒在了血泊之中。

据说底比斯在另一次激战中大败亚历山大军，但最崇拜的指挥官战死一事似乎让他们士气大减。否则他们可能会将战斗进行到底，彻底将色萨利的压迫者驱逐出境。最后色萨利战争结束时，那位僭主继续占据着斐赖的领地。

第97章　奥林匹克运动会——伊巴密浓达之死

这一时期的伯罗奔尼撒半岛并不安宁，一是由于他们参与了色萨利战争，二是各城邦内部贵族势力内战不断，导致了维奥蒂亚的奥科美那斯城（Orchomenus）的最终毁灭。此刻底比斯人忙于其他事务，无暇在科林斯地峡展开军事行动。

据说，底比斯的盟国阿卡迪亚开始与斯巴达一样，嫉妒底比斯的权势。事实上，阿卡迪亚地区各联盟城市日益强大，都变得野心勃勃。他们助底比斯对付斯巴达时，唯一的目的便是想在伯罗奔尼撒半岛、斯巴达的废墟上建立霸权。

在这一动机的驱使下，公元前364年，阿卡迪亚将矛头转向了居住在伯罗奔尼撒西部沿岸地区的埃利安人。向来爱好和平的埃利安人无力击退侵略者，于是派遣使者奔向斯巴达寻求援助。

斯巴达毫不犹豫地派出了援军，但阿卡迪亚大军仍继续在埃利安的领土上奋力推进，夺取一座又一座城镇，直到伯罗奔尼撒地区神圣的奥林匹亚城落入他们之手。后来，第104届奥林匹克运动会召开，各方按照惯例暂时休战。希腊各地的人们像不曾发生任何事一样，兴高采烈地前来参加奥林匹克运动会。

除了期间有一次埃利安企图袭击阿卡迪亚的领地未果，大体而言，这次运动会在奥林匹亚城顺利地开展，仿佛这座城不曾受到外敌蹂躏。当欢聚的人群散去后，一些阿卡迪亚指挥官欲令智昏，竟然动起了歪心思。他们夺走了几个世纪以来堆积在奥林匹亚神殿中的巨额财宝。

其他指挥官对他们这一亵渎神明的行为感到震惊，阿卡迪亚的大多数联盟城市听到此消息后同样惊诧万分，他们命令那些掠夺者立即归还神圣宝藏，还需将神圣的奥林匹亚城还给埃利安人，他们还邀请埃利安派代表前往阿卡迪亚的忒格亚城（Tegea）共商和平协议。

阿卡迪亚地区的联盟城市只是因为害怕遭到天谴才转而向埃利安伸出橄榄枝，并非怜悯埃利安人，而且他们甚是厌恶那些掠夺神殿宝物之人，其中一位掠夺者就是驻守在忒格亚的底比斯指挥官，而阿卡迪亚和埃利安的代表正是在忒格亚城中商议的和平条约。

和平协议达成后，按照习俗，代表们坐下来欣赏娱乐节目，一切都显得那么和谐，突然毫无戒心的阿卡迪亚和埃利安代表被一支武装军队抓住并遭到囚禁。

此事的主谋便是那位底比斯指挥官，之前他受人唆使去夺取那些神圣的宝物。阿卡迪亚各城强烈要求他释放被抓捕的阿卡迪亚和埃利安代表。这位指挥官害怕惹怒诸国给自己招致不幸，就迅速释放了他们。殊不知这一轻率之举让他的母国底比斯遭受了更大的痛苦。

此事过后，半数以上的阿卡迪亚城邦开始疏远底比斯，他们还要求底比斯弥补那些代表们受到的伤害。但底比斯并没有惩罚忒格亚城的守军，反而宣称需要迅速派遣一支底比斯军去恢复秩序。

阿卡迪亚人对底比斯这一傲慢且险恶的举动感到愤慨不已，于是向雅典和斯巴达请求援助，他们也开始积极备战，保护本国领土不受昔日盟友侵犯。另一方，由底比斯、维奥蒂亚、色萨利和埃维厄组成的强大联盟，于公元前363年出征阿卡迪亚。久经考验的伊巴密浓达率领联军向阿卡迪亚地区进军，大军在忒格亚暂时停下脚步，希望会有昔日的战友前来支援。

最后并无援军加入，这令伊巴密浓达大失所望。但底比斯军的士气丝毫未减。得知斯巴达国王阿格西劳斯正率军加入曼提尼亚城的阿卡迪亚同盟后，伊巴密浓达连夜行军，突袭了斯巴达的领土。若非一名克里特逃兵向敌军告发了伊巴密浓达的计谋，让老国王及其子率兵及时撤回，斯巴达城必定会毁于一旦。

伊巴密浓达的计划惨遭泄露，同时面临着斯巴达人的殊死抵抗，于是他机智地决定撤出斯巴达，立即向曼提尼亚进军。他们行军迅速，躲避了前来救援斯巴达的阿卡迪亚和其盟国军队。

非常幸运的是在底比斯大军抵达曼提尼亚前，一支强大的雅典骑兵先抵达了这座城池，与城内的人们一同抵抗入侵的底比斯军，否则毫无防备的曼提尼亚定会成为底比斯人的盘中餐。阿卡迪亚地区各城邦不久便开始结盟。底比斯将军伊巴密浓达渴望一雪前耻，决定冒险与敌军大战一场。

所有历史学家都认为伊巴密浓达为这场战争所做的准备，以及当天的指挥，都表现出了高超的军事才能。伊巴密浓达假意拒绝交战，成功欺骗敌军之后，他迅速将部队编成楔形方阵，就像在留克特拉战役中摆的阵那样，在敌军还未来得及拿起武器之前，便刺穿了敌军防线。一场腥风血雨的战争随之而来，若是伊巴密浓达能一直在战场上为将士指明胜利方向，底比斯大军一定能大获全胜。

但在此次激战中，伊巴密浓达受了致命伤，他被战友们抬到了一边。在这之后，战斗变得十分混乱，甚至最后双方都宣称自己赢得了胜利。战争结束后不久，这位底比斯指挥官便在同胞的怀中平静地离世了。他在希腊史册上留下了浓墨重彩的一笔。

彼时波斯国王阿尔塔薛西斯仍希望征召部队平息埃及叛乱，再次向希腊提出了全面和平的提议。仅有斯巴达一国表示拒绝，因为和约中承认麦西尼亚为独立城邦，斯巴达国王阿格西劳斯对阿尔塔薛西斯的这种行为表示愤怒，于是率领1000名斯巴达士兵和10000名雇佣军前往波斯的属国埃及，帮助埃及的篡位者抵抗波斯。

这个80岁高龄的斯巴达国王突然宣布与埃及为敌，除了泄愤外，也期望若是战胜便能获得大笔财富挽救祖国衰落的命运。毫无疑问，阿格西劳斯的这一想法是值得尊敬的。

尽管年事已高，但阿格西劳斯在埃及的战场上依旧英勇无畏，后来他成功地将一位名叫奈克塔内布（Nectanebus）的埃及王子推上了王位，阿格西劳斯本人也因此得到了丰厚奖赏。公元前361年，他在返乡途中于非洲沿岸的昔兰尼加去世，享年84岁。至此，他41年的统治生涯结束了。

第98章　马其顿的腓力

在回到希腊各国历史之前，我们有必要向读者介绍一个国家，该国在希腊史早期仅是微不足道的小角色，但在接下来的这个时期，它开始在希腊历史中占据显著地位。

马其顿最初由一小片内陆地区组成，北部、东部和西部分别与蛮族派奥尼亚（Paeonia）、伊利里库姆（Illyricum）和色雷斯接壤，南部是一连串的希腊城邦国家，其中属奥林索斯和安菲波利斯最强大。最初阿尔戈斯国王卡拉努斯（Caranus）建立了马其顿殖民地，在400多年的时间里，尽管马其顿面临来自邻国蛮族的威胁，但仍然不曾被敌军吞并。

底比斯与斯巴达交战后期，底比斯将军佩洛皮达斯助马其顿的帕迪卡斯（Perdiccas）登上了马其顿的王座。后来帕迪卡斯在战场上被伊利里亚人杀死，他留给幼子的是一个被敌军占领、因派系纷争而四分五裂的王国。在此紧急关头，已故国王的兄弟腓力（即腓力二世）挺身而出，维护了侄子的权利。他击退了几个趁时局动荡企图争夺王位的不轨之徒，不久腓力被拥为摄政王。

腓力天生才华横溢，拥有超凡的思维能力且临危不惧。他少时曾在底比斯城作人质，有幸受到伊巴密浓达的教导。据说，他在伊巴密浓达的家中长大，可能多次目睹伊巴密浓达展现其高超的军事技巧。

腓力曾多次游历希腊的主要城邦，研究其中各种体制，还结识了众多著名的哲学家们和首领们。这些都为他后期的事业打下了良好的政治基础。另外，腓力为其侄子与篡夺者争斗时正值青春年华，他仪表堂堂，举止文雅，所以能如此迅速地赢得半开化的马其顿人的好感，也并不奇怪了。

马其顿国王帕迪卡斯刚去世时，色雷斯入侵了马其顿西部，并开始在背后支持那些觊觎马其顿王位的人。此时，派奥尼亚和伊利里亚正在马其顿北部地区为非作歹。在此危急时刻，腓力二世通过贿赂、许诺和奉承等手段来讨好敌人，最后成功地救马其顿于水火。他在青年时期便已经对此等手段运用自如，这些也是他后来声名鹊起的原因之一。

腓力二世骨子中的勇气和好战性格，本来会驱使他采取武力而非计谋去对付邻国蛮族，但那时根基不稳又无大权在手的他若是真的走了这一步，也许他之前所有的努力都会付诸东流。公元前359年左右，马其顿人一致认为在当时动荡的国内外形势下，已故国王帕迪卡斯的幼子无法担起国王一职，于是任命摄政王腓力担任马其顿国王。

腓力二世上台后面临的第一个大敌便是雅典，后者在此前的曼提尼亚战役中仅仅充当了辅助角色，而斯巴达和底比斯在那场战争中几乎耗尽了全部力量和资源。于是，雅典人发现从人口和财富来看，他们已经再次成为希腊最强的国家。

不幸的是，随着雅典恢复繁荣，其公民也恢复了以往傲慢自大和肆意挥霍的陋习：法院、元老院和议会腐败盛行；为满足邪恶之人的欲望，善良无辜者的财产被没收；在国外，雅典为满足其贪得无厌的需求，对属国征收苛捐杂税。

当时雅典的状况就是这样繁荣却悲惨。曾经，希腊全体代表大会一致承认安菲波利斯是独立国家，而帕迪卡斯一心想获得安菲波利斯的统治权，此举触怒了雅典人。他们开始以厌恶帕迪卡斯曾经的举动为由，继续对他的兄弟和继承者虎视眈眈，还派遣军队去帮助觊觎马其顿王座的阿吉乌斯（Argaeus）。

腓力在战场上遇到了对手阿吉乌斯，他成功施计将阿吉乌斯杀死，并俘虏了残余的雅典军。正是在此情况下，这位年轻的国王第一次充分展示了他的巧妙计谋。也正是靠这些，他才得以在后来创造辉煌的成就。战胜阿吉乌斯后，他没有对雅典俘虏赶尽杀绝，反而对他们十分仁慈：归还其财产，并遣送回雅典，不曾索要任何赎金。此举让雅典人对腓力另眼相看，钦佩不已。

这种明智之举产生了预期效果。当腓力的使者们前往雅典提议两国和解时，雅典立即表示同意。如此腓力巧妙地消除了一个马其顿的劲敌，然后他将注意力转移到北部邻国派奥尼亚。在此关键时刻，派奥尼亚国王去世，也不曾留下继承人。

得知此消息的马其顿国王乘虚而入，毫不费力地降服了派奥尼亚，将其领土并入马其顿的版图。这次吞并极大地增加了腓力军队的影响力，他随即率兵惩罚了不久前入侵马其顿的伊利里亚人，迫使他们谦卑地请求和平。就这样，在短短两年的时间里，年纪轻轻的腓力就完成了如此多非凡的成就；他不仅治愈了母国巨大的创伤，还使之比以往任何时刻都更具活力。

第99章　雅典——同盟者战争

在继续讲述腓力二世雄心勃勃的事业之前，我们先来简短地谈论一番雅典当时面临的情况。雅典的属国长期以来都忍受着先前提及的种种苛政，其忍耐力最终也消耗殆尽了。

希俄斯岛、科斯岛、罗德岛和拜占庭的人民通力协作。做好充分准备后，他们于公元前358年向雅典政府转交了一份联合声明，声明中写道："由于我们现在不需要、也得不到雅典的援助和保护，因此我们不再需要为雅典进贡。"这一消息让雅典人怒不可遏，他们立即派遣了一支舰队去镇压意图反抗的属国。

这一行动的主要煽动者是骄奢淫逸的雅典将军卡瑞斯（Chares），也是他教唆雅典人对属国施行苛政。这导致雅典属国纷纷起身反抗，所谓的"同盟者战争"便由此展开。当时雅典优秀的军事将领有提谟修斯和伊菲克拉底，但他二人这次倾向于和平处理此次事件而非诉诸武力，因此未被指派担任此次战役的指挥官。

雅典舰队里唯一有名望的军事将领是卡布里亚斯（Chabrias），此次远征为他带来了不朽的荣誉，尽管他为此付出了生命的代价。当雅典舰队到达希俄斯岛时，他们的指挥官卡瑞斯发现：因为叛乱各盟国在该岛上集结了一支强大的起义军，他率领的骑兵无法抵抗攻击，难以进入港口。

卡布里亚斯则负责带领小分队乘船闯入小海湾，但士兵们发现他们已经孤立无援，再前进必死无疑，于是跳入海中游回了舰队。而他们勇敢的领袖宁死也不愿辱没清誉，最终倒在了敌人的标枪之下。

卡瑞斯的后续行动也没有成功。雅典人又派遣了另一支雅典舰队前来支援。

这支舰队的指挥官是梅列忒修斯（Mnestheus），其父伊菲克拉底和其岳父提谟修斯担任顾问。因为此二人过去支持和平做法，雅典人并没有让这两位身经百战的老将领担任远征军的高级职务。

雅典的两支舰队会合后，他们决定首先围攻拜占庭，以期将同盟的全部力量调至该城进行防御。该计划成功了，联盟的起义军迅速集结了全部海军力量，前往拜占庭。然而，一场猛烈的风暴袭来，提谟修斯和伊菲克拉底认为此时雅典继续攻城是不明智、不切实际的。

尽管如此，另一支舰队的指挥官卡瑞斯依旧信心满满，表示不惧怕面临沉船和其他风险，坚持出战。那二位老将一力拒绝。结果，卡瑞斯立即派人前往雅典，用一切恶毒的语言玷污提谟修斯和伊菲克拉底的名声。最终雅典人将这二人召回国，指控他们玩忽职守。

提谟修斯被判处支付100塔兰特罚金，这位科农和米提亚德的优秀后裔无力支付这笔巨额罚款，于是被迫流放。据说，伊菲克拉底不像他那位同僚那样审慎正直，他在法庭上安排了全副武装的朋友，让法官们望而生畏，从而迫使法庭宣判他无罪。然而，他却和提谟修斯一样，离开了出生的城市，后来此二人都不曾参与雅典的事务。

卡瑞斯就这样摆脱了那两位同僚。开始时他带着雅典舰队在海上游荡，还带着一群歌手、舞者和妓女，对战争毫不关心。实际上，他非但没有为母国谋求利益，反而作为雇佣军帮助爱奥尼亚总督密谋反叛。这种做法最终激怒了波斯。

于是波斯国王阿尔塔薛西斯三世[1]向雅典人发出了警告，雅典随即召回了自己的舰队，那些造反的雅典属国因而获得了独立。雅典没有了来自属国的大量贡物，加之对各属国久攻不下，国内资源急剧减少，这些原因都迫使雅典撤军，默许属国独立。

---

[1]　阿尔塔薛西斯·奥克西斯（Artaxerxes Ochus）。

第100章 腓力占领安菲波利斯——与奥林匹娅斯成婚

腓力二世在征服了那些野蛮的邻国、巩固北疆安全之后，便将注意力转向了南方。卡瑞斯远征期间，腓力二世就开始侵占南方城池，最终以整个希腊沦陷告终。

机智狡猾的腓力二世发现，奥林索斯和安菲波利斯是马其顿和爱琴海诸岛屿间联盟诸国中最重要的两个城邦国家。于是腓力下决心首先征服安菲波利斯，而该城曾经是雅典的附属国。

为了在征服安菲波利斯时免受雅典的阻挠，腓力二世便告诉雅典他想帮助雅典政府征服安菲波利斯城。雅典人觉得十分荒谬，但他们当时正陷入同盟者战争之中，尽管知道腓力二世的真正意图，还是假装相信他。

随后腓力二世设计让奥林索斯与安菲波利斯解除联盟关系。之后他才开始攻击安菲波利斯，虽然安菲波利斯英勇抵抗，但最终他们还是被迫投降了（公元前358年）。

腓力二世对战败者宽厚相待，在城内施行仁政。只有少数反抗马其顿统治的叛乱者和教唆者被放逐，其余都受到了友好的对待。至此马其顿将地理位置十分重要的安菲波利斯并入了自己的版图。

此事过后，腓力开始努力博得奥林索斯人的好感，力求与其结为盟友，期望在奥林索斯的帮助下，马其顿未来可以应付雅典大军，这样他也不再需要向雅典隐瞒自己的狼子野心。

但此时的雅典自顾不暇，没心思细察那个一直奉承他们的腓力二世的心思，殊不知后者的恭维之下蕴藏着更大的阴谋。这位马其顿国王攻占安菲波利斯城以外，还攻占了波提狄亚城，将当地的雅典驻军遣回了母国。与此同时，他告诉雅典，马其顿对雅典一直心怀敬意，但是作为奥林索斯的盟国，他不得不迈出这样的一步。

腓力发现雅典依旧容忍了他的所作所为，于是他利用造访色雷斯的机会大赚了一笔。色雷斯地区蕴藏着无数珍贵的金矿，腓力率大军强占了这些金矿。然后他进入色萨利，将该国从三位僭主的残酷专制中解放出来。

色萨利人非常感激腓力二世救他们于水火之中，于是色萨利人虽然不曾名义上宣称腓力为国王，却使他成为该国实际意义上的统治者。色萨利人将自己的大部分收入交给了这位国王，还把港口和码头的一切使用权也授予他。马其顿国王由此得到了一笔巨款，而且机智灵敏的他也知道如何将利益永久化。

腓力二世获得了色雷斯众多金矿的所有权。因为经营得当，他每年能从中获得不少于1000塔兰特的财富。

事业有成的马其顿国王开始为自己物色一个王后。他曾经在前往底比斯途中看上了色萨利西部边境小国埃索尔（Esoire）国王尼奥普托列墨斯（Neoptolemus）之女奥林匹娅斯（Olympias）。于是他开始追求对方，不久就将这位美丽的公主娶回了佩拉[1]的王宫中。

在腓力二世婚后的庆典活动中，密使告诉他，伊利里亚、派奥尼亚和色雷斯正准备起兵反抗马其顿，试图摆脱他的统治。

于是腓力二世迅速出兵，派遣他手下最能征善战的将领之一帕曼纽（Parmenio）前往伊利里亚，自己则亲自领兵对付派奥尼亚和色雷斯。马其顿的这两支部队都大获成功，起义的城邦被镇压后又恢复了往日的平静，继续臣服于马其顿的统治。腓力带部队回国途中得到消息称他的爱马在奥林匹克运动会上赢得了战车比赛的冠军，他更加兴奋。因为早年的马其顿在希腊人看来不过是野蛮落后的弱小部族，被排除在希腊城邦之外，而如今马其顿国力日盛，还获得此项殊荣，其他城邦再也不敢小瞧他了。

几乎在同一时刻，另一则喜讯传来：他的王后在都城佩拉生了一个儿子。大喜过望的腓力马上致信曾在雅典相识的亚里士多德，信中表达了他对此事的喜悦之情，还高度赞扬了这位博学多才的哲学家。

腓力二世在信中写道："我与王后生下了一个儿子。但与其感谢神灵赐我此子，还不如感谢诸神让他生于亚里士多德您所在的时代。我希望您的关怀和智慧

---

[1]　Pella，古马其顿王国首都。

将使他不辜负他的父亲，成为不负国家未来的马其顿王子。"公元前343年，即此信写后的第14年，亚里士多德成了腓力二世之子亚历山大的老师，这位王子就是后来继承马其顿王位并建立横跨亚非欧三洲的大帝国的亚历山大大帝，他能获得如此成就在很大程度上多亏了老师亚里士多德的精心培养。

此时马其顿国王的统治范围几乎从西侧的哈得里亚海湾一直延伸到东侧的尤克西恩海，北侧仅由哈伊莫司（Haemus）山脉隔开，南面将广阔肥沃的色萨利平原囊括在内。尽管腓力二世允许某些地方有名义上的君主，但他才是这片广袤疆土真正的主人。

例如在色雷斯东部，已故国王科杜斯（Cotys）之子塞索布勒普提斯（Kersobleptes）拥有国王的头衔。同盟者战争之后，拜占庭城虽然获得独立，但还是受制于雅典，腓力意识到想要征服拜占庭必须谨慎行事，毕竟雅典也觊觎该地。

但他的野心一直稳定地聚焦在拜占庭，这是一个初步的计划；他更宏大的目标是在不久后将势力遍及奥林索斯。后来，希腊中部爆发了一场战争，推进了腓力二世吞并拜占庭和奥林索斯的宏伟计划。

第101章 近邻同盟行动——福基斯战争爆发——腓力大败福基斯

上一章结尾提到的战争起源于近邻同盟的一系列举动，该机构昔日在希腊叱咤风云，后来开始变得无足轻重，直到有一次底比斯在背后鼓动该同盟采取行动，才使之重获往日荣光。

受底比斯代表的煽动，近邻同盟重拾菲比达斯攻占底比斯城堡这一话题，并针对该行为向斯巴达处以500塔兰特的罚款。斯巴达对此法令置之不理，且近邻同盟和底比斯人都没有强大到企图暴力执法。

同样在底比斯人的煽动下，近邻同盟判处福基斯人支付一笔高额罚款，因为他们耕种了奉献给神圣阿波罗的某些土地，而且阿波罗的圣城德尔斐还是近邻同盟举行会议之地。底比斯说服近邻同盟采取这些措施，既是为了满足自己的野心，也为了肆意报复。

一方面，从底比斯在近邻同盟中的优势地位而言，若斯巴达和福基斯支付了罚款，那么这些钱财会毫无疑问地进入底比斯口袋；另一方面，若对方不支付罚金，那么整个希腊很可能会因斯巴达和福基斯无视德尔斐会议的神圣法令感到震惊，也许他们会为捍卫德尔斐会议的尊严及所谓阿波罗神的权利开始大动干戈。

但彼时的雄辩家们毫无顾虑地声称底比斯是觊觎德尔斐神殿的丰富宝藏，而福基斯是其前进道路上的唯一阻碍。

若底比斯人确有上述诸多想法，他们也只是实现了其中的一部分。由于斯巴达人和福基斯人都不愿支付罚款，因此，近邻同盟宣布违抗者为希腊公敌，希腊各城邦若希望得到神灵保佑，理应协助同盟，令违抗者服从命令，交出罚款。

但希腊大众并未理睬这个曾经权倾一时的近邻同盟的呼吁。只有底比斯、罗克里斯和一些受私心驱使的小国站出来声称要惩罚斯巴达和福基斯，谴责他们亵渎宗教，违反命令。以底比斯为首的那些小国集结军队，首先出发惩罚福基斯人，而后福基斯人采取行动向世人证明他们不是轻言放弃之辈。

面对此次危机，福基斯人自然向斯巴达人寻求支持，斯巴达先是秘密送给福基斯人一大笔金钱，还保证后续会继续援助。得到援助的福基斯人没有坐以待毙，反而首先发起攻击，此举主要是因为受到了野心勃勃、勇敢无畏的腓罗迈卢斯（Philomelus）鼓动，他是福基斯最富有、最受欢迎的家族的首领。

腓罗迈卢斯巧舌如簧，成功说服同胞们积极采取行动。于是他率领一支大军前往德尔斐，轻而易举地占领了这座圣城。希腊人信奉神灵，因而不曾对这座圣城染指分毫。

福基斯人之所以会采取这一亵渎神灵的举动，是因为腓罗迈卢斯以《荷马史诗》中的一段话为契机，一直向福基斯人灌输这样一个观念，即福基斯人是德尔斐神龛正当合法的守护者。

占领圣城后，腓罗迈卢斯立即将从德尔斐驱逐近邻同盟的理由告知全希腊，并以福基斯的名义占有了这座城。但其他希腊城邦似乎对这一消息无动于衷。

所以没有新的希腊城邦参与进来，但毫无疑问的是，此前以底比斯为首讨伐福基斯的联盟各国都对德尔斐的沦陷表示愤怒。但最终这场"神圣战争"让大多数希腊城邦国家卷入其中，并如前所述，它决定了整个希腊的命运。

底比斯似乎不曾料到其他城邦会无视近邻同盟的命令，也从未想过福基斯会采取如此行动。但底比斯临近的属国不愿为对他们毫无意义的事情劳民伤财，所以一段时间内，福基斯人的行动没有受到任何阻挠。

福基斯在腓罗迈卢斯的有力指挥和一支强大雇佣军的帮助下，入侵了罗克里斯人的领土，侵袭底比斯的盟国。三个月后，福基斯成功地占领了罗克里斯。似乎命运继续偏爱着底比斯的敌手，继攻占德尔斐之后的两次战役后，福基斯军连连战捷。

但最后福基斯军遭受了沉重打击，他们的指挥官腓罗迈卢斯在战斗中身负重伤，又被敌人逼到悬崖边上。这位将军宁死不屈，毅然跳下悬崖自尽。福基斯军就这样失去了他们优秀的指挥官。腓罗迈卢斯的死引起万人瞩目，甚至底比斯都将此事看作是上帝对世人不满的依据。

但若腓罗迈卢斯被活捉，最终也难逃一死，这也解释了他为何选择跳崖自尽。鉴于这场战争的起因是福基斯犯下了亵渎神明的严重罪行，其敌军定会对他们毫不留情。

奥诺马尔库斯（Onomarchus）接替其兄弟腓罗迈卢斯指挥福基斯军队。这位新任指挥官与前任的能力相当，他却能忽略世俗的眼光，充分利用当下条件将福基斯利益最大化。他充分利用了从德尔斐获得的巨额财富，一部分用来招募新兵，一部分用来收买底比斯盟国，从内部分裂敌军。

有一段时间，福基斯民心振奋，奥诺马尔库斯也充分利用此次机会率领一支庞大且装备精良的部队，蹂躏了多里斯和罗克里斯。还深入维奥蒂亚，以迅雷不及掩耳之势攻占了数个底比斯属国。

他还派其兄弟法伊路斯（Phayllus）带领7000士兵前往色萨利，协助该城亲福基斯的政党对抗马其顿势力。

马其顿的腓力二世没有袖手旁观，他注意到福基斯的行动已经威胁到了他在南方邻邦的新势力。于是腓力集结大军对战法伊路斯，成功地将后者赶出了色萨利。奥诺马尔库斯被迫撤离维奥蒂亚，向新的敌军——马其顿发起进攻。

在随后的一次交战中，奥诺马尔库斯凭借他巧妙的战术占了上风，战胜了腓力二世的军队，后者被迫撤回马其顿重整旗鼓。然后奥诺马尔库斯返回维奥蒂亚，大批色萨利援军加入他的阵营。但他还没来得及对底比斯发起新一轮攻击，腓力二世就率军进入了色萨利，这位福基斯首领再次被召唤前往保卫色萨利及其盟国。

福基斯和马其顿两军相遇后爆发了一场血战，奥诺马尔库斯和他的6000名士兵在此战中丧生。3000名福基斯人被活捉，此后再也没有回到他们的国家。没有确切史料记载这些人最终是死亡还是被奴役，只是有传闻说腓力二世命人将他们扔进了大海。

第102章　腓力逼近塞莫皮莱——雄辩家德摩斯梯尼

此时，马其顿国王可以轻而易举地将福基斯夷为平地，但他并没有这样做，因为他就是希望希腊各国纷争不断，如此其他城邦就没有机会去兼并他国来增强势力。因此，他只想打消福基斯从他手中夺取色萨利的企图，并不打算采取进一步的行动。

腓力此举也甚为必要，因为他很清楚，若占领他国城池，定会引起希腊诸国的警觉；若是诸国站在统一战线，组成联盟，必定会置自己于寡不敌众的窘境之中。于是这位狡诈的马其顿人再次选择采取渐进式的扩张方式，并认为此举才是实现他成为希腊霸主夙愿的最明智选择。

此时，奥林索斯和拜占庭逐渐看清了腓力的图谋计策，也感受到了他这一计谋给两国带来的冲击。为了共同抵抗腓力，奥林索斯和拜占庭与终于洞悉腓力阴险计谋的雅典结成了新联盟。

若不是腓力二世在此前的战斗中因负伤卧病在床了一段时间，他也许会向奥林索斯等国宣战而走向极端。他身体恢复后便将注意力转向一件他认为更紧迫的事情上，暂时把奥林索斯和拜占庭抛诸脑后。

福基斯战争（或"神圣战争"）尚未结束。公元前352年，已故的福基斯指挥官奥诺马尔库斯的兄弟法伊路斯鼓动同胞们再次兴兵，再度洗劫了德尔斐神殿。他们又获得了巨额钱财，并用这笔钱建立了一支比此前更庞大的雇佣军。雅典和斯巴达分别派遣了5000名雅典军人和1000名斯巴达军前来支援福基斯。

腓力二世一听闻雅典和斯巴达两国的举动，便决心抓住机会入侵福基斯。他相信自己以保护阿波罗神殿为由惩罚亵渎神灵的福基斯人，会让其他主要国家认为他对神灵心存敬畏，便会允许他畅通无阻地通过塞莫皮莱海峡。

他在各国安插的间谍都恭维他，让他误以为现实会如他所料。腓力率领大军，急不可耐地朝福基斯前进。而雅典希望借此机会将希腊从这位雄心勃勃的君主手中解救出来。腓力大军出发的消息一传来，雅典人便拉响警报，立即派遣舰队急速前往塞莫皮莱海峡。在腓力的大军到达之前，他们就在塞莫皮莱海峡部署了一支强大的军队。

腓力发现塞莫皮莱坚不可破，其计划也已被敌人彻底洞悉，感到十分屈辱。他只好沿着来路返回，让底比斯及其盟国来处理福基斯人。

雅典人为此次成功挫败马其顿国王欢欣鼓舞。随后雅典人立即召开公民大会，讨论未来的对策。这次大会之所以令人难忘，是因为著名雄辩家德摩斯梯尼（Demosthenes）首次出面大力抨击了腓力二世。

德摩斯梯尼出身于雅典的富人家庭，父亲在他7岁时便不幸离世。少年德摩斯梯尼的监护人肆意侵吞了他的财产。成年后他做的第一件事就是为索回父亲的遗产将其监护人告上了法庭，为此他必须在法庭上发表演讲。

这是他第一次公开演讲。虽然他最后成功地追回了一部分被侵吞的遗产，但这次演讲让他对自己的口才有了更清楚的认识。起初他在法庭上由于发音不清，论证无力，多次被轰下讲坛。毕竟，一名出色的演说家必须声音洪亮，发音清晰，姿势优美，富有雄辩之才。

在那个时代，演说是有志之士在雅典获得权力的唯一途径，也是爱国志士能为国家服务的唯一道路。德摩斯梯尼既有鸿鹄之志，亦有爱国之心，这也促使他为实现人生意义坚持不懈，付出了比常人多倍的努力，最终成功粉碎了上天在其雄辩道路上安排的一切障碍。

据史料记载，他为克服天生口吃的缺陷，曾将小石头含在嘴里练习发音，无数次磨破了嘴；为改掉说话耸肩的坏习惯，他在左右肩上各悬挂一柄剑，用类似悬梁刺股的做法磨炼自己；为了让自己习惯在喧嚣的民众集会上泰然自若地发表演说，他站在波涛汹涌的海边大声吟诵。

德摩斯梯尼苦练近十年，终于改变了自己的命运，取得了辉煌的成就。据说他在28岁时首次就国家问题发表了演讲。两年后，已经声名远扬的他出现在集会上第一次针对马其顿统治者发表了慷慨激昂的演说，此番话迫使马其顿国王承认，"德摩斯梯尼犀利的言语比浩荡的雅典大军更甚"。

德摩斯梯尼反对腓力二世的演说总计八篇，统称"腓力皮卡（philippics）"，成为古代雄辩术的典范，"腓力皮卡"由此成为一个专有名词，指猛烈抨击和揭露政敌的演说。正如史学家所言，"其措辞之精密，逻辑之严谨，对腓力的行为进行猛烈的抨击和无情的揭露，具有极强的鼓动性和说服力"。

在第一篇"腓力皮卡"中，这位演说家使出浑身解数，力图让雅典人认识到马其顿国王的真实面目，以此激发雅典公民保卫城邦的热情，与企图奴役希腊人的马其顿国王展开殊死搏斗。受德摩斯梯尼演说的鼓舞，雅典人民群情振奋。但是，此时雅典的一个强大政党持有与他截然相反的观点，主张采取和平方式解决问题。

这个政党的领袖包括雅典政治家兼军事将领福基翁（Phocion），以及享有盛誉的演说家伊索克拉底（Isocrates）。伊索克拉底和福基翁倾尽全力试图让马其顿和雅典成为友好之邦，他们相信和平才是恢复希腊荣耀的唯一方式。

他们认为雅典同胞无法与日益强大的马其顿相抗衡，因此认为与腓力言和才是上策。他们还争辩说，从希腊手中夺取了所有亚细亚殖民地的波斯才是最可怕的敌人。

此二人认为腓力是彼时唯一有能力击败东方蛮族的人，能带领希腊各国军队在这片见证了祖先荣耀的土地上赢得新的荣誉，只有腓力才能引领希腊战胜波斯，让昔日被波斯占领的地区重归希腊的怀抱。

伊索克拉底和福基翁便是秉持这种态度，其他有影响力的人也如此看待此事，但马其顿的黄金才是众多雅典人支持这一看法的主要原因——腓力二世用计贿赂了这部分雅典人。

不仅无知的下层阶级因腓力的间谍而堕落腐化，许多达官显贵和能人志士也开始为腓力二世的金钱所动。与德摩斯梯尼不相上下的雄辩家狄马德斯（Demades）便是这些无原则的"见钱眼开者"中最能干、最活跃的一个。

第103章　腓力进攻奥林索斯——奥林索斯陷落

德摩斯梯尼建议雅典派遣援军前往帮助危在旦夕的奥林索斯和其他盟国，但这支部队一直没有集结完毕，而且似乎从未被派遣出去。

与此同时，为了让雅典人放松警惕，马其顿国王在试图通过塞莫皮莱海峡但没有成功之后的两年内都不曾有任何非分之举。但他在此期间一直在秘密地用黄金收买雅典的属地埃维厄，为他征服奥林索斯做准备。

腓力在埃维厄的阴谋诡计得逞了。公元前349年，腓力在埃维厄的追随者与那些亲雅典派别公开决裂。为了保护亲己方政党，腓力派遣一支强大的马其顿军队前往埃维厄岛；雅典人则派经验丰富的福基翁率领军队前往支援另一派别。

这位足智多谋的雅典指挥官在一场激战中迅速彻底击败了敌军。福基翁处理完埃维厄岛事务凯旋时，受到了国人的热烈欢迎。

尽管这一结果使腓力大失所望，但他并没有因此而感到惊慌，也没有放弃自己雄心勃勃的计划。恰恰相反，在埃维厄亲己方党派被击败之后，他立即亲自出征奥林索斯，并宣布：此战要么奥林索斯人离开奥林索斯城，要么他离开马其顿。

强大的马其顿军队进入了奥林索斯的领土，当他们准备占领这一地区的小城邦时，奥林索斯人立即派遣使者前往雅典请求援助。雅典人对是否援助奥林索斯展开了激烈讨论。狄马德斯和其他亲马其顿派建议拒绝奥林索斯的请求。

德摩斯梯尼再次以极具说服力的演讲劝告同胞们保护盟友免受腓力的控制，称此举也是在拯救雅典。雅典人在两股相反势力之间摇摆不定，最后决定采取折中的办法，但此举引发了更糟的结果。

雅典人任命他们最喜爱的将军卡瑞斯为指挥官。他率领一支小部队前去营救盟友，卡瑞斯虽深受雅典人喜爱却绝非将帅之才，他到达奥林索斯后并没有给当地人带来任何好处。这位指挥官在色雷斯海岸登陆后便开始巧取豪夺，并放任其手下四处劫掠。随后立即返回雅典，用他这次短途旅行中的收入为民众举办盛宴。

腓力二世因此得以顺利集结部队，包围奥林索斯城。在此危急时刻，奥林索斯不得不再次派遣大使前往雅典，德摩斯梯尼再次为身陷困境的奥林索斯辩护，他规劝雅典人在此危急时刻应该拿出盟友的担当拯救身处水深火热中的奥林索斯人。

此次奥林索斯的使者带回的消息与上次如出一辙。雅典召集了一支由400名外邦人组成的雇佣军，任命雅典将军卡里德姆（Charidemus）协助被围困的奥林索斯城，此人就是第二个卡瑞斯。这支雅典军队到达奥林索斯后，非但没有奋力抗击马其顿的军队，反而加剧了奥林索斯人的痛苦。

腓力二世继续奋力围城，但遭遇奥林索斯人顽强抵抗。奥林索斯第三次派遣使者奔向雅典求救。这一次，德摩斯梯尼又发表了一篇支持奥林索斯的演说，比前两次更为成功。

他的演讲终于充分地激起了雅典人的猜忌之心，于是人们决定立即派遣军队援助奥林索斯。但不幸的是，这个决定来得太迟了。在雅典军队到达奥林索斯之前，城内两名将军已然投靠敌军，让围攻者腓力成功占领了该城。公元前348年，这位马其顿国王摧毁了奥林索斯，城中居民全部沦为俘虏。

据说，奥林索斯城中那些卖主求荣的背叛者下场更加凄惨。腓力生性高尚，向来蔑视背叛之举，尽管他曾从对方的背叛中获利。腓力二世从奥林索斯收获的战利品极大地充实了马其顿的国库，而成功占领奥林索斯这片土地更是意义重大。卡尔基斯所有地区都归腓力所有，他的舰队拥有了爱琴海北侧的制海权。

为庆祝这次吞并，腓力在奥林索斯的第乌姆镇（Dium）举办了一个为期九天的盛大活动，甚至还有雅典人前来参加。这位和蔼可亲、对学问极富热情的马其顿国王赢得了所有在场人士的敬佩。

当腓力从塞莫皮莱撤退之时，福基斯和底比斯之间毫无意义的战争还在继续，没有一个大国积极支持任何一方。诚然，雅典和斯巴达仍然是福基斯的盟国，但他们已经厌倦了这场毫无益处的战争。两国的同盟关系过于表面，都不愿派出救援大军，战事也就无法彻底平息。

福基斯的第三位指挥官法伊路斯任职后不久就死于肺痨，为了纪念他和他的两个兄弟，福基斯人任命其子法勒库斯（Phaleucus）代替其父指挥战争，尽管当时他还是个少年。

随后的几次交战中，双方都没有取得决定性胜利。他们时而肆虐彼此的边境，时而吹嘘自己的胜利，而其他希腊国家对此并不太在意。就连底比斯军队入侵伯罗奔尼撒也没有引起多少人注意，直到他们大胆入侵了阿提卡的领土，才被关注到。

斯巴达在福基斯军队的帮助下，最终迫使底比斯撤军，而福基斯和维奥蒂亚再次成为一系列小规模敌对行动的战场。然而，在奥林索斯陷落之后，事态发生了变化。

马其顿的腓力对近来的成功喜不自胜，于是决定占领被称为"希腊大门"的塞莫皮莱隘口。这是他为称霸希腊采取的下一步行动。塞莫皮莱隘口紧靠福基斯的领土，为找到统治这片领土的最佳方法，腓力苦思良久。

雅典与福基斯的联盟是腓力实施计划的最大障碍。于是，他发动了所有间谍竭力让雅典脱离这一联盟。为了将雅典人的注意力转向其内部事务，并使他们觉得继续参与"神圣战争"只会带来更多麻烦，腓力派出一支舰队去蹂躏雅典属地利姆诺斯岛（Lemnos）和印布洛斯岛（Imbros）。

此次远征大获成功，马其顿军队不仅奇袭了利姆诺斯和印布洛斯两岛，还袭击了阿提卡海岸地区。雅典几支匆忙集结的骑兵在那里被击败后又仓皇逃散。

腓力又派出一支部队前往埃维厄岛驱逐该岛的雅典人。他在埃维厄安插耳目，培养马其顿的支持者，最后成功赢得了埃维厄人强有力的支持。为掩人耳目，他暂时离开埃维厄岛，让该岛获得了名义上的独立。

然而，奥林索斯人遭遇的不幸命运加之后来的种种伤害，激起了雅典人的愤怒。他们开始拿起武器向马其顿人报仇。但在他们付诸实施之前，腓力又成功改变了雅典人的想法，他们本就反复无常。

腓力宣称他所做的一切都是为了保护其盟国，并表示非常希望能与雅典和平相处。曾有雅典的一些达官贵族在腓力面前抱怨马其顿士兵给他们造成的伤害，腓力极力安抚对方，为其平反冤屈，并在赠予他们大笔钱财后，遣人将他们安全送回。回到雅典后，这些人对和蔼可亲、慷慨大方的腓力充满了钦佩之情。

就是这些人在紧要关头出现在公民大会上，向人们陈述腓力对雅典的友善举止，成功地平息了雅典人的怒火，于是雅典人决定暂停战备，并派遣使者前往佩拉宫廷与马其顿国王达成和平协议。

第104章　雅典使团抵达佩拉——马其顿加入近邻同盟

公元前348年，派往佩拉宫廷的10位雅典大使中包括德摩斯梯尼及他最大的竞争对手埃斯基涅斯（Aeschines）。曾经发表过数次抨击腓力演说的德摩斯梯尼早已洞悉腓力的真实意图，所以此行于这位雄辩家而言并不愉快。但仅凭他一人之力无法改变现状，最终雅典还是成功地与马其顿签署了和平协议。

后世的史学家们一致认为，此次和谈使者中，德摩斯梯尼的表现最无价值，也许是因为他会面的是自己曾经极力谴责的那个人，或许还因为他本就不是一位血性男儿。

当雅典使团踏入腓力的王宫，德摩斯梯尼见到那个他常隔空指责的人时，却不敢当面抨击对方。其余的雅典使节都对腓力示好，腓力也假意恭维，表示同意两国结为盟友，轻而易举地让雅典使者掉入他设下的"陷阱"。

雅典使团自认为成功地完成了此次任务，满心欢喜地回到了雅典，殊不知他们只是得到了腓力的口头同意。而他们一离开马其顿，腓力就开始秘密集结军队。不久，腓力二世便向世人展示了他国王的威严与霸气。

他展开军事行动，以迅雷不及掩耳之势攻入色雷斯，俘虏了色雷斯国王克索布莱普图斯（Kersobleptus），将包括塞里乌姆（Serrium）、多雷斯库斯（Doriscus）及沿岸其他雅典属国在内的大片地区全都纳入了马其顿的版图。此次征战期间，他还占领了极为重要的赫勒斯滂隘口，此处是希腊抵御北方或亚细亚入侵的重要屏障之一。

雅典派信使前往马其顿谴责腓力二世的这些行为，但收到的是后者傲慢冷淡的回复。尽管如此，可能由于雅典人深知当下与马其顿为敌只会让雅典城再遭战火，也可能因为雅典的亲腓力派在中间极力地怂恿，雅典人还是决定与马其顿达成和解。因此，那10位使节又去了佩拉，成功与腓力签署了和平协议。

一直以来腓力都觊觎着塞莫皮莱隘口，而雅典附属国福基斯便位于山口附近。所以他没有在和约中提及福基斯，并向雅典使团解释道，因为他曾答应协助底比斯一起对抗福基斯，若在此次和平协议中公开对福基斯的友好态度，定会招致底比斯的敌意，但狡诈的腓力向使者们保证他其实是非常厌恶底比斯的，宁愿与底比斯开战也不会与福基斯开战。

除德摩斯梯尼外，雅典的使者都收下了马其顿国王的黄金，他们离开时还对马其顿国王所说的那番话深信不疑。但他们刚离开马其顿，腓力就再次向世人证明了他的言而无信——他率军挺进塞莫皮莱，顺利通过海峡，并侵入了福基斯的领土。

因为雅典使者回国后向福基斯人传去的消息表明：他们已经与马其顿结为盟友，蒙在鼓里的福基斯人看到马其顿人到来，甚至都张开双臂欢迎他们。后来，腓力不再隐瞒自己的意图，呼吁近邻同盟召开会议瓜分福基斯。

只有福基斯的宿敌底比斯、罗克里斯和色萨利的代表出席了此次近邻同盟会议。福基斯的命运已成定局。公元前347年（现在也有说法为公元前346年），在马其顿国王的直接影响下，近邻同盟下令分割福基斯领土，每个村庄仅准许有60户人家。此举无异于削减当地人口。法令还规定福基斯人须卖掉所有武器和马匹，每年都要向近邻同盟支付高额罚款，并且他们会被逐出希腊联邦和近邻同盟。

近邻同盟还颁布了其他严苛的法令惩罚不幸的福基斯人。另外，腓力被任命为皮西安竞技会的主席，他还为马其顿赢得了近邻同盟中福基斯失去的席位。

马其顿人如此残忍地对待福基斯，消息一传到雅典，便引起了不小的恐慌。雅典人为他们昔日的过失大声疾呼，因为他们的疏忽竟让腓力的权势发展到这般危险的地步。但是他们认为目前对马其顿兵戈相向已是徒劳。当近邻同盟会议建议将马其顿纳入希腊同盟，并派使者前去征求雅典人同意时，他们并没有提出异议，尽管并不承认马其顿是同盟成员。

德摩斯梯尼本人赞成现有情况下采取和平措施，另一位雅典雄辩家伊索克拉底还发表了《致腓力辞》，敦促腓力与希腊诸国结成牢固的联盟，并指明马其顿应该和希腊诸国联合起来对抗亚细亚的波斯国。

至此雅典人已经做出了多次让步，但与此同时，他们也毫不犹豫地向在外流放的福基斯人敞开怀抱，让昔日的盟友在阿提卡和其他雅典属地有一片落脚之地。

第105章　希腊战火暂停

福基斯战争或神圣战争结束时，希腊度过了一段短暂的和平时期。但是，几乎所有希腊城邦国家或是忙于内斗，或是对和约的条款感到惴惴不安。因此，就某些方面而言，这次的和平不过是表象罢了。

在这段时间里，腓力也并没有闲着。从德尔斐回来后，他带领11000名福基斯俘虏占领了色雷斯北部，在那里建了两座城，分别命名为菲利波波利（Philippopolis）和卡比拉（Cabyla），还把大部分俘虏都安置在这两处。

此后不久，即公元前344年，腓力为巩固其势力，再次攻打伊利里亚。在此期间，波斯国王阿尔塔薛西斯三世（Artaxerxes III）派遣使者前往马其顿宫廷佩拉，向腓力二世伸出橄榄枝。彼时腓力年仅12岁的儿子亚历山大以其父亲的名义接待了波斯使团，他的少年老成和高贵风度令使者们惊讶不已。但此次和谈并未达成任何实质性的协议。

腓力从伊利里亚返回时收到了一封来自底比斯的信，信中底比斯恳求他莫让专横的斯巴达践踏底比斯的盟国阿卡迪亚和麦西尼，请求他出兵支援，这正中腓力二世的下怀。腓力认为这是一个在伯罗奔尼撒扩大政治影响力的绝佳时机，于是立即让近邻同盟通过一项法令，授权马其顿保护那些被斯巴达蹂躏的城邦。

尽管德摩斯梯尼能言善辩，倾尽全力地抨击了腓力的所作所为，近邻同盟的这项法令最终还是通过了。腓力率领大军急速抵达拉科尼亚海沿岸，登陆后肆虐了斯巴达的领地。

斯巴达被迫投降。腓力表面上是调停者，实际上则是独裁者，他战胜斯巴达后划分了伯罗奔尼撒诸国的边界，以此解决当地各国分歧。随后他前往科林斯城，所到之处都受到了最高礼遇。腓力在科林斯欣赏完当地人为他举办的庆典后，便回到了马其顿。

腓力似乎已经开始蔑视啰嗦又优柔寡断的雅典人，虽然他曾煞费苦心哄骗过他们。接下来他的行动也证明了这一点。他率兵占领了色萨利海岸附近归属雅典管辖的哈隆尼苏斯岛（Halonnesus），并在色雷斯的切索尼斯（Chersonese）的雅典殖民地公开支持当地反雅典派。

马其顿国王类似的举动终于让愤怒的雅典人决定立即出兵。德摩斯梯尼的好友、智勇双全的狄俄比提斯（Diopithes）被任命为雅典军指挥官。他率军保护位于切索尼斯的殖民地。狄俄比提斯的军队袭击了腓力统治下的色雷斯，掠夺了大量战利品和俘虏，不曾遇到任何抵抗。因为此时，腓力正在北色雷斯（Upper Thrace）作战。

但腓力派遣使者向雅典大声抱怨，让雅典人审判那位狄俄比提斯将军。德摩斯梯尼发表了像往常一样强有力的演说，成功地保住了好友，再次让雅典人民群情振奋。

雅典派遣一支舰队前去掠夺色萨利沿岸地区，并缴获了许多马其顿船只。另一支舰队则前往埃维厄岛，将马其顿人从此岛驱逐出去。此时腓力的大军仍在佩林苏斯城（Perinthus）外，不断地规劝对方投降，但城内人一直在顽强抵抗，于是腓力这才回过头来进攻狄俄比提斯，并成功击败了后者。

腓力还没收了雅典为救济佩林苏斯而装满补给的船只，此事让这位马其顿国王又成功施展了一项高明的计谋。他命人把这些船只送回雅典，并致信雅典，表示他知道雅典人民对他的好意，只是少数视他为敌的雅典人一直在从中作梗。

若非德摩斯梯尼揭露了这一诡计，说服他的同胞们继续保护那些惨遭腓力侵略的城市，这封信也许会达到预期的效果。雅典派遣将军福基翁统领另一支部队前去援助被腓力入侵的城市。福基翁发现腓力二世包围了拜占庭，便率军助拜占庭抵抗马其顿军队，迫使腓力放弃攻占拜占庭的计划。随后，机智的福基翁在东色雷斯的雅典盟国及属国建筑防御工事，为未来的战争做准备，随后返回家乡（公元前340年），他受到了人们的热烈欢迎。

当时腓力二世放弃征服拜占庭是因为另一件事引起了腓力的注意，所以他不得不接受其计划遭到挫败。

不久前，居住在尤克西恩海西岸和多瑙河（Danube）之间的塞西亚（Scythian）部落国王艾瑟斯（Atheas）恳求腓力帮助他对付邻国蛮族。作为奖赏，他许诺马其顿国王成为塞西亚的王位继承人。

这个提议打动了腓力，他随即派遣一支大军协助艾瑟斯。但艾瑟斯国王在马其顿军队到来之前就战胜了敌人。当马其顿军队抵达时，忘恩负义的艾瑟斯国王态度冷淡地接待了他们，拒绝承认曾经许诺的条件，也拒绝为他们的援助支付任何报酬。

当这支马其顿部队带着这个恼人的消息回到腓力身边时，他正忙着进攻拜占庭。或许腓力考虑到了其他原因，所以决定放弃攻占拜占庭，前去惩罚艾瑟斯。后世史学家认为腓力二世决定要与雅典彻底清算，于是先稳定北疆，为日后与雅典全面开战做好准备。

腓力训练有素的战士们轻而易举地击败了塞西亚的蛮夷。战役过后，他满心欢喜地带着战利品凯旋，战利品主要是马和牛，以及他身后的两万名俘虏。此次亚历山大跟随父亲出征，还在战场上救了父亲一命。腓力此战中受了伤，从此成为跛足。

腓力离开期间，希腊再次发生了动乱——离德尔斐约8英里的安菲萨镇（Amphissa）居民耕种了德尔斐南部平原上的阿波罗圣地。随后近邻同盟会议召开，来自雅典的代表谴责安菲萨人犯有渎神罪。最后，会议决定惩罚安菲萨人，他们的房屋被夷为平地，田地被毁。

安菲萨人对自己的遭遇感到愤怒，于是在近邻同盟国军队摧毁村庄后撤军的路上袭击了他们。同盟随后派出一支部队来镇压这一暴行，安菲萨人也拿起武器，成功地抵挡了敌人的进攻。随后色萨利人建议腓力二世参与到此战中来，并担任近邻同盟的最高指挥官，于是另一场"神圣战争"爆发了。

第106章　占领伊拉提亚——喀罗尼亚战役

那时腓力二世刚结束塞西亚战役回国，同盟会就派使者前来与他会面告知同盟会的意图，对一直寻求机会扩张势力的腓力二世而言，这是个难得的大好机会。也许这一切都是腓力二世自导自演的，总之腓力立刻接受了指派给他的任务，迅速率领舰队前往罗克里斯海岸。他一路散播虚假消息，成功地避开了驻扎在该地区几艘雅典战船的注意，并安全到达目的地。

然后，他带领军队向安菲萨进发，途中还获得了底比斯派来的援军。雅典人听到腓力行军的消息后大为震惊，于是派出1万名雇佣兵保卫安菲萨城。但雅典的这支雇佣军被腓力大军打得溃不成军，四散逃去。解决完这支部队后，腓力开始向安菲萨发动猛攻，不费吹灰之力就夺取了该城。

在安菲萨驻扎了一段时间之后，腓力又采取了另一个大胆而明智的措施，并大获成功。底比斯位于马其顿和雅典之间，腓力自知与底比斯的友谊不够稳定，不确定未来攻打雅典时底比斯是否还会与马其顿为盟，于是他将目光投向了伊拉提亚（Elatea）——福基斯与维奥蒂亚两地边境的一处坚固要塞，距阿提卡仅两天路程。

腓力深知占领了此地，便能震慑底比斯，从而与其维持友好关系。最重要的是，他还可以迅速抵达阿提卡的城镇。于是，公元前338年，腓力率领部队前往伊拉提亚，凭借惯有的好运，他很快就成为这座城的主人。

这座城坐落在一个岩石高地之上，克菲索斯河（Cephissus）穿流其间，通过此河便可直达阿提卡。马其顿国王下令在该城重建城墙和其他工事，大大增强了该地的防御能力。随后，他回到马其顿为一举征服希腊做准备。

腓力二世占领伊拉提亚的消息让雅典人陷入前所未有的恐慌中，于是公民大会立即召开。会上，德摩斯梯尼再次猛烈抨击了企图奴役希腊的马其顿国王。

这次，雅典人终于没有忽视德摩斯梯尼。不过，不可否认的是雅典已然衰落，而且据说那段时期是雅典历史上最为堕落的时期。无论如何，雅典人还是拿出了勇气，为崇高的目标、为自由而战。

按照德摩斯梯尼的建议，为了与腓力军队在战场上一较高下，雅典又集结了一支庞大的军队。同时，他们还向底比斯和其他友邦派遣使者，号召他们武装起来，共同捍卫希腊的独立。

德摩斯梯尼亲自前往底比斯，他激昂的雄辩让底比斯人恍然大悟，决心与雅典一同捍卫希腊城邦的自由。于是，底比斯公开宣布与马其顿断绝友好关系，并准备与雅典一同对抗马其顿。

不久，一支由雅典、底比斯、科林斯、亚该亚、埃维厄和其他城邦组成的庞大的盟军，共约3万名士兵，向喀罗尼亚平原进发，驱逐希腊共同的敌人——马其顿。

腓力方面已经为即将到来的战斗做好了充分准备。他率领30000步兵和2000骑兵向喀罗尼亚平原进发，在他看来，这是与敌军交锋的最佳地点。联盟军也向此地进发。公元前338年，战斗的号角响彻了整个喀罗尼亚平原。

腓力二世率领马其顿军右翼对阵希腊联军左翼雅典军，他18岁的儿子亚历山大担任马其顿左翼指挥官对抗联军右翼底比斯军。战斗初期，马其顿这两支军队面临了不同的处境。

亚历山大虽然还不到19岁，行军打仗却谨慎又勇猛，他率领部队撕破了希腊联军的右翼阵列，底比斯军几乎全军覆没，特别是"神圣军团"被彻底击溃。希腊联军左翼的雅典军凭借猛攻获得先机，在战争初期占据优势地位。

腓力观察到亚历山大带领的马其顿左翼大败底比斯军，故意让自己的右翼部队往后撤，如此诱使雅典军追击，打乱希腊联军的阵形，拉长战线。雅典的两位将军吕西克列斯（Lysicles）和卡瑞斯指挥不力，他们带领着混乱的雅典军冲向了佯装后撤的马其顿右翼，那位吕西克列斯还傲慢地大喊道："让我们把懦夫赶回马其顿！"腓力二世把部队撤到一处高地后摆出了著名的马其顿方阵，即楔形阵，开始反击雅典军。大多数雅典军包括吕西克列斯本人只能疯狂逃命，这与另一侧誓死抵抗的底比斯军形成鲜明对比。

后来腓力看到胜负已定，便下令停止杀戮。敌军中的幸存者承认战败，并按照惯例请求埋葬战死的同胞。在之前的另外一场战争中，腓力已经表现出本性中混杂着的野蛮。那天，他参加了庆功宴后，醉醺醺地来到战场上，以胜利者的姿势放肆地狂欢作乐，侮辱那些死去的战败者。

而此时他看到喀罗尼亚平原的战场上遍地的底比斯军尸体后，一时间怜悯起对方来，但这种感觉并不长久。喀罗尼亚战役结束，腓力便严厉惩罚了底比斯人，他将底比斯国内反马其顿派的领导人驱逐出境，唤回那些流浪在外的亲马其顿派，还安排了一支马其顿部队驻扎在底比斯的卫城。

他对待雅典人的态度则大为不同，因为他面对的是一群更有教养、更强大的敌人。他没有利用这次胜利来伤害雅典城或其居民，反而提出与雅典缔结和约，和谈的条件包括雅典的海上壁垒萨摩斯岛需臣服马其顿。

腓力表示雅典可以保留他们古老的政府形式，阿提卡的所有权也不会受到干扰。总的说来，此次和约条款比雅典预想的要好得多，于是和平就此达成。

第107章　希腊沦陷——腓力遇刺——腓力人物评价

喀罗尼亚战役后希腊再也没有哪一支军队可以阻止腓力二世的大军前进。这些昔日不可一世的城邦的衰败史，对各国而言是一个很易理解却很难从中获益的教训。当他们团结在一起形成牢固的联盟时，可以战胜强大、遥远的帝国；一旦分裂，他们竟沦落成邻国蛮族的手下败将。

早期希腊诸邦的实力很大程度上依赖一些岛屿、殖民地和附属国。但因为城邦内部纷争，这些地方已经一个接一个地宣布独立。喀罗尼亚战役使他们几乎失去了所有的一切，除了他们当下站立的城市。

尽管他们的资源被剥夺，但是战后一年发生的事情表明：即使在最后一刻，若是希腊诸邦还能同心协力，他们依旧能挫败腓力的军队。

公元前337年，马其顿国王腓力召集了近邻同盟国前往科林斯参加会议，就此成立了科林斯同盟。除了斯巴达，所有的希腊城邦都加入了这个联盟。在场的各国代表统计了他们能联合起来的兵力，结果发现，希腊诸国可以召集220000步兵和15000骑兵。希腊拥有如此强大的军力竟然温顺地屈服于他们的半开化邻国，也真叫人唏嘘不已。

腓力在科林斯召开会议与他之前的众多行动一样都是为了实现其狼子野心。于他而言，征服希腊只是征服亚细亚的第一步。他深知，如果没有那些希腊城邦的帮助，征服亚细亚的目标是不可能实现的。

这也解释了腓力在喀罗尼亚战役胜利后对希腊各国的态度：允许各国保留其古老制度，保持其相对的独立性。随后，波斯对小亚细亚海岸昔日的希腊殖民地进行残暴压迫的消息传来，于是腓力抓住此次机会，请求科林斯同盟各城邦国家出兵协助他入侵亚细亚，收复希腊失地。

科林斯同盟诸国同意了他的这一请求，并任命腓力二世担任同盟军的最高统帅，各国开始厉兵秣马。但伊利里亚突发暴乱，马其顿国内也发生了一些事情，腓力二世只得将亚细亚远征计划延后。

原来，亚历山大因为不满腓力对待他母亲奥林匹娅斯的态度，同他的父亲发生了争吵，最后两人公开决裂。亚历山大一时气急，便投入了一直对马其顿心怀不满的伊利里亚人的怀抱。伊利里亚爆发叛乱的消息传来后，腓力二世率兵进攻并成功地镇压了暴乱。与此同时，他使出浑身解数安抚儿子亚历山大，后来二人又重归旧好。

因为这些事，腓力错过了征服亚细亚的最佳时机。公元前336年，腓力在马其顿都城佩拉为女儿举行婚礼，当他在一群宾客的簇拥下走进礼堂时，一个卫兵打扮的人突然冲到他的面前，拔出短剑向他的胸前刺去！腓力二世当场死亡，刺客也被当场击毙。据称，刺杀腓力二世的是一个名叫帕萨尼亚斯的马其顿人，有传言说此人被波斯收买了。

腓力之子亚历山大即位后马上宣布这场刺杀是波斯帝国的阴谋。我们似乎有理由相信亚历山大此举很可能是为了让他日后入侵亚细亚变得师出有名，当然也可能是为他自己和母亲奥林匹娅斯洗脱嫌疑。

当时暂居马其顿首都佩拉的亚里士多德认为此次暗杀是帕萨尼亚斯报私仇导致的。毋庸置疑，腓力遇刺于希腊其他城邦国家而言是件大喜事。尤其对一直秉持自由精神的雅典人，他们听到那位劲敌被杀的消息时都欢欣鼓舞，喜不自胜。

无数史学家曾描述过马其顿的腓力二世，世人皆认可他是位雄才大略的伟人。但是，人们对他公开和私下行为背后的动机却有着截然相反的看法。

所有能够客观公正看待腓力事业的人都不会否认腓力二世野心勃勃，为追求权力不择手段。他生于希腊北部的蛮国，但最终让上百个文明城邦向他臣服。

腓力二世为拓展其领土会毫不犹豫地诉诸战争，但他最有力的工具是计谋。历史上，没有哪位君主像马其顿的腓力二世那样善于运用外交手腕。我们还需要注意，大多数评价他的古代作家都是他的仇敌，所以他们声称腓力二世的计谋基本是靠贿赂，其实是有失偏颇的。

当腓力渴望让各国臣服时，他的第一步是发现和拉拢各国心怀不满的派系成员，即使这些人未能让该国臣服于他，也会在一定程度上削弱他在当地的对手，使得武力征服该国的难度大大降低。

虽然腓力为了权力可以不惜采取最卑鄙的手段，但他在大多数时候都能明智宽厚地使用夺得的权力。喀罗尼亚战役之后，他对雅典等国宽容以待，即使他承认如此做的部分原因是为他日后的计划打下基础。

据说，喀罗尼亚战役结束后，腓力的将军们建议他趁机进攻雅典，但他平静地回答道："我为了荣誉做了那么多，毁了雅典岂不是前功尽弃？"历史学家还记录了腓力在类似场合说过的类似话语。从中我们可以合理推断，腓力二世对权力充满渴望，但同时也憧憬着建立更大的功业，这是一种极其崇高的思想。

他是一位政治家，一位勇士。但他在其他方面的行为举止更有力地体现了他性格中的亦正亦邪。虽然他一直忙于战争和政治，但他同样热爱那些能美化人性的学问。

腓力在其子亚历山大出生时第一时间致信亚里士多德便是他爱好学问的证据。他还一直渴望将所有希腊的贤人雅士都吸引到马其顿的宫廷中来，这也充分证明了他对学问的热爱。他还亲自写信给希腊众多著名哲学家，而且据说他自己也是文采斐然之人。

在个人行为方面，据说马其顿国王常因酗酒而遭人不耻，因他对家庭不忠而遭人愤恨。一天审案时，腓力二世喝的酩酊大醉，迷迷糊糊地对一位老妇人的案件做出了判决，结果这位老妇人尖锐地申诉道："我请求让清醒的腓力来判案（即请求复审）。"但一般说来，他对朋友极其宽厚仁慈，对臣民也都是以慈父般的、不偏不倚的态度来主持公道。

第108章　亚历山大即位

腓力去世后，科林斯同盟再次召开会议，参加会议的诸国代表都承认了马其顿的霸权地位，唯有斯巴达拒绝派遣使者出席。腓力建立科林斯同盟的目的已在前文提及，继承父志的亚历山大一即位便积极采取措施，为征服亚细亚做准备。

此前腓力二世刚刚去世时，其兄长之子站出来反对亚历山大登上王位，但亚历山大是何等人物？足智多谋的他打败了所有的王位继承人，成功登上了马其顿的王位。

青年时期的亚历山大相貌英俊、精力充沛，且早就以军事技巧和骑士风度而闻名于世，在百余位王位候选人中脱颖而出。关于他的一件逸事有力地证明了他在年少时便拥有了异于常人的洞察力。有一次，一匹暴躁的马被带到腓力二世和其侍臣面前。这匹马性子烈，极难驾驭，国王的随从侍卫等都试图骑上去，却都被掀下马背。站在一旁的亚历山大细心地观察，这匹马每次头部朝向烈日时就会暴躁不已，于是他上前调转马头，随后轻松地坐在了马背上。

在场的人只有这位马其顿王子观察到了这一点。据说，这匹名叫布塞弗勒斯（Bucephalus）的马此后一直是亚历山大出征时的坐骑。亚历山大如此思维敏捷也离不开他的老师——希腊著名哲学家亚里士多德的悉心教育。

亚历山大击败王位争夺者后便成功地登上了马其顿的王位，被称为亚历山大三世，这位新王即位后的首个举措就是维护马其顿在希腊的影响力。为此，他前往科林斯，途中接受了色萨利诸国的臣服。公元前335年，他到达科林斯后，立即召集近邻同盟各国的代表，自己也以近邻同盟代表身份参加会议，毫不费力地坐上了父亲曾担任的科林斯联盟统帅职位。

亚历山大在会议上重提父亲腓力二世武力入侵波斯的计划，各联盟国再次承诺提供援助。但随后亚历山大匆匆赶回马其顿处理紧急事务。

伊利里亚、特里巴利（Triballi）、色雷斯及与马其顿接壤的其他城邦国家，在腓力去世和波斯国王鼓动的双重诱惑下，纷纷起兵反抗马其顿，给马其顿造成了不小的损失。

亚历山大凭借其高超技巧和勇气，轻松地镇压了敌对的部落，并向其希腊邻国证明了他即位时曾经说过的话。即位当天他对其臣民说道："如今改变的仅仅是国王之名，但马其顿国王的霸气永不改变！"

不久之后发生的一件事向希腊诸国表明了腓力二世的这位儿子与其父一样有勇有谋。由于亚历山大长期在伊利里亚征战，又颇少有关于此战的消息传到希腊，结果一个谣言传遍了希腊诸国，称亚历山大和其军队被蛮族消灭了。听闻此消息，雅典人欣喜万分。斯巴达又开始做称霸希腊的美梦，底比斯举国欣喜若狂。

自从喀罗尼亚战役底比斯败给马其顿后，腓力二世便安排了一支马其顿部队镇守在底比斯的卫城卡德米亚（Cadmea），驻守城堡的马其顿军官们以为这里很太平，不会发生什么意外，于是他们就让士兵留在城堡里，自己则居住在底比斯城中。当底比斯人听到年轻的马其顿国王亚历山大去世的消息时，便认定这是可以推翻马其顿统治的绝佳机会。

于是底比斯的反马其顿派爆发叛乱，起义者杀掉了住在底比斯城中的驻守军官阿明塔斯（Amyntas）和提摩拉奥斯（Timolaus），随后还召集公民大会，向人们透露马其顿新王去世的消息，呼吁人们攻打卡德米亚的马其顿部队。

亚历山大一听到这些消息，便立刻预见到他在希腊的统治即将面临巨大危险，必须迅速将叛乱扼杀在萌芽状态。于是他立即率大军向维奥蒂亚挺进，在短短14天内就到达了底比斯城外。亚历山大并不希望对底比斯赶尽杀绝，也不愿意浪费手下士兵的性命，因此他在向底比斯卫城推进时速度十分缓慢，让对方有时间派出使者恳求原谅。但冥顽不化的底比斯拒绝投降，最终惨遭毁灭。

除了少数在混乱中逃到雅典的底比斯人外，所有忠心爱国的底比斯人，不论其年龄、性别和地位，都沦为奴隶。据史料记载，大批底比斯人被杀，还有约3万人沦为奴隶。伊巴密浓达和品达的故乡卡德摩斯也被夷为平地。

亚历山大摧毁底比斯期间也展现了自己有人性的一面，出于对文学价值的尊崇，他没有摧毁吟游诗人品达居住的房屋。

在亚历山大入侵底比斯期间，他手下的一名色雷斯上尉侮辱了一名底比斯贵妇泰摩克利（Timoclea）。一番羞辱之后，上尉问她的钱藏在何处？泰摩克利带他进入花园，说钱财藏在井里，当他望向井内时，泰摩克利趁机把他推了下去，并将巨石投入井中，直到后者被砸死。这位妇人立刻被抓了起来，并被带到亚历山大面前接受判决。亚历山大被她正气凛然的外表所震撼，问道："你是谁，竟敢做出如此大胆的事？"

泰摩克利回答道："我是特阿根尼（Theagenes）的妹妹，他在喀罗尼亚战役中为捍卫希腊自由率军与你父亲的部队作战，英勇牺牲了。"亚历山大并没有因为她如此放肆的回答而惩罚她，反而将泰摩克利和她的孩子们从被人奴役的厄运中拯救出来。

底比斯城的下场给了希腊各国一个下马威，从而巩固了亚历山大的地位。除了斯巴达仍对此事保持冷漠态度外，其他希腊国家都在亚历山大返回马其顿后向他致去贺信。

而此次，亚历山大回信雅典时表示他清楚地知道雅典有人想阻止他的事业，并让雅典将德摩斯梯尼和另外9人交于马其顿，称这10人是希腊所有暴乱的主要煽动者。

雅典人回信表示同意惩罚那些人，但恳求将10位当事人交给雅典国内司法部门处理。年轻的马其顿国王答应了这一请求。不久他就忙于处理其他更重要的事情，无暇顾及雅典的那几位政治家，他们也因此逃脱了惩罚。

第109章 亚历山大入侵亚细亚——格拉尼库斯河会战

回到马其顿后不久，亚历山大就开始了蓄谋良久的入侵亚细亚行动。彼时波斯的领土疆域包括里海、地中海、尤克西恩海和波斯湾周围的一片广阔的区域。再加上亚细亚中部和波斯东部及里海附近的大片区域，东起印度河平原、帕米尔高原，南到埃及、利比亚，西至小亚细亚、巴尔干（Balkan）半岛，北达高加索山脉、咸海。

波斯国王大流士三世科多曼（Codomannus）年富力强，锐意进取，在内政、外交上均展现了不同凡响的胆识和魄力，然而，波斯人民早已丧失了其祖先的优秀品质。最初波斯人是贫穷但顽强的荒野居民，凭借艰苦的奋斗，他们才建立起一个伟大的国家。

波斯人度过了250多年富裕安逸的日子，逐渐失去了往日的斗志和精神。来自包括亚细亚和非洲在内的无数富裕肥沃土地及财富使波斯国王和贵族们陷入怠惰之中。

波斯帝国的疆域内坐落着苏萨、波斯波利斯（Persepolis）、埃克巴坦那（Ecbatana）、阿尔贝拉（Arbela）、大马士革（Damascus）、巴比伦等当时世界上久负盛名的大城市，这些城市有累积了数世纪的财富。为了更好地控制这片广阔领土，波斯将帝国划分为20个行省，每个行省任命一个总督，总督直接由君主授命，各行省必须每年向苏萨宫廷纳贡。

出于同一目的，每个行省都有一支庞大的常备军作为对地方的威慑，只有恐惧才能让这些总督屈服于波斯的王权之下。

公元前334年春，马其顿国王亚历山大率领一支由30000步兵和近5000骑兵组成的大军出发前往亚细亚。希腊诸国提供了12000名步兵，其中包括5000名雇佣兵。

马其顿本土提供了12000名步兵，其余士兵主要来自色雷斯和伊利里亚。马其顿、色萨利和色雷斯历来是希腊盛产良马之地，他们为亚历山大提供了精良的骑兵部队。希腊大军乘着战船由塞斯托斯（古色雷斯国都市）横渡赫勒斯滂海峡，踏入了波斯地界。

在此期间，波斯国王非常清楚亚历山大的意图和动向，但他把对抗这支希腊联军的任务交给了小亚细亚西部的总督们。亚历山大登陆后不久，总督们开始召集吕底亚、弗里吉亚、卡帕多西亚、比提尼亚、爱奥尼亚等地的常备军前往赫勒斯滂海峡参加战斗。

波斯总督们选择在离赫勒斯滂海峡不到30英里的格拉尼库斯河[1]东岸扎营，波斯方还召集了一批希腊雇佣军，首领是罗德岛的门农（Memnon），波斯国王对门农甚是器重，令他担任波斯军的最高指挥官。而希腊联军一方，在亚历山大登陆亚细亚后，先来到特洛伊城的遗址，在该处筑起祭坛，向保佑他安全登陆的天神宙斯和雅典娜献祭。祭祀结束后，亚历山大才迅速向格拉尼库斯河进军，不久便抵达这条河的西岸，波斯大军就在河对岸紧张地布防着。亚历山大巧妙地部署一番后便迅速地率军渡河。

---

[1]　Granicus，今比加河。

亚历山大先令先锋的骑兵部队渡河，他们遭到了波斯骑兵的标枪和弓箭射击，不久便被击溃。亚历山大安排将军帕曼纽率领联军左翼人马佯装渡河，吸引了波斯军的中央和右翼部队，亚历山大自己则在联军右翼亲率骑兵展开了攻击。最终，顾此失彼的波斯军被亚历山大突破了河岸的防线。

在随后的战斗中，年轻的亚历山大在阵前英勇奋战，亲手斩杀了波斯国王大流士的女婿米特里达梯（Mithridates），刺穿了另一位贵族雷萨斯（Raesaces）的心脏。在此期间，一位波斯士兵从背后偷袭，差点砍到了亚历山大的头，幸好昔日腓力的部将克利图斯（Clitus）眼疾手快，击中了那位波斯士兵的手臂，否则，亚历山大极可能丧命于此了。

马其顿方阵和其余步兵在帕曼纽的带领下横穿格拉尼库斯河，很快便赢得了此次战役的胜利。在这场战斗中波斯军队的伤亡人数尚无确切数目，但可以肯定的是他们绝对伤亡惨重，还损失了几名总督及数位贵族，而亚历山大一方仅损失了30名步兵和85名骑兵。

在战争中，波斯方的希腊雇佣军遭到马其顿军的合围。最终，除了2000名幸存者被押解到色雷斯本土作为矿场奴工，大部分人被亚历山大歼灭，因为他最痛恨叛徒。除此之外，亚历山大对其他俘虏表现出了极大的仁慈。

颇有政治手腕的亚历山大礼貌性地向希腊盟国送去了战利品。他向雅典送去了300套波斯盔甲，并将其置于雅典娜神庙里，盔甲上面刻着："来自亚历山大，腓力之子，和希腊人——除了斯巴达人——的奉献，从亚细亚的蛮族手中夺取。"

此次胜利让所有反对亚历山大的声音都暂时得到了平息，于是他高举解放波斯压迫下地中海沿岸希腊殖民地的大旗，进一步执行他的侵略计划。他首先向吕底亚的都城萨迪斯进军，萨迪斯向他敞开城门，一番恳求后，亚历山大同意与萨迪斯签署和平协议。

爱奥尼亚的都城以弗所是他的下一个目标，亚历山大到达该城后对当地居民宽容以待，向他们保证会确保该国未来不会受波斯欺压，他还帮助当地人重建了著名的阿尔忒弥斯神庙。此座神殿被世人认为是古代世界七大奇迹[1]之一。

但卡里亚地区的都城米利都和哈利卡纳苏斯对马其顿大军紧闭城门，于是亚历山大派兵围攻并成功占领了这两座城。期间攻打哈利卡纳苏斯时，亚历山大陷入了困局，遭遇大流士手下优秀将领门农的坚决抵抗。门农在哈利卡纳苏斯加强防御，集结了许多波斯部队和希腊雇佣军，在港口驻守，准备与亚历山大进行长期对抗。亚历山大意识到不能再继续拖延了，必须一举摧毁哈利卡纳苏斯，以免这里将来成为敌人的有利据点。

征战无数的亚历山大很少会摧毁征服的土地，但这次他不得不毁灭了哈利卡纳苏斯城。昔日，他以宽厚仁爱之心善待战败者，以至于他每到一处皆会受到当地人们的热烈欢迎。他们甚至热情地支持他的事业，仰慕这位仁慈伟岸的君王。

对希腊人，亚历山大采用了怀柔政策，被征服者只需臣服于他的统治，便可保留本国的风俗习惯与法律制度。他也允许亚细亚人保留当地的世袭法律，对土著人和本地殖民者的后代一视同仁。亚历山大打败了门农，成功征服哈利卡纳苏斯后，下令摧毁城防设施。此时正值冬季，他便和部队一起在该城越冬，同时也忙着整顿他征服的沿海地区。

值得我们注意的是，亚历山大在该城越冬时，允许他部队中那些刚结婚的士兵回到马其顿，在家中过冬。他这一宽厚的举动更是加深了士兵们对他的崇拜。

第110章　砍断戈尔迪乌姆之结——大流士备战

在入侵波斯之前，亚历山大召集了一支实力雄厚的舰队，可以配合其陆地部队的行动。但现在，由于波斯战船数量众多，他发现自己这支舰队无法起到预期的作用，于是下令解散了舰队，并对那些将军们说："只有征服这片土地我们才可以成为大海的主人；只要这些港口城市投降，马其顿便可成功遏制波斯的海军

---

[1]　古代世界七大奇迹包括阿尔忒弥斯神庙、奥林匹亚宙斯神像、巴比伦空中花园、罗德岛太阳神巨像、亚历山大灯塔、埃及胡夫金字塔、摩索拉斯陵墓。

力量。"

这就是他早期行动仅限于沿海地区的另一个原因。为此他还在卡里亚待了一段时间，受到了当地人的热情接待。尽管人们极力要求他享受当地珍馐美味，但他还是坚持俭朴的饮食习惯。后来他从卡里亚前往海事大省利西亚，那里坐落着30多个重要城市和海港城镇。

在征服了这些地方后，亚历山大来到了他进攻路线的下一个沿海地区潘菲利亚，但是他发现当地人不愿臣服于他。于是，他开始采取严厉措施，惩罚了该地区的首府艾斯蓬杜（Aspendus）。

亚历山大征服潘菲利亚后决定暂停占领海岸地区，计划向北进入弗里吉亚，去那里等待一支希腊援军，并与帕曼纽会师。之前帕曼纽被派往弗里吉亚以稳固马其顿在当地的统治。马其顿国王的大军前往弗里吉亚的途中，遭到内陆部落波提亚（Posidians）的阻挠。解决此事后马其顿大军终于到达了弗里吉亚的古都戈尔迪乌姆（Gordium）。随后发生的一件事，被认为是亚历山大征服整个亚细亚的预兆。

传说戈尔迪乌姆是古希腊的一位弗里吉亚国王。他原是个普通农民，有一天耕地时一只鹰突然落在牛轭上不肯离开，女预言家告诉他，这是他要当国王的吉兆。不久后，弗里吉亚的国王驾崩，当地人为下任国王人选请示神谕。神谕回复道，"在前往宙斯神庙的路上，最先遇到的乘牛车者就是未来的王"。于是他们遇到了乘着牛车的戈尔迪乌姆，后者成功地坐上了王位。为表达谢意，戈尔迪乌姆决定把那辆给他带来好运的牛车献给宙斯。为了防止别人把车偷走，他便用绳子把车牢牢捆住，并打下了一个难解的结，这个结就是传说中的"戈尔迪乌姆之结"，此后，这辆车就一直被恭恭敬敬地保存在戈尔迪乌姆城的宙斯神庙中，用轭架悬挂在墙上。车轭和车辕之间用山茱萸树皮绳结成了一个绳扣，无人能看出绳扣的头和尾。

长久以来，一直有传言说，神谕指示：解开这个绳结的人就是未来的亚细亚之王。亚历山大对这个预言非常感兴趣，于是前来观看这辆车，据说，他也无法解开绳结，但是机智的他心想若按正常途径是解不开这个结的。于是，他拔出佩剑，在空中一挥，手起剑落，将绳结砍断了。但根据在场的将军阿里斯托布鲁斯（Aristobulus）的说法，亚历山大只是从横梁上拔下了一根木销，他还评论道："这便足以使他成为亚细亚之王。"

无论亚历山大是通过何种办法解开绳结的，他的军队和当时的人们都相信是他解开的。后来一场雷电交加的暴风雨让人们更加坚信他就是预言所说的未来亚细亚之王。于是心中欢喜的亚历山大还举行了一场盛大的祭祀仪式，以感谢众神。

亚历山大如期在弗里吉亚与帕曼纽会军，还在当地获得了来自希腊的增援部队，那些被允许回国过冬的马其顿士兵也前来支援。但因为罗德岛的门农率领波斯舰队在所有海岸和爱琴海岛屿进行强制拦截，所以这支希腊援军只有约1000步兵和500骑兵。

亚历山大尚在弗里吉亚时，收到了门农的死讯，还听说波斯撤回了大批舰队，于是他命令马其顿将军安提帕特（Antipater）在希腊召集海军。

亚历山大在弗里吉亚完成了既定目标之后不久，便将注意力转向了帕夫利高尼亚（Paphlygonia）和卡帕多西亚等地区，占领这两处可以让他成为尤克西恩海和地中海之间整个亚细亚半岛地区的主人。幸运的是，帕夫利高尼亚的统治者不是波斯总督，而是一位世袭王子，是波斯的封臣，这位王子非常乐意让亚历山大取代大流士成为至高无上的君主。

马其顿国王立即与帕夫利高尼亚人缔结了一项和平条约，然后将注意力转向卡帕多西亚。该地区总督在格拉尼库斯之战中丧命，当下总督一职暂时空缺。因此，马其顿大军毫不费力就占领了这片广阔的地区，让对方俯首称臣。

亚历山大守江山和打江山一样谨慎。他不会对所经之处任何一个对他的事业有利的现存势力强加干扰，但若是这一势力逐渐失势，他便会将一些最可靠的追随者安插其中，同时分配给他们一支小部队协助执行任务，也可保证他们的人身安全。

离开卡帕多西亚之后，亚历山大再一次向南进发，他即将面临征服亚细亚过程中最严峻的挑战。一段时间以来有消息称，大流士正在巴比伦平原集结一支庞大的军队，准备把希腊大军从波斯帝国驱逐出去。

波斯国王早前没有亲自出征的原因与他的国王身份极不相称。起初，他甚至试图借刺客之手除掉亚历山大，而且据说波斯国王的刺杀阴谋差一点就成功了。

马其顿贵族埃罗普斯（Aeropus）之子也叫亚历山大，波斯国王用1万塔兰特诱惑这位亚历山大，让他谋杀其恩人马其顿国王。但马其顿国王及时发现并阻止了这一阴谋。这一暗杀行动就是波斯国王大流士最初使用的武器，即使他后来像个真正的男子汉一样拿起了武器，在此过程中也一直在密谋收买敌人的追随者。

当一支拥有不少于60万人的波斯大军即将在公平公开的战场上与马其顿大军展开一场厮杀时，波斯国王背地里的小动作就显得更不光彩了。大流士和其家属[1]穿着华丽的东方服饰，带领着那支庞大军队缓慢地从巴比伦平原进入叙利亚（Syria）。

亚历山大也从卡帕多西亚来到了叙利亚，但他首先占领了波斯帝国在小亚细亚最后的据点西利西亚地区（Cilicia）。亚历山大率领军队路经西利西亚首府塔尔苏斯（Tarsus）时，因剧烈运动身体发热，非常不明智地在赛德纳斯（Cydnus）冰冷的河水中沐浴，结果引发了高烧，差点命丧于此。

他的随从们都以为亚历山大病情严重，也许就要不久于人世，但著名医生、阿卡纳尼亚的腓力认为有药可治。后来他也因为治好此病而闻名于世。当腓力向马其顿国王呈上药汤时，亚历山大收到了一封来自帕曼纽的密信，信中警告他那个医生被人收买，要加害于他。

亚历山大把药举到嘴边，把那张纸条递给腓力，一言不发地将药一饮而尽，表情毫无变化。他没有信错人，那位医生平静地向他说明了那项指控是捏造的。事实证明医生没有说谎——亚历山大在喝完那碗救命药后，不久病情就有了起色。

---

[1] 根据波斯习俗，君主出征家属可随行。

第111章　伊苏斯之战——提尔城和西顿——围攻提尔城

波斯帝国的西利西亚行省位于安纳托利亚（Anatolia）半岛东南角，是小亚细亚进入两河平原的门户，这里有金牛山脉环绕西、北两面，东面是南北走向的阿曼山脉（Amanus Mountains），山脉以东就是广袤的两河平原。阿曼山脉阻断了东西方向的交通，军队只能从两处通过，一处叫作叙利亚山口（Syrian Gate），另一处叫作阿曼山口（Amanic Gate）。亚历山大对自己英勇的士兵充满信心，他身体痊愈后便迅速带领军队穿越叙利亚隘口进入了叙利亚平原。

令他惊讶和高兴的是，他进入叙利亚平原后得知大流士军队已经挥师北上。就在马其顿军队通过叙利亚山口的同时，大流士的军队通过阿曼山口前往西利西亚地区，占领了亚历山大留在伊苏斯（Isus）的大营，俘虏了所有伤兵员和物资，截断了亚历山大的后路。大流士将马其顿的伤病员全部剁去双手，放他们前去给亚历山大报信，然后从伊苏斯南进20千米到皮纳鲁斯河畔（Pinarus River）安营扎寨，严阵以待。

亚历山大立刻召集军队，并告诉他们大流士犯下了一个严重错误，便是将波斯军队从开阔的平原上撤到丘陵地带，如此一来波斯军队中最有攻击力的骑兵便无法完全发挥作用。

接着又有几个好消息传来，马其顿大军欢欣鼓舞，士气大振，请求立即投入战斗。于是亚历山大决定折回叙利亚隘口，马其顿大军顺利穿过隘口后迅速抵达皮纳鲁斯河，波斯军队就驻扎在河对岸。亚历山大带领马其顿军队右翼，帕曼纽负责指挥左翼的伯罗奔尼撒等希腊盟军部队，阵形中央是重装步兵方阵。

马其顿军队向皮纳鲁斯河靠进时，大流士将他最信赖的30000名希腊雇佣军组成中央阵营，对阵敌方的马其顿方阵。

波斯国王将蛮族的重装步兵置于两翼，但他那庞大的军队因地势局限无法完全部署[1]。双方布阵完毕后，亚历山大率先冲向敌阵，他的近卫骑兵各个连队以

---

[1]　根据亚力山大的史官卡利斯蒂尼的记录，皮纳鲁斯河谷平原的宽度不超过2.5千米，即使加上可以部署兵力的一段平缓山坡，整个战场的宽度不会超过3千米。

楔形队形紧跟其后。马其顿骑兵冲进皮纳鲁斯河时，迎面又遭遇到了波斯部队密如飞蝗的弓箭直射。大概在波斯人三次齐射的功夫，亚历山大就率领近卫骑兵冲到近前。

波斯军中的蛮族部队吓得魂飞魄散，纷纷转身逃命，慌不择路。接踵而至的马其顿重骑兵如摧枯拉朽一般闯入波斯步兵阵线，而近卫步兵各个方阵也陆续过河迎敌，将波斯防线的缺口越撕越大。希腊雇佣军进行了顽强抵抗，但最终还是不敌马其顿军。大流士的骑兵在战场上奋力抵抗，为其君主提供了逃亡的机会。

大流士的仓皇而逃让整个波斯大军彻底混乱。溃散的波斯大军逃往附近山地，至少有11万人丧生沙场。公元前333年的这一天，亚历山大彻底击败了波斯大军，但亚历山大的马其顿大军在与波斯方希腊雇佣军的战斗中也损兵不少。

关于此次战役中各方的兵力，历史学家没有给出确切的数字记录，但可以确定的是，亚历山大的军队除最初从马其顿带来的军队外，还有从亚细亚的希腊城市征召来的援军。

战争结束后，大流士的营地连同其所有财宝都落入了胜利者手中，波斯国王的家属也落入胜利者之手，包括其母亲西格曼比斯（Sysigambis），妻子斯姐忒拉（Statira），还有几个女儿和一个幼子。但仁慈的亚历山大——妥善安置了这些波斯王室成员。

亚历山大如此宽厚待人，据说大流士本人听到这件事后感叹道："如果上天的旨意是让我不再是亚细亚之王，那么愿亚历山大成为我的继任者！"

马其顿国王亚历山大与波斯国王大流士三世的这次战役史称"伊苏斯之战"，伊苏斯是皮纳鲁斯河所在地区的名称。此战过后，亚历山大继续率军沿着叙利亚海岸行进，前往叙利亚。他途经的各地都表示臣服。另一边，安全逃回苏萨的大流士派遣使者向征服者亚历山大提出签订和平协议的请求。

亚历山大对波斯提出的傲慢条款感到愤怒，据说波斯使者还不以为然，于是马其顿国王回复说，只有波斯承认亚历山大是"亚细亚之王"、是"大流士和他所拥有的一切的主人"这一条件，双方才能进行和谈。

大流士自然拒绝了这一提议，于是马其顿军继续沿着腓尼基沿岸前进。著名的海港西顿[1]和其他几座城市几个世纪以来都是亚细亚和地中海之间的贸易中心，都主动倒戈于马其顿；腓尼基最大、最繁荣的港口城市提尔（Tyre）却采取了不同的行动。

提尔人派使者觐见亚历山大，称愿意臣服于他。但当亚历山大宣布要前往提尔城向守护神赫拉克勒斯献祭时，提尔人却断然拒绝，称他们不允许任何波斯军或马其顿军进城。

毫无疑问，提尔城得天独厚的地理位置给了当地人勇气去面对强大的马其顿军队。西顿人在公元前1252年建立了殖民地提尔城（后称为旧提尔城）。但在公元前572年，亚述国王尼布甲多诺索尔（Nebuchadonosor）将旧提尔城夷为平地，并把当地人驱赶到离大陆半英里远的一座岛屿上。于是一座新城——提尔城迅速崛起，比之前的更为强大繁荣。

新的提尔城四面环海，外围筑有高100英尺的坚固围墙，提尔人敢于拒绝亚历山大是因为他们知道对方当下手中并无海军，因此希望利用其地理位置优势抵抗住马其顿人。

殊不知，那位年轻的马其顿国王从不会知难而退。他很清楚，若让拥有强大海军的提尔城继续成为波斯盟友，必定遗祸无穷。因此他决定不惜一切代价也要占领这座城市。马其顿大军在此前战役中不曾遭受挫败，于是满腔热情地坚决拥护首领的计划，开始围攻提尔城。

鉴于提尔城特殊的地理位置，而亚历山大此时又没有舰队在手，所以他下令修筑一道连接提尔城和大陆的长堤。在修筑这项工事时，他下令用木塔和其他工具保护己方士兵。但提尔人用点燃的飞镖、各样的投掷物及火船攻击了正在修筑工事的马其顿士兵。

尽管如此，亚历山大军队依旧没有停止筑堤。直到有一天晚上，提尔人偷偷将一艘装满可燃物的巨大破船行驶到工事处后点燃，成功地把马其顿人数周的劳动成果毁于一旦。经历此次事后，亚历山大坚信要攻破提尔城必须要有战船的协

---

[1]　Sidon，今黎巴嫩西南部城市。

助；幸运的是，他不久就得到了一支舰队。

西顿城及亚细亚其他沿海城邦派出所有战舰协助他攻打提尔城，曾臣服波斯的罗得岛和塞浦路斯岛考虑到当下局势，认为此时应该讨好亚历山大，于是也派出舰队援助马其顿。在得到这些宝贵的援军后，马其顿开始重新修筑海堤。

重建海堤后，看起来坚不可摧的提尔城被迅速攻陷。据说，此次攻城战能够胜利主要是靠盟军的战船和建筑好的海堤。这次攻城战持续了两天，提尔人顽强抵抗，他们把烧得滚烫的焦油和烧得通红的沙石倒入攻击者的战船中造成破坏，用尽一切办法拯救提尔城。

最终在公元前332年，围攻者的攻城槌和其他攻城工具在城墙上打开了缺口，提尔城被攻陷了。8000提尔人被杀，3万人沦为奴隶。据说亚历山大在这场历时7个月的围攻中仅损失了400人。

亚历山大在提尔城时收到了来自大流士三世送来的第二封求和信，信中表示愿意把幼发拉底河和地中海之间的领土全部割让给马其顿，同时赔款3万塔伦特[1]。大流士三世希望他与自己的一位女儿联姻，以交秦晋之好。亚历山大傲慢地回绝了，但大流士又遣使者提出类似的和议。

据史料记载，有一次波斯使者前来议和时，亚历山大的部将帕曼纽认为对方的提议很好，并说道："如果我是亚历山大，我就接受这个建议。"亚历山大反驳道："如果我是帕曼纽，我也会接受。"

第112章　亚历山大征服埃及——击败大流士

攻克提尔城后，亚历山大继续向南推进，惩罚耶路撒冷（Jerusalem）的居民，因为他们在围攻提尔城期间拒绝给马其顿大军提供补给。但当他临近城池后看见人们在一位大祭司的带领下走出来向他表示臣服，便怒气全消了。

---

[1]　作为对比，东征前马其顿国库有60塔伦特。

耶路撒冷的大祭司身着白袍，头顶的主教法冠上刻着"上帝"。国王尊敬地走上前，虔诚地鞠了一躬，此举让国王的手下们大吃一惊。"我崇拜的不是祭司，"亚历山大说道，"而是他所侍奉的上帝。"

亚历山大接受耶路撒冷投降后便决定前往征服埃及。在前进过程中，他包围并占领了巴勒斯坦唯一一个拒绝臣服于他的加沙城（Gaza）。在这座城市，他忘记了他一贯的仁慈，杀死了1000名守军，还模仿着阿喀琉斯拖着赫克托耳绕着特洛伊城墙转的样子，粗暴地把总督波提斯（Boetis）拖在战车后绕着城转。

他漫长的埃及征服之旅很是成功。埃及总督萨巴西（Sabaces）在伊苏斯战役中战死后，埃及一直由一名下级军官统治。这位军官对亚历山大没有做出任何抵抗，反而和埃及人民一起欢迎亚历山大成为埃及的统治者。

这位马其顿国王直奔埃及首都孟斐斯，在那里举行一个盛大的节日，并参拜了埃及古老的神牛阿匹斯（Apis），从而进一步赢得了埃及人的好感。他从孟菲斯顺着尼罗河的主要分支一直行至卡诺帕斯城（Canopus），惊讶地发现这样一个如此富饶、商业资源如此丰富的国家竟然连一个像样的港口都没有。于是，他决心建立一座沿海城市，让当地人永远记住他的名字。

因此他在尼罗河三角洲建立了亚历山大城（Alexandria），也称亚历山大港，该城因其极具优势的地理位置迅速发展成为埃及行省非常繁荣的商业港口城市，后来还成为欧洲与东方贸易的中心和文化交流的枢纽。

在规划了这个以他的名字命名、彰显出其睿智的不朽作品之后，他在一小队人的护送下，前往沙漠中的阿蒙神庙。他想亲自拜访埃及的神庙，并像著名的祖先珀耳修斯和赫拉克勒斯那样，向阿蒙神[1]请示神谕。

阿蒙神神庙坐落在亚历山大港西南部的一片绿洲中，距海岸大约五十里格[2]。亚历山大欣赏着这片沙漠中的一抹绿色，在神殿得到令人满意的回答后，回到了孟斐斯。

---

[1] Jupiter Ammon，埃及的太阳神。

[2] 长度单位，1里格约为3英里。

当大流士在亚述再次召集了一支军队时，亚历山大正在重组埃及政府。他将一些可靠的追随者安置在重要岗位上，然后从埃及直接前往亚述。

他顺利地穿过了那些已经臣服于马其顿的城邦。公元前331年，他在距亚述的底格里斯河以东几天路程的阿尔贝拉附近和大流士军队相遇了。

这一次，大流士召集的大军超过了伊苏斯战役时的波斯军规模，马其顿一方则获得了来自欧洲和亚细亚属地的军队支援，部队规模增至47000人，其中骑兵约占七分之一。

大流士的骑兵至少有40000人，还配有15头战象和200辆镰刀战车。虽然对比伊苏斯战役，波斯国王此次没有强大的希腊雇佣军，但他这次召集的士兵比之前的更勇猛。他们不是波斯柔弱的侍卫和常备军，而是由帕提亚人、巴克特里亚人（Bactrians）、赫卡尼亚人（Hyrcanians），以及其他来自中东部地区的军队组成。他们虽然缺乏组织纪律，却勇敢无畏。

以上是两支军队为争夺亚细亚统治权在阿贝拉开战前两方的特点和人数。傍晚时分，马其顿人爬上了一个高地远眺，看到了大批波斯军在下方的平原上整齐地排列着。大流士吸取了前几次败仗的经验，不会再让步兵和骑兵众多的波斯军队在狭小的阵地上因施展不开而败给敌军。

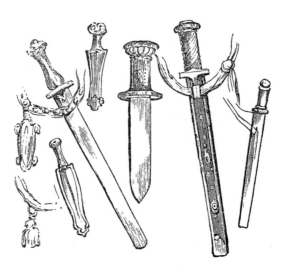

❖ 波斯将士的武器

两支军队整夜都不动声色，到了次日早晨，亚历山大将重装步兵分为两个方阵，每个方阵16000人，然后率军进入平原，战斗由此打响。战争持续一段时间后，波斯军的正面正好漏出一个空洞，亚历山大趁机率骑兵直奔波斯军的中央方阵，这个冲击对整个会战的胜负起了决定性作用。

从那一刻起，整个战斗变成了一场屠杀。只有帕提亚人和印度骑兵顽强地战斗了一段时间，但他们最终也被色萨利的骑兵击溃。由于大量敌军纷纷逃命，掀起了一层尘雾，几乎分辨不清人马，所以马其顿人才没有把大流士三世俘获到手。这次战役波斯方近4万人阵亡，而战胜国的损失估计不超过500人。

据说，波斯君主大流士再次落荒而逃，但也有几位史学家认为，大流士三世在战斗中的表现绝非怯懦，并不像人们所说的不配做波斯君主。

他和一些追随者撤退到米堤亚，并决定若是亚历山大继续追击，就再往东撤，寻求居住在印度河附近的巴克特里亚人的庇护。

尽管亚历山大决心抓住大流士，以免对方再次在中亚召集人马攻打马其顿军，但这位征服者被迫将注意力转移到巩固之前所占地区的统治上。

第113章　巴比伦与波斯波利斯——大流士之死——亚历山大占领塞西亚

亚历山大率领希腊联军从阿贝拉向南前往亚述帝国的古都巴比伦——一座规模宏大而富饶的城市。伊苏斯战役之前，波斯国王大流士曾在波斯军驻地及叙利亚的大马士革留下了巨额财产。波斯军战败落荒而逃后，这些也都成了希腊大军的战利品。除了上述两处外，亚历山大还不曾得到波斯国王的其他财产。但是在巴比伦，这位马其顿国王看到的黄金白银足以满足任何征服者的欲望。

这笔钱可供他给军队中每一名士兵一大笔赏赐。在重组巴比伦政府后，他率军前往波斯宫廷所在地苏萨。苏萨是苏锡安那（Susiana）行省的首府，位于巴比伦尼亚行省和波斯行省之间。在那里他又获得了大量钱财，仅在苏萨城他就得到了1000万银币。

国王亚历山大把大流士的家属安置在其祖先的王宫里，以表现他的仁慈之心。他还非常谨慎地任命当地一位优秀的首领统治该地区——他之前在巴比伦也采取了同样明智的方式——进而赢得了人民的爱戴。

马其顿国王的下一个目标是波斯行省的首府波斯波利斯，那里等待他和马其顿军队的是更多的财富。抵达后亚历山大在波斯波利斯生活了几个月，在这段时间里，他再一次感受到了极度的奢靡与繁荣。

在一次盛大的宴会上，亚历山大喝得醉醺醺的，他的一个同伴诱使他放火烧毁波斯国王的旧宫殿。马其顿国王看到燃烧的大火后很快就后悔了，但大部分宫殿建筑在火被扑灭前便已经倒塌。

公元前330年，亚历山大得知大流士还在埃克巴坦那，于是离开波斯波利斯前往那里。当他到达米底亚都城时，便得知大流士已在五天前带着一小支随从部队离开了。亚历山大立即跟随大流士的脚步向东行去。经过漫长而艰苦的跋涉，他们以惊人的速度前进，最终在巴克特里亚边界上接近了目标。

此时亚历山大获悉，与波斯国王同行的巴克特里亚总督拜苏（Bessus）发动政变，将大流士囚禁了。马其顿国王加速前进，终于追赶上了前方正在快速移动的敌军队伍。

亚历山大在追击途中发现了路边大流士的尸体，原来总督拜苏害怕亚历山大继续追击，便派手下的两名贵族刺伤了大流士，为自己争取逃跑的时间。亚历山大从未想过要取可怜的波斯国王性命，看到昔日的劲敌落得如此下场，他也不免悲悯，且对那些杀人凶手恨之入骨。于是，他继续率兵追捕总督拜苏一行人。

历经多次艰苦的追捕之后，总督拜苏最终落入了亚历山大手中，面临残酷的命运判决。亚历山大将拜苏转交给大流士的兄弟，后者则按照惯例，处置了这个波斯的叛徒。但是巴克特里亚及周边的阿利亚[1]和索格底亚那（Sogdiana）三个行省顽强抵抗了三年才被亚历山大征服。

这些地区的人们古称塞西亚人，据说亚历山大在那里受到过当地人的规劝，

---

[1] Aria，或称阿利亚那（Ariana）。

那些规劝通常被认为是庄重雄辩的范例。但恐怕这些文字更多是史学家润色后的作品，而不是那些野蛮部落的杰作。

以下据说是塞西亚人话语精炼形象的一个例子。他们问亚历山大："你有带翅膀的士兵吗？"以此暗指自己的国家坚不可摧。这个对话和后续的责备更是激起了亚历山大的傲气，让这位国王继续征伐直到占领了这三个行省才罢休。

在漫长的征战生涯中，亚历山大在塞西亚平原的表现最能体现出其作为军人和指挥者的品质。无论寒冷或炎热，饥饿或干渴，危险或辛劳，创伤或疾病，他都不曾动摇。有一个能承受所有这些痛苦的指挥官，他的士兵们当然也是无坚不摧、战无不胜的。

在塞西亚战争即将结束时，马其顿国王迎娶了东方最美丽的女人罗克珊娜（Roxana）为妻，她是巴克特里亚首领奥西亚特斯（Oxyartes）之女，那位首领曾是亚历山大在战场上的强劲对手。

亚历山大率军征战的同时，帕曼纽和其他几位将领正忙于征服里海附近的赫卡尼亚（Hyrcania）和帕提亚[1]。在巴克特里亚、索格拉底亚和其他塞西亚领地成功归附后，亚历山大征服波斯帝国的霸业终于接近了尾声。

公元前327年，完成了征服波斯的艰巨任务后，亚历山大在巴克特里亚的冬季营地中犯下了一个大错，这成为他记忆中一个不可磨灭的污点，也表明了沉醉于成功之中的他渐渐地走向堕落。

早期的亚历山大严于律己，从不醉酒。但后来他开始不时地过度饮酒，还要求追随者们为他举行跪拜仪式等，尽管这些仪式通常都是为众神设立的。

有一次，在巴克特里亚举行的一场为纪念卡斯托耳和波吕丢刻斯的盛宴上，亚历山大开始谈论自己征服亚细亚的壮举，还有同样征服过亚细亚的酒神狄奥尼索斯的豪举。在场大多数人为亚历山大鼓掌称赞，克利图斯却出面强烈谴责了他。克利图斯就是那位在格拉尼库斯战役中救过这位马其顿国王性命的指挥官。

人们都喝得酩酊大醉，言语变得愈来愈激烈。克利图斯严厉地责备国王竟

---

[1]　Partha，亚洲西部古国，在伊朗东北部。

然将自己与诸神相比较。烂醉如泥的亚历山大被这番责备激怒了，他站起身来，怒气冲冲地走到克利图斯跟前，克利图斯的朋友们见状将克利图斯强行拉出了房间。

但恼怒的克利图斯返回了营帐，又对着马其顿国王责备了一番，亚历山大完全失去了理智，随手抓起一件武器，当场杀死了克利图斯。但他看到倒下的克利图斯后立刻懊悔不已，伤心得三天不吃不喝，也不离开房间，直到他忠实的追随者们请求他振作起来。

第114章　雅典政局——亚历山大入侵印度

在继续讲述亚历山大的后续行动之前，我们先来聊聊彼时希腊内部的事务。实际上，亚历山大远征波斯这段时期，有一件大事扰乱了希腊诸国间的和平。

如前所述，以马其顿为首的科林斯同盟成立后，斯巴达一直保持中立状态，也因此积蓄了一些力量。

亚历山大离开后的第三年，马其顿总督安提帕特依然占领着色雷斯。斯巴达国王亚基斯抓住了这个看似有利的机会，对马其顿进行示威，但毫无疑问以失败告终了。安提帕特转而反击亚基斯，大败斯巴达，并迫使傲慢的斯巴达人卑微地请求和平，亚历山大立即慷慨地答应了他们。

大约在同一时期，雅典国内发生了一场辩论，对立双方是两位杰出的辩论家，德摩斯梯尼和埃斯基涅斯。这两位杰出的辩论家在公民大会上进行了一场辩论较量，辩论的问题关系到个人生命，也关系到了国家的最大利益。

在这场辩论赛中，德摩斯梯尼成功地打败了对方，埃斯基涅斯被判处流放。这位胜利者对对手慷慨以待，在对方不济时给了他一袋钱财。埃斯基涅斯后来也证明了自己同样是一个品格高尚的竞争对手。

埃斯基涅斯前往罗得岛创办了一所著名的演讲学校。他把那篇使他无家可归、四处流浪的德摩斯梯尼的演讲稿念给学生们听，当听众按捺不住，热烈地鼓起掌时，他感叹道："啊！你们要是听他亲口说出来，会敬佩到什么程度呢！"

大约在这个时候，亚历山大把在苏萨王国掠夺的弑僭者（即弑杀僭主的人）雕像——哈尔莫狄欧斯和阿里斯托革顿送到了雅典，这二人便是昔日刺杀雅典僭主希庇亚斯的罪魁祸首，薛西斯曾经总是将这些雕像随军携带。在亚历山大征伐过程中，通过这种善意的政治捐赠，以及向雅典派遣辅助军，让雅典始终对马其顿保持着和平友好的态度。

亚历山大的野心随着他不断的胜利而逐渐增强，于是他决定入侵印度。在他最后的几次战役中，经常有来自欧洲的援军加入他的队伍，这对他来说是极有必要的，因为他必须不断地把小部分军队留在身后，守护他的战利品。

大批的塞西亚人臣服后也在他麾下效力。如此，他率领了一支庞大的军队于公元前327年开始了入侵印度之战，这场战役基本是在印度河沿岸及其五个主要支流附近展开。

亚历山大带来的希腊大军前进途中遭到了居住在这些地区的各部落的强烈抵抗，还被恶劣的自然条件折磨。不久后，他们来到位于印度河上游的著名城市尼萨[1]，然后沿着印度河蜿蜒的支流继续前进。

接着，大军到达海达佩斯河（Hydaspes），当地好战的国王波鲁斯（Porus）召集了一支34000人的军队，带着许多武装战车和战象，阻止马其顿军队前行。马其顿国王认为，要在这些印度人面前安全过河是不可能了，然后他开始设计让勇敢的波鲁斯放松警惕。

亚历山大大获全胜，成功渡河并击败了敌军。波鲁斯国王遭活捉后被带到征服者面前，马其顿国王对威严不屈的波鲁斯大为钦佩。"我该如何待你呢？"亚历山大问他道。"像个国王一样。"波鲁斯平静地回答。"我会这样做的，但是我能为你做什么呢？"亚历山大微笑着说。

波鲁斯表示他所有的愿望都集中在第一个请求上。马其顿国王对这位俘虏所展现的国王气概感到非常欣慰，认为他是当地王位的不二人选，不仅恢复了波鲁

---

[1] Nysa，据说是由狄奥尼索斯建立的。

斯的王位，后来还任命他为所有印度征服地的总督。

行军途中，亚历山大还在海达佩斯河沿岸建立了两座城市：尼西亚城（Nicea）和布西发拉城（Bucephalia），后者以他的战马命名，因为他的这匹爱马就战死在那附近。在包围了桑加拉城（Sangala）之后，马其顿国王发现自己已经征服了整个印度河上游五条支流周边的所有城镇。

尽管这位马其顿国王渴望继续东征，但其追随者们归乡心切，于是他同意撤军。不过，亚历山大决定大军从波斯湾沿岸返回，并为此召集了所有战船，还下令建造新的战船，用以将军队运送到印度河下游。

马其顿大军在河中航行了数月，途中遭到了沿岸蛮族的袭击。据说，亚历山大在到达大海时，曾坐在岸边的一块岩石上，久久地凝视着浩瀚无垠的大海，悲痛欲绝地哭喊着说再也没有地方供他征服了。

不久马其顿国王率领主力部队下船后沿着海岸继续从陆地前进，留下能干的海军将领尼阿库斯（Nearchus）率领舰队，后者现存的航行记载中记录了他继续从海上向幼发拉底河进发的一段历史。国王率领的部队在陆地上行军异常艰苦，但一路上亚历山大悉心问候，耐心地对待军中最卑微的跟随者，令将士们忘记了疲惫。

他们沿岸行进即将结束之际，士气终于高涨起来。当他们到达波斯肥沃的卡曼尼亚地区（Carmania）时，亚历山大和军士们一路凯旋高歌，宣布接管该地。这位首领甚至在公共场合模仿酒神狄奥尼索斯和同伴们一起载歌载舞，因为他听说狄奥尼索斯曾经在亚细亚有过这样的故事。

穿越卡曼尼亚进入波斯时，亚历山大发现几个总督在他离开期间密谋造反。波斯波利斯的总督因犯此罪而受到了严厉的惩罚。

在波斯行省的都城波斯波利斯逗留期间，亚历山大娶了大流士女儿为妻，彼时马其顿是允许一夫多妻制的。大流士的遗体已被运回波斯波利斯，并遵亚历山大之令按国王礼节安葬在皇家墓地。

第115章　亚历山大的病与死——他的品格

亚历山大让人可敬之处在于，他在征伐期间对占领地采取积极措施，让当地得到了长远发展。在把波斯政府交到更可靠之人手中后，他又去往苏萨，然后前往欧皮斯（Opis）和埃克巴坦那。在这些地方，他都提出了整改计划，大多是帮助完善当地的管理机制。

他从埃克巴坦那出发前往巴比伦，这座城市是他最不愿进入的，因为有各种预言说那个地方注定会给他带来死亡。尽管如此，他还是顺着幼发拉底河航行，抵达巴比伦。

亚历山大到达巴比伦后不久就患上了恶疾，最终不幸病逝。人们普遍认为他是由于饮酒过度才患上此病。他此次发病时，将士们像之前一样围在他房外，为担心失去这样一位国王而心急如焚，痛苦不堪。

发病几天后，他的病情急剧恶化，将士们被允许去见国王最后一面。一幕史无前例的场景上演了。垂死的亚历山大面色苍白，说不出话来，但神志清醒，看见他的战士们一个接一个痛哭着走进来。他用尽全身力气伸出手来，然后将士们纷纷来到他身旁，亲吻敬爱之人的手，那只手曾无数次挥舞着带他们走向胜利。

公元前323年，亚历山大在巴比伦病逝，享年33岁。他的病类似于一种常规的疟疾，从他发病到离世仅隔了11天，就这样，亚历山大在登上马其顿王座整整13年后就英年早逝了。

我们可以通过亚历山大的事迹来分析其人物品格特征。虽然他四处征伐，给许多地区带来了灾难，但客观上他也带去了先进的文明，把数百万野蛮人从沉睡中唤醒，还促进了东西方文化的交流。

他在占领的广阔土地上建立了不少于70座城市，这些城市的地址大多是经过精心挑选的，很大程度上促进了这些地方的商业繁荣与文明进步。他在实施政治举措时还会关注被占领地区人们的福利。

于性格而言，亚历山大心胸宽大、慷慨仁慈。虽然他在征伐期间也曾有过恶行，但与其他大多数征服者相比，确实要少得多。

于常人而言，他对权力的渴望几近疯狂，但我们必须记住，哲学家亚里士多德丰富了少年亚历山大的世界观，养成了他大格局的意识，甚至那个时代的贤哲们也会满怀钦佩和赞许之情来看待亚历山大的事业。当然，这位马其顿国王性格中也有一些缺陷，其中之一是他嗜酒如命的癖好，这也是导致他英年早逝的原因之一。

若一个人在已知世界的大片区域制定了规则，那么他的死亡必定会带来惊天动地的变化。这些变化也有力地证明了亚历山大优秀的个人能力。

亚历山大在世时，他身边的众多将军们总是能看到未来成功实现抱负的诱人画面，他们似乎本能地相信着这样一位领袖，不曾想要与他争夺权利。

但是，这位伟大的征服者一去世，这些将军们都不愿意牺牲自己的利益，甚至开始密谋瓜分帝国。而且亚历山大死前没有留下继承人，他的家族也无人能将他广泛而分散的战利品统一起来。

亚利地亚斯（Aridaeus）是亚历山大同父异母的兄弟，但是个昏庸无能之辈，而亚历山大的两个妻子罗克珊娜和斯姐忒拉[1]还不曾诞下王子。亚历山大去世时，她们正身怀有孕。罗克珊娜不久就生下了一个儿子，还密谋杀死了斯姐忒拉和她未出生的孩子。

亚历山大去世后不久，马其顿举行了一场军官大会，会上确定亚利地亚斯和罗克珊娜腹中之子（若是儿子的话）成为帝国的联合继承人，亚历山大临死前将权利的戒指交给了将军帕迪卡斯，所以会议还决定让帕迪卡斯担任摄政者。

提出此安排的各方均有意让亚利地亚斯和尚未出世的王子只成为名义上的统治者，因为各方势力签订了分封协议，以总督的身份获得封地，掌握实权。最初封地时产生了近40个总督，这种形式的波斯政府注定不会长久。

亚历山大死后的20多年里，希腊各城邦及波斯各地都乘机起兵反抗。亚历山大的三位部将安提柯（Antigonus）、欧迈尼斯（Eumenes）和帕迪卡斯又互相厮杀，争夺土地。后来帝国分裂为数个国家，直到最后这些国家都被罗马征服，永远消失在了历史长河中。

---

[1] Statira，大流士三世之女。

第116章　埃及等王国成立——雅典召回驱逐者——德摩斯梯尼之死

上一章结尾提到亚历山大征服的庞大帝国被分裂成几个国家，首先是亚历山大麾下的托勒密·拉格斯（Ptolemy Lagus）将军占领了埃及、阿拉伯和巴勒斯坦，建立了托勒密王朝，后来王朝的王位一直由他家族的后裔世袭。

托勒密王朝在统治埃及近三个世纪之后，最终败在了一位绝世美女的手中，她就是克利奥帕特拉七世（Cleopatra，埃及艳后）。公元前28年，罗马开国皇帝奥古斯都·凯撒（Augustus Caesar）占领埃及，埃及艳后沦为俘虏，万念俱灰的她令忠诚的侍女把一条叫作"阿斯普"的毒蛇装在无花果的篮子里送到她面前，她抓起小蛇放到自己的丰乳上，在充满毒液的撕咬中结束了自己传奇的一生。

在托勒密王朝统治时期，埃及和亚历山大城迅速发展成当时繁华的商业和文化中心。该王朝中有几位王子积极鼓励人们学习知识和艺术，还在亚历山大城建了一座巨大的图书馆。不幸的是，奥古斯都的前任尤利乌斯·凯撒（Julius Caesar）统治时期，罗马人攻打亚历山大城时，将这座图书馆付之一炬。

后来人们在亚历山大城又建了一个规模宏大的图书馆，但穆罕默德的早期追随者发动了宗教战争，第二个图书馆也惨遭毁坏。古往今来的学者们一直为这些无法弥补的损失扼腕叹息。

在马其顿帝国分裂的四个主要国家中，第二个是塞琉古（Seleucus）统治下的叙利亚王国。它包含了亚洲部分最富饶的土地。像托勒密家族一样，该王朝的主权一直延续到了罗马帝国统治时期。后来塞琉古在地中海最东角建立了安条克城（Antioch），并迁都至此。

叙利亚王国的疆土从地中海几乎一直延伸至印度河。最初，该王国是马其顿帝国分裂后最强大的国家。但国家内部各个行省相继获得独立，极大地削弱了塞琉古家族的势力。塞琉古王朝延续了两个多世纪，直到最后被罗马推翻。

马其顿帝国分裂后形成的第三个主要国家是色雷斯和比提尼亚联合王国，色雷斯和比提尼亚分别位于博斯普鲁斯海峡的欧洲一侧和亚洲一侧；这两处成为亚历山大昔日的追随者利西马科斯的领地。

第四个主要国家包含了马其顿本土和其他希腊领土。但在叙述马其顿帝国的这一块土地落入谁的手中之前，我们有必要回顾一下亚历山大最后几年时希腊的情况。

前文中已经提及在亚基斯国王领导下，斯巴达人企图进攻马其顿，总督安提帕特成功制止了斯巴达暴动。不久后，为削弱雅典的反马其顿党，他设法驱逐了该党的领袖——雄辩家德摩斯梯尼。

亚历山大入侵波斯期间，他的大臣哈帕路斯（Harpalus）卷走了大笔钱财从亚洲逃到雅典，希望用黄金换取雅典的庇护。哈帕路斯并没有失望，因为他的黄金确实让许多雅典重要人物同意他留下。

只有雅典将军福基翁和雄辩家德摩斯梯尼出面反对哈帕路斯。但最后据说甚至德摩斯梯尼也收了贿赂。不管这一指控是否属实，最终导致这位雄辩家被驱逐。

马其顿将军安提帕特向雅典发来恐吓信，惊恐不安的雅典人迅速将哈帕路斯驱逐出城，并弹劾了那些接受他礼物或支持他事业的人。德摩斯梯尼被处以巨额罚款，但因无力支付逃到了埃伊纳岛。

此事件发生后，希腊人度过了一段平静时光，直到亚历山大的代表在奥林匹克运动会上宣布"所有希腊城市需立即召回那些被流放的人，若不服从，等来的就会是马其顿军队"。

在颁布这一法令期间，希腊各国被驱逐在外的流亡者人数不少于2万，亚历山大可能希望通过将这些流亡者送回他们的家园，以长期巩固他在希腊个别城邦中的影响力，也许还会担心流亡在外的希腊人被波斯收买成为叛徒。他的这一法令看似慷慨大度，甚至连他自己也看不出这条法令本质上对诸国的侮辱和专横。

但大多希腊国家都认为此举实属粗暴专横，让那些被公众斥为犯下重罪的人重新返回确实让各国难以接受。尤其在雅典，人们对如此专断的法令深为愤慨，试图说服其他城邦一起反抗，但并没有成功。

亚历山大突然去世的消息传来时，希腊本土的情况便是如此。雅典收到马其顿国王的死讯，就立即联合埃托利亚和其他盟友起兵反抗安提帕特，竭力摆脱马其顿人的统治。

这些希腊盟国迅速集结一支大军，并派遣骁勇善战、名声显赫的雅典将军利奥斯提尼（Leosthenes）指挥联军。与此同时，雅典人派战船前往埃伊纳岛接回德摩斯梯尼。这也说明了，若是亚历山大在奥林匹克运动会上宣布各国可以召回像德摩斯梯尼这样的流亡者，也许诸国便不会对那一法令如此反感了。

这位杰出的演说家到达雅典时，他的同胞们，无论年龄、阶层和性别，都蜂拥出来迎接他，并在城内以最热烈的方式表达了对他的尊敬和喜悦。

雅典人在与安提帕特开战初期时看到了一丝希望，他们的将军利奥斯提尼率领联军进入色萨利与安提帕特的军队交战。但是作战期间安提帕特一方的色萨利骑兵临阵倒戈，站在了希腊联军的阵营，导致安提帕特吃了败仗。

战斗后期，眼见马其顿一方已经失利，安提帕特下令立即撤退，并带领残余的部队退守色萨利地区的拉米亚城（Lamia）。利奥斯提尼大军想趁机猛攻，以结束这场战争。城中的安提帕特深知出城对战注定失败，于是加强防守，并派出特使前往亚细亚，向马其顿军求助。拉米亚城久攻不下，两军陷入胶着状态，但后来安提帕特发现一部分希腊联军带领部队返乡了，于是趁机发起了突围，成功地带着部队从包围圈逃了出来。

安提帕特的亚细亚援军此时也前来支援，此后不久他便在色萨利的克拉伦（Cranon）击败了希腊联军。希腊联军各城邦纷纷求和，雅典也卑微地投降了。但安提帕特不像当年亚历山大那样对战败国宽宏大量，他要求，雅典交出德摩斯梯尼和其他反马其顿的雄辩家，还必须支付此次战争的费用，最后雅典城内还必须安排一支马其顿驻军。

当德摩斯梯尼听到强加给雅典的条件时，他逃到塞隆尼克湾埃伊纳岛附近，躲在卡勒利亚岛（Calauria）上的波塞冬神庙中。其他雄辩家也纷纷逃离雅典，于是安提帕特派阿基亚斯去追捕德摩斯梯尼等人。

阿基亚斯带着小支部队来到波塞冬神庙前，因为忌讳在神庙里杀人，所以阿基亚斯想把德摩斯梯尼骗出神庙。德摩斯梯尼当然不会相信外面这群人的鬼话，于是阿基亚斯威胁要强行把他带出神庙。德摩斯梯尼便请求允许自己退到神庙更深处去给家人写最后一封信。

然后他走到神庙的一侧，一边写信一边咬着有毒的芦苇笔杆，不久他感到毒药已经在体内发作，便站起来，挣扎着要走出去。他身体颤抖，脚步跟跄，经过祭坛时，倒在地上，发出痛苦的呻吟，就这样死去了。世上至此便再无德摩斯梯尼了。

第117章　安提帕特和福基翁之死

不久，安提帕特前往亚细亚帮助平息叛乱。埃托利亚人借此机会再次进攻马其顿领土，但和上次一样，还是以失败告终。

安提帕特归来之前埃托利亚的起义已被镇压，但这次亚细亚远征也让安提帕特积劳成疾，不久便与世长辞。据说他在临终之际特意留下遗嘱，向世人传达了他无意争夺马其顿政权的态度。

他的儿子卡山德（Cassander）本应被立为下一任摄政王，但安提帕特不顾血缘亲情，执意任命他的同僚，亚历山大昔日麾下的将军波利伯孔（Polyperchon）为马其顿帝国的摄政王。波利伯孔同时担任亚利地亚斯（腓力三世）和罗克珊娜之子小亚历山大（亚历山大四世）的监护人。

这位新任马其顿保护者上台后的第一个行动便让雅典军事将领福基翁丢了性命。福基翁是古希腊雅典城最后一个伟人。波利伯孔上任后不久就开始考虑撤掉安提帕特任命的各地驻军司令，以便将帝国的权力掌握在自己手中，于是他下令撤回驻守在雅典和其他城市的马其顿军队。

雅典人为这一法令欢欣鼓舞，但是该城驻军司令尼卡诺尔（Nicanor）拒绝服从新任保护者的命令，此时有人控告雅典将军福基翁煽动尼卡诺尔违抗法令。愤怒的雅典人既不去调查这项指控是否有失公允，也不允许福基翁为自己辩护。他们判处这位年迈的爱国者叛国罪，不久便处死了他。

福基翁是一位品德高尚的政治家和军事将领。长期以来，他目睹了母国雅典的堕落，认识到雅典再也无法站在希腊诸国之巅。因此，当腓力二世和亚历山大三世在位时，他竭力在诸国之间斡旋，一心想促成雅典和平，希望雅典可以在和平之中继续发展让他们引以为傲的艺术。

冲动的雅典人平静下来思考时，回忆起福基翁为雅典所做的一切贡献，又开始悲伤起来。于是曾经在希腊上演过无数次的一幕又出现了：懊悔的雅典人立起了一座铜像，缅怀那位逝者。

之后希腊再也没有出现像福基翁这样的伟人。雅典自此之后逐渐堕落到无足轻重的地步，原因之一便是缺乏雄才大略的领导者。后来，安提帕特之子卡山德驱逐了马其顿的保护者波利伯孔，卡山德还残忍地杀害了罗克珊娜和其子亚历山大四世，从而巩固了他的权力。

卡山德还处死了亚历山大大帝的母亲奥林匹娅斯，但几乎无人为她的命运感到遗憾。因为除了其他野蛮行径外，奥林匹娅斯还砍下了丈夫的亲生儿子——无助的亚利地亚斯（腓力三世）的头颅，仅因为亚利地亚斯与亚历山大四世是马其顿帝国名义上的联合统治者。

由于奥林匹娅斯的这些血腥行径，腓力三世在巴比伦去世后的14年里，无人敢声称与亚利地亚斯有血缘关系。后来卡山德与托勒密、塞琉古和利西马科斯合作，打倒其所有竞争者，才得以大权稳固。

公元前301年，马其顿帝国最终分裂成了四个希腊化国家：分别是托勒密王国[1]、塞琉古王国（叙利亚）、色雷斯王国（包括比提尼亚）和马其顿王国[2]。这些国家在被罗马人推翻之前一直保持独立。

马其顿的王位后来由一连串不知名的王子继承。他们在位时的举措仅是抵抗来自北方蛮族的进攻，偶尔还会侵犯一下希腊，没有什么大动作。后来马其顿落入了一位名叫安提柯的王子手中，自此马其顿一直由安提柯家族掌控，直到最终被罗马帝国推翻。

---

[1]　包括埃及和周围地区。

[2]　包括马其顿、希腊等欧洲区域。

在安提柯王朝统治后期，位于伯罗奔尼撒半岛北部的亚该亚开始在历史舞台上扮演重要角色。这似乎预示着希腊即将恢复日渐衰落的荣耀。这个以前无足轻重的国家彼时成为亚该亚同盟的中心，亚该亚同盟规定同盟各国一律平等，各国需要在对外军事上行动一致。日益壮大的亚该亚同盟逐渐引起希腊诸国的注意。

彼时出现了一位崇尚自由的将军亚拉图（Aratus），他先是成为亚该亚城市同盟的高级将领，后来极力劝各国共创事业，成功地说服了科林斯、西库昂（Sicyon）、麦加拉、埃皮达鲁斯（Epidaurus）和阿尔戈斯加入亚该亚同盟，后来雅典也加入进来。该同盟的主要目的是建立一个团结的希腊。

亚该亚同盟的出现，从某种程度来说是这片长期动荡不安土地上的最后一线希望。但不幸的是，希望的曙光不久就被乌云遮蔽。埃托利亚人和斯巴达人嫉妒亚该亚同盟的影响力，战争的火焰再次燃起，亚该亚同盟被迫向马其顿的安提柯三世请求援助。

安提柯三世同意给予援助，但前提是必须将科林斯地峡和科林斯城的统治权交予他，并任命他为亚该亚同盟首领。同盟被迫答应了安提柯的要求，联盟各国因此再次失去了自由。安提柯三世按照协定出兵对抗斯巴达，但战争一直持续到他的侄子——年轻有为的腓力五世[1]登基。

腓力五世击溃了斯巴达和埃托利亚，用武力使全希腊臣服于他，但后来他走出了致命的一步——同罗马开战，最终导致希腊和马其顿都在罗马帝国的铁蹄之下毁灭。

第118章　罗马——希腊陷落

罗马最初是由罗慕路斯（Romulus）和雷穆斯（Remus）两兄弟建立的一座城市。相传，这对孪生兄弟刚出生就被篡位者丢入河中，幸得一只母狼救回并将

---

[1]　前221—前179年。

二人哺育长大，两兄弟长大后弑杀了篡位者。他们在赐封地建立新都，登上了新城，即罗马城的王位。罗马子民吃苦耐劳，英勇无畏，具有不屈不挠的毅力。

☼　罗慕路斯和雷穆斯

后来，罗马一一征服了意大利的城市和国家，渴望荣耀与权力的罗马人便开始将目光投向离家乡更远的地方。迦太基是非洲地中海沿岸繁华的贸易之城，毗邻现代突尼斯（Tunisia），是最早挫败罗马人狼子野心的国家。

骁勇的迦太基将军汉尼拔·巴卡[1]带领同胞们进入意大利，接连打败了许多骁勇善战的罗马指挥官，多次以少胜多重创罗马军队。公元前215年，马其顿国王腓力五世联合迦太基的汉尼拔，两国结成联盟。马其顿答应帮助汉尼拔在意大利的事业，汉尼拔则需援助腓力五世征服希腊。

由于罗马专心对付汉尼拔，暂时无法惩罚向迦太基人提供援助的马其顿。于是他们诱使埃托利亚和其他希腊国家在希腊本土骚扰马其顿国王腓力五世。这是罗马方面第一次干预希腊事务，而自此之后便从未停止插手。

罗马与迦太基进行了历史上著名的"布匿战争"，结果迦太基彻底失败，罗马夺取了地中海西部的统治权。解决完迦太基后，罗马开始掉转矛头对付腓力五世。公元前175年[2]，腓力去世后，罗马继续攻打腓力之子珀耳修斯。珀耳修斯在公元前168年彼得那战役失败后，马其顿的安提柯王朝就此终结。

---

[1]　Hannibal Barca，前247—前182年左右。

[2]　又说是公元前179年。

珀耳修斯被囚禁至死，马其顿王国也成为罗马帝国的马其顿行省。公元前163年，珀耳修斯死后不久，罗马人以亚该亚人支持珀耳修斯为借口，将数千名亚该亚指挥官押往意大利，表面上带他们在罗马元老院前受审，实际上是为了削弱亚该亚同盟，毕竟这一联盟是整个希腊的希望。

罗马此举成效显著。公元前146年，罗马将军穆米乌斯（Mummius）在科林斯大获全胜，曾经辉煌自由的希腊各城邦纷纷被改编为亚该亚名下的行省，臣服于罗马的权威之下。

第119章　第四阶段的作家

在希腊独立的后期涌现出了众多才华横溢的作家。但这些作家大多来自希腊的殖民地而非母国。尽管这个时期整个希腊的民主在逐渐衰退，但在雅典闪耀的哲学之光仍旧引人注目。

这个时代的希腊文学界仅有一位剧作家力压群雄——米南德（Menander），他是一位喜剧诗人，公元前342年生于雅典。他创作了108部喜剧，作品受到彼时人们的高度赞扬，可惜没有一部被完整保存下来。他现存的全部著作都是些零星片段，很让人感到遗憾[1]。

忒奥克里托斯（Theocritus）是一位田园诗人，出生于锡拉库扎[2]，活跃在公元前270年左右。这些事实及他父母的名字部分是从他的著作中得知的。他的第16首《田园诗集》（*Idyllium*，他短诗的题目）提到，他在诗歌生涯开始后，曾于锡拉库居住了一段时间。随后，他移居亚历山大港，成了埃及托勒密二世斐勒达奥弗乌斯（Philadelphus）的宫廷诗人，他被认为是著名的"昴宿七星"[3]之一。

---

[1]　事实上，米南德有两部完整的剧本《恨世者》《萨摩斯女子》和残剧《公断》《割发》《赫罗斯》《农夫》等传世，前两部剧本是1860年后发现的，残剧主要是1905年发现的。

[2]　西西里岛东部沿岸一港口城市。

[3]　彼时闻名遐迩的七位埃及宫廷诗人。

　　忒奥克里托斯是彼时田园诗人中的佼佼者。古罗马诗人维吉尔称这位西西里人为"大师"，他写作《牧歌》的灵感来源便是忒奥克里托斯的诗作。总的来说，维吉尔模仿，并在许多情况下采纳和完善了他前辈的思想。根据古代作家的习惯，他翻译现在则被认为是剽窃了忒奥克里托斯的文字，并将其与自己的文字结合在一起。

　　卡利马科斯（Callimachus）出生于非洲的昔兰尼城（Cyrene），他自称是该城国王和创建者巴图斯的后裔。卡利马科斯的出生时间不详，但他是托勒密二世宫廷中最活跃的七位诗人之一。据说他的作品非常丰富，包括挽歌、赞美诗和警句，多达800首。但他的作品只有很少一部分被保存下来。

　　阿波罗尼奥斯（Apollonius）生于托勒密二世统治时期的亚历山大城。早年他就写了一部基于金羊毛寓言的史诗《阿尔戈船英雄记》。弥尔顿的《失乐园》中许多典故和人物都基于上述史诗，也说明了弥尔顿认为此诗值得细读。

　　吕哥弗隆（Lycophron）来自埃维厄的卡尔基斯，但后来托勒密二世邀请他来到亚历山大城，让他在"昴宿七星"中占有一席之地。他写过几篇批判性文章，著有12部悲剧和许多其他诗作，包括对埃及宫廷显赫人物的溢美之词。让这位诗人流芳千古的是他的诗歌《卡珊德拉》（*Cassandra*）。

　　诗人比翁（Bion）出生于士麦那城（Smyrna）的富人家庭，但一生的大部分时间都生活在西西里。田园诗人摩斯科斯（Moschus）曾表示比翁是自己在田园诗方面的导师和朋友。比翁的作品中只有一些优雅简洁的田园牧歌和一些片段流传了下来。我们从摩斯科斯的一首田园诗中得知，比翁最后被敌人毒杀。摩斯科斯出生于锡拉库扎，与忒奥克里托斯是同时代人。

　　阿拉托斯（Aratus）生于西利西亚的索里城，他是赫拉克里亚的狄奥尼修斯（Dionysius of Heraclrea）的弟子，和其师父一样，也是斯多葛哲学学派成员。他是马其顿国王安提柯二世的宫廷诗人，也是亚历山大城的"昴宿七星"之一，忒奥克里托斯在其第六、第七首田园牧歌中提到与阿拉托斯是朋友。

第120章 第四阶段的历史学家、雄辩家等

苏格拉底时代之后的著名希腊史学家是其弟子色诺芬。色诺芬在公元前450年左右生于雅典，50岁之前他一直是个无名之辈。后来他的一位朋友邀请他前往小亚细亚吕底亚的首都萨迪斯，想把他介绍给波斯国王阿尔塔薛西斯二世的弟弟居鲁士（后来的居鲁士三世）。

届时小居鲁士正在小亚细亚起兵，企图争夺王位，色诺芬经那位友人介绍，参加了一支希腊雇佣军。该军队受雇于小居鲁士，东征讨伐其王兄。色诺芬在《远征记》一书中详细叙述了这次征战的经过，以及后来发生的希腊史上著名的"万人大撤退"。色诺芬是"万人大撤退"时希腊雇佣军指挥官，后来他又成为希腊的著名史学家。

后来色诺芬因在科林斯战争中支持斯巴达被母邦雅典驱逐。斯巴达国王阿格西劳斯为他提供了一个安全的藏身之地——埃利亚（Elea）。他与家人在宜人的乡间宅邸里生活了多年，撰写了大量历史和哲学著作，也因此声名远播。然而，由于斯巴达和埃利亚之间爆发了战争，色诺芬被迫从这个幽居之地退到科林斯，最后终老于科林斯，享年90岁。

他的主要著作是《回忆苏格拉底》（*Memoris of Socrates*）、《希腊史》[1]（*Grecian History*）、《居鲁士远征记》（*Expedition of Cyrus*）、《老居鲁士的制度》（*Institutions of the elder Cyrus*）、《论经济学、暴政、税收、狩猎等》（*Treatises on Economics, Tyranny, Taxes, Hunting, and other subjects*）、《斯巴达和雅典的政制》（*The Spartan and Athenian Republics*）等。色诺芬是哲学家苏格拉底最聪明的学生之一。

色诺芬去世后的很长一段时间里，希腊一直都没有出现有名的史学家。但腓力和亚历山大时代的各种演讲作品在很大程度上弥补了这种不足。

德摩斯梯尼是雅典最杰出的演说家，关于他的故事前文已经详细叙述过。他

---

[1] 延续修昔底德的《伯罗奔尼撒战争史》。

曾经的演讲值得我们特别注意。

据说，当被问及如何才能成为一名出色演说家时，德摩斯梯尼回答道："有三件事必须做，"他进一步解释说，"行动，行动，再行动。"我们可以从他对雄辩的这一阐述窥见他的演讲风格。

我们会发现德摩斯梯尼演讲的主要特征是气势恢宏，但他也必定拥有极强的表达能力和行动能力，否则也不会被人们认为是古希腊雄辩第一人。

前文中有提及"腓力皮卡"一词，是德摩斯梯尼驳斥腓力二世演说的统称，由此便成为一个专有名词，专指"猛烈抨击和揭露政敌的演说"。这位雄辩家传世的其他演说并不逊色于"腓力皮卡"，其中尤其值得一提的是他支持奥林索斯的演说，以及他与政敌埃斯基涅斯公开辩论时为自己的辩护演讲《金冠辩》（*On the Crown*），所有这些演讲都是那个时期颇有价值的希腊史料。

还有一位雄辩家值得一提，即是与德摩斯梯尼生活在同一时代的雄辩家伊索克拉底[1]。虽然伊索克拉底常被称为雄辩家，但其演讲几乎总是以书面形式呈现的。因为他身材矮小，天生口吃，无法在公众集会上发表演讲。在前文中我们提到过，雅典人认为一名出色的演说家必须声音洪亮、发音清晰、姿势优美、富有辩才。

❀　伊索克拉底

---

[1]　公元前436年—前338年。

尽管如此，令人钦佩的是，伊索克拉底还是熟练地掌握了雄辩术原理，并在雅典吕克昂（Lyceum）附近创设了一所修辞学校。由于其教学切合社会和学生的实际需要，成绩斐然，希腊各地乃至东方国家的青年纷纷前往就学。伊索克拉底也因此成为古代最成功的专业教师之一，其演说词大多是些道德教化或政论性文章。

他在抒发政见的文章中经常鼓吹马其顿国王腓力二世的和平事业，反对德摩斯梯尼的劝告。尽管对手德摩斯梯尼的雄辩之词有时令人无法抗拒，但伊索克拉底总是能赢得同胞们的尊敬和掌声。伊索克拉底最受推崇的是其政治演说《致腓力》。

波利比乌斯（Polybius）是继色诺芬之后又一位备受瞩目的希腊历史学家。他于公元前205年左右出生在阿卡迪亚地区的麦加罗城，后来移居罗马，结识了当地众多军政上层人物。他著述的史书范围广泛，作品因准确公正而受世人赞赏。

他本人通晓战争和政治，作品中对汉尼拔等人参加的战役的论述精彩绝伦，使得他撰写的史书成为后世军事指挥官的必备参考书。他的行文风格有雄辩家的魅力，清晰明了、简洁实用。波利比乌斯在82岁高龄逝世，他的阿卡迪亚同胞们在当地的所有主要城市立起雕像纪念他。

接下来我们要介绍罗马征服希腊之后几位闻名遐迩的作家，他们也的确属于我们所论述的时代。

历史学家狄奥多罗斯·西格斯（Diodorus Siculus）并非希腊本土人，而是希腊西西里岛殖民者的后裔。他于公元前50年左右在西西里岛出生，年少时便离开故乡阿吉里安城（Agyrium）四处游历，走遍了亚细亚和欧罗巴的大部分地区。

他游历各国的同时也在为一部历史著作收集资料，最终耗时30年完成了《历史丛书》（Bibliotheca Historica）。这部通史共计40卷，现存仅15卷，即前五卷以及卷十一到卷二十，其他均已遗失。

这位来自西西里的狄奥多罗斯是一位颇有建树的史学家，尽管其作品既没有色诺芬的明晰易懂，也没有波利比乌斯的精确严谨，但他的史书是现存有关埃及和迦勒底古乌尔的权威著作，具有极高的研究价值。他生活在罗马的尤利乌斯·凯撒和奥古斯都·凯撒时代。当时希腊语已经失去了早期的纯正，这位历史学家的作品在措辞和风格上虽然无法与其前辈相比，但在语言方面堪称古代优秀作品典范。

与狄奥多罗斯同时代的史学家还有哈利卡纳苏斯的狄奥尼修斯，得名于其家乡哈利加纳苏斯城———一座位于小亚细亚海岸的希腊城市。狄奥尼修斯在奥古斯都建立凯撒帝国时来到罗马，在该城居住了22年，其间一直为著述收集材料，最后成功地创作了《罗马史》。这部作品共20卷，现仅存前11卷及其他各卷的残片。

公元2世纪，在罗马皇帝哈德良[1]和安东尼[2]的统治时期，尼科米底亚（Nicomedia）的阿里安（Arrian）活跃在小亚细亚比提尼亚的尼科米底亚城。阿里安早年便来到罗马，师从著名的哲学家埃比克泰德（Epictetus）。后来他在两篇论述中向世人阐述了老师的观点，这两篇文章被认为是古代最优秀的道德论述。

阿庇安（Appian）生于埃及亚历山大城的贵族家庭。在罗马图拉真大帝[3]统治时期，即公元2世纪初，他前往罗马开业当律师，并获得了杰出辩护律师的荣誉。他后来被任命为帝国检察官。在图拉真的继任者哈德良和安东尼统治时期，他被提升为行省总督。

阿庇安的毕生之作是《罗马史》，叙述上溯罗马王政时代，下至2世纪初图拉真皇帝时期，包括罗马将近900年的历史。该著作还对罗马国内外的个别战争作了不同版本的详尽记载，是后世研究罗马史的主要依据。这部《罗马史》共24卷，可惜仅有11卷存世。

和阿庇安生活在同时代的还有一位更伟大的人物——才能卓著的史学家普鲁塔克。他出生在希腊中部维奥蒂亚地区的喀罗尼亚城。普鲁塔克家族在故乡是最古老、最受人尊敬的家族之一，家族中所有成员都钟爱哲学。

---

[1]　Adrian，117—138年。

[2]　Antonine，138—161年。

[3]　Emperor Trajan，98—117年。

　　普鲁塔克青年时期也同样热衷哲学，师从埃及著名学者阿摩尼阿斯（Ammonius），后者曾在雅典成立了一所著名的学校。普鲁塔克青年时期曾去埃及游学，在返回途中，他游历了希腊所有的主要城市，结束游历后来到了罗马。

　　在罗马居住了约40年之后，他终于回到了故乡喀罗尼亚，并在那里度过了生命中的最后时光。他回乡后完成了奠定其声誉的巨著——《希腊罗马名人传》[1]。

◎ 普鲁塔克

　　他的这些名人传记是流传至今最吸引人的古代作品之一。时至今日，这部巨作仍被视为传记体写作的典范，而且本书中立、果敢和不加矫饰的行文风格也堪称同类典范。另外，普鲁塔克本人的品行和虔诚也得到了其他作家的赞扬。总的说来，尽管《希腊罗马名人传》中所述之名人在道德上或有缺陷，但与希腊或罗马的其他作品相比，该书激励了后世无数青年心怀善念、积极乐观。

　　普鲁塔克一生著述颇丰，但大部分著作已经散失，现存作品中的《传记集》（Symposiacs）和《道德论集》（Morals），这两部脍炙人口的作品对后世的影响极为深刻。根据史料记载，普鲁塔克后来被喀罗尼亚人授予行政长官的头衔，也在母国安享晚年。

---

[1] *The Lives of the Illustrious Captains and Statesmen of Greece and Rome*，简称《名人传》，亦译《希腊罗马人物对比列传》。

赫罗提安（Herodian）也是一位受人尊敬的史学家，他的著作《马可·安东尼努斯之后诸皇帝传记》（*Herodian's Roman History*）记述了关于罗马皇帝的史实，从马可·奥勒留[1]统治时期起，到238年戈尔迪安（Gordion）逝世，70多年的罗马史。从中还可以追溯作者本人的活跃历史时期。那个时期的赫罗提安因长期居住于宫廷，有幸亲自见证罗马帝国的重大历史事件。

赫罗提安的历史著作共8卷，其中涵盖了12位罗马皇帝执政时期的历史。那一时期罗马军队的势力已经庞大到可以随时推翻皇位的地步，赫罗提安的史书叙述了这段激动人心时代发生的事情，还对这些事件做出了极具启发性的评论。赫罗提安除此史书外其他作品皆已绝迹。

第121章　第四阶段的哲学家、诡辩家和艺术家

这一时期的主要哲学家是六个学派——学院派、逍遥学派（the peripatetic sect）、犬儒学派（the Cynic）、斯多葛学派、伊壁鸠鲁学派（the Epicurean）和怀疑学派（the Sceptics）。学院派的创始人是苏格拉底最杰出的弟子柏拉图。柏拉图出身于贵族家庭，宣称自己是古雅典国王的后代，但他本人于公元前430年左右出生在埃伊纳岛。

他天资聪颖，年少时便已熟谙诗歌与艺术。20岁之前便创作出了数部长篇史诗和戏剧诗，但后来一个偶然的机会，柏拉图听到了苏格拉底的演讲，感到十分震撼，回家之后便将自己的作品付之一炬。

此后，柏拉图跟苏格拉底学习了八年，全心研究哲学。当明智善良的苏格拉底遭受迫害时，柏拉图陪伴他度过了最后的时光。柏拉图此后在《斐多篇》（*Phaedo*）的对话录中，记述了那位殉教的哲学家在临死之际表达对灵魂不朽的美好思想。

---

[1]　Marcus Antoninus，161—180年在位，180年逝世。

苏格拉底死后，柏拉图离开雅典前往麦加拉，然后游历了意大利、埃及等地。他在游历中考察了各地的政治、法律、宗教等制度，研究了数学、天文、力学、音乐等理论和各种哲学学派的学说。在这样广博的知识基础上，柏拉图逐步形成了自己的学说，以及对改革社会制度的见解。在外游历10年后，约公元前387年，柏拉图回到了雅典，并在朋友的帮助下建立了一所学院。

他的学院位于一片小树林中，此处原是雅典公民阿卡德莫斯（Academus）的私人财产，学院也因此得名"Academy"。很快众多希腊杰出青年慕名前来求学，甚至女性也经常乔装出席他的讲座。

此后柏拉图声名远播，甚至有几位国王曾请求他帮助改进政府体制。西西里的僭主狄奥尼修斯曾三次邀请柏拉图来锡拉库扎的宫廷讲学。但这位君主过于刻薄恶毒，终究没有采纳柏拉图提出的新政。事实上，最后一次西西里之行柏拉图差点被处死，为了保命，他从狄奥尼修斯的宫廷里逃走了。

柏拉图的三次西西里之行都未能把政治理想付诸现实，此后他便专注于教学，直到79岁去世。这位哲学家的性格似乎与他在作品中表现出来的天才不无关系。

柏拉图的著作包括35个对话录和13封书信，均体现了"柏拉图哲学"的观点。这些作品涵盖了道德、自然、逻辑和政治等众多主题。

读者可以从柏拉图的著作中寻找到诸多美好真理，但也许有读者会发现，一种富于幻想的理论精神贯穿了他的所有作品。总而言之，柏拉图的所有著作都闪耀着智慧的光芒，没有哪一位古代哲学家能同柏拉图一般拥有如此多的追随者。

逍遥学派的创始人是亚里士多德。他于公元前384年出生在色雷斯的斯塔吉拉（Stagira），所以也常被称为斯塔吉拉人。他少时便热衷学习，17岁时前往雅典求学，师从柏拉图。在雅典的柏拉图学院，他表现出色，深受柏拉图的赞赏，还称他是"学园之灵"。

公元前343年，亚里士多德被马其顿国王腓力二世召回故乡，担任当时年仅13岁的亚历山大的老师。这是亚历山大出生时腓力二世对亚里士多德父亲所做的承诺。亚里士多德在马其顿宫廷居住了八年，在此期间也赢得了那位学生的尊敬，亚历山大还常说："父亲给予我生命，教诲我如何生活的却是亚里士多德。"

☼　亚里士多德

　　亚历山大登上王位开始其征服生涯后，亚里士多德回到雅典，并在吕克昂体育馆附近的小树林里开办了一所学校，称为"学园（Lyceum）"。吕克昂是一处宗教建筑，有可供散步的林荫道，亚里士多德常边散步边给弟子们讲课。"逍遥学派"也因此得名。

　　离开马其顿后亚里士多德与学生亚历山大仍保持着密切的联系。亚历山大还应老师请求，在亚细亚和欧洲雇了数千人收集动物标本送至亚里士多德处。亚里士多德以此完成了《动物志》（*History of Animated Nature*）这一著述，共50卷，但仅有10卷留存至今。

　　亚里士多德的作品题材广泛，其观点被后世不少贤者采纳。他的《动物志》因描述准确而备受推崇，其他作品也都因得以展现作者的非凡智慧而著称。

　　犬儒学派的鼻祖是安提西尼（Antisthenes）。他生于公元前420年（现在也有说法为公元前445年）的雅典，是苏格拉底的弟子。安提西尼因为暴烈的性格与这位质朴谦逊老师的其他门徒格格不入。他常常披一件斗篷，手拿一根手杖，肩挂一个背袋。他的斗篷甚是破烂，以至于老师苏格拉底忍不住说道："为什么要这么招摇？我透过你斗篷上的破洞看穿了你的虚荣。"

　　犬儒派的早期代表人物是安提西尼的弟子第欧根尼（Diogenes），后者青出于蓝胜于蓝，其盛名超过了他的老师。第欧根尼于公元前418年左右出生在锡诺帕[1]，作为一个苦行主义的身体力行者，他常年衣衫褴褛，过着乞丐一样的生活。雨天坐在屋檐下，冬天抱着盖满雪花的雕像。据说他寄身在一只木桶内。他所做的一切都是为了让自己能够承受一切极端的命运，并以身作则呼吁人们摆脱那些繁文缛节和奢侈享受，去过自由的生活。

第欧根尼还是位口无遮拦的人，如果他可以被称为道德教师的话，讽刺是他的教导方式。但可以肯定的是，他的一些言论确实具有深刻含义，也是对犬儒学派的最好诠释。据说有一次，一个放荡者在第欧根尼的门上写着：不要让魔鬼进入。第欧根尼回答道："那么老师该从哪儿进去呢？"

还有一次他看到一个少年因害羞脸涨得通红，于是说道："鼓起勇气来，朋友，那是美德的颜色。"有人问他何时该吃饭，他回答道："若你是富人，何时想吃便何时吃；如果你是穷人，何时能吃何时吃。"还有人说："卡利斯提尼斯[2]能和亚历山大一起生活是何其快乐之事啊！""不，"第欧根尼否定道，"他不快乐，因为他衣食住行都得看亚历山大的心情。"

有人让他不要死在自己的母国，他回答道："不用担心，每座城都有一条通往地下的路。"有一次在一场宴会上，有人向他献上一大杯葡萄酒，他兀自把酒杯扔到地上摔碎了，人们都指责他浪费这么多好酒。他便自嘲道："如果我喝了那酒，那我和酒就都废掉了。"

有人问第欧根尼从哲学里学到了什么？他说："我至少学会了泰然面对各种命运。"有一次，第欧根尼在海上被海盗俘虏后被当作奴隶在市场上拍卖。拍卖者问他有何技能，他大声说道："治理人类。"于是拍卖者喊道："谁愿意买个主人？"这时第欧根尼指着一个着装精美的科林斯人，对拍卖者说："把我卖给这个人吧，他需要一个主人。"后来那个科林斯人真的把他买下了。第欧根尼在科林斯生活了数十年，他的主人对他极尽信任与依赖，让他担任家庭教师和管

---

[1] Sinopeus，现属土耳其。

[2] Calisthenes，亚里士多德的侄子。

家。据说他还担任过当地的公共道德检察官。

亚历山大大帝曾前往科林斯拜访第欧根尼，当时第欧根尼已年逾80，坐在木桶中晒着太阳。亚历山大问道："我有什么可以为您效劳的吗？""有啊，"第欧根尼回答道，"我希望你闪到一边去，不要挡住我的阳光。"国王事后感叹道："我若不是亚历山大，我愿是第欧根尼！"

第欧根尼说话尖酸刻薄，但并非一直占上风。一天，路人见他抱着一座被雪覆盖的雕像，便问他冷不冷。"不冷。"哲学家回答。陌生人于是讥讽道："你抱着雕像的举动真是有损雕像的清誉啊。"

柏拉图曾称第欧根尼为"疯狂的苏格拉底"，因为第欧根尼在行事风格上颇像苏格拉底。有一次第欧根尼应邀来到柏拉图家用餐，一同前来的还有狄奥尼修斯国王的宫廷诗人。结果当着这么多人的面，第欧根尼把脚踩到柏拉图的长袍上，并讥刺道："我践踏了柏拉图的骄傲。"另一位贤哲便对他说："你更是践踏了自己的骄傲。"

斯多葛学派和犬儒学派有众多相似之处，但不同之处在于前者并没有对穿着和生活习惯进行严格的自我克制。斯多葛学派对犬儒学派的道德教条表示赞赏，也将名利等视为身外之物。但斯多葛学派努力在思辨哲学中引入新内容，他们相信宇宙间存在公理，即所谓的"神明的律法"。

斯多葛学派的创始人是塞浦路斯岛人芝诺[1]，活跃在马其顿的腓力的统治时期，他又被称为"季蒂昂的芝诺（Zeno of Citium）"，以区别公元前5世纪的"埃利亚的芝诺"。芝诺生于商人家庭，从小接受了良好的教育。芝诺在30岁左右时和腓尼基人一同乘船去往雅典，但船只在比雷埃夫斯海岸遭遇了海难。死里逃生的芝诺后来还是安全抵达了雅典，继续游学。后来他还开设了一所哲学学校。

他讲学的地方定在了雅典集会广场的画廊（Stoa），"斯多葛（Stoic）"一词便起源于此，斯多葛的追随者有时也被称为"画廊派"。芝诺在这里教授了很长一段时间，取得了不小的成功。他生活节俭，态度严肃庄重，着装整洁朴实。

---

[1]　前334—前262年。

芝诺最后死于自杀。据说有一天，他结束演讲后准备离开，结果摔了一跤，脚趾骨折了。他认为这是一种死亡暗示，心想："我为何还要强留在人间？我愿服从死亡的召唤。"于是他回家后便自杀了，享年98岁。

斯多葛学派认为自然界中有两种法则，万物都以此为基础，并据此形成万物。第一种是由纯净的以太（ether）或精神组成，存在于宇宙间的法则，也称为"神明律法"。第二种是物质，物质本身没有任何性质，但可以被塑造成任何形式。

伊壁鸠鲁学派的创始人是伊壁鸠鲁（Epicurus）。他于公元前344年左右出生在雅典附近的小镇伽格图斯（Gargetus）。18岁时他前往雅典求学，并在那里生活了很长一段时间。后来，他离开雅典，先后定居在米蒂利尼城和拉姆普萨卡斯，并在这两座城市开设了学校，教导哲学教义。他的思想体系也逐渐成熟。

但伊壁鸠鲁很快就不满足于在小地方小有名气。他在38岁时回到雅典，买下了一座花园，在那里教授哲学，因此他也被人称为"花园哲学家"。他的哲学观点因与当时流行的犬儒主义和斯多葛主义形成了鲜明对比而风靡一时。

但有一段时间，伊壁鸠鲁温和的哲学思想被误认为是在支持肉欲和物质。但伊壁鸠鲁本人的生活作风完全否定了这一点，他向来以节制和自制著称，还曾反复向弟子灌输这一思想：若想过上幸福的生活，就必须克制所有欲望。伊壁鸠鲁还是西方第一个无神论哲学家，他否认灵魂转世一说，认为人死即魂灭。

怀疑论学派的鼻祖是皮浪（Pyrrho）。他于公元前340年（现在也有说法为公元前365或360年）出生在埃利亚。他的这一学派之所以被称为怀疑论学派是因为他们唯一的定论是，"一切都是不确定"。据说，他的朋友们担心他发生意外，总是在他走路时紧跟其后，以免他怀疑前方的悬崖或奔驰而来的马车都是不存在的。

像许多希腊贤哲一样，皮浪也过着极其节制的生活。他活到了90岁高龄，逝世后雅典人和埃利亚人都为他立了一座雕像。皮浪的弟子遍及希腊，他们最初自称"皮浪学派"，后来都被称为怀疑论者。

这个时代的绘画和雕塑艺术没有因为帕拉休斯、菲狄亚斯等伟人的逝世而就此衰落。这一时期最杰出的画家代表有宙克西斯、蒂曼提斯（Timanthes）、帕姆弗路斯（Pamphilus）、尼西亚斯（Nicias）、阿佩莱斯（Apelles）和欧波姆帕斯（Eupompus）等。

据说，宙克西斯出生于赫拉克里亚（Heraclea）。他的作品《赫拉克勒斯勒死巨蟒》《朱诺·卢西娜》和《被众神围绕的朱庇特》，被古人认为是绝美之作。

画家蒂曼提斯最著名的作品是《依菲琴尼亚的献祭》（*The Sacrifice of Ephesians*），一度被世人认为是彼时绘画技术的最高成就。此画的故事背景是：在希腊传说中，有一位叫作阿伽门农的国王，为了向上天祈祷自己出海时船队一路顺风，将女儿依菲琴尼亚献祭给月亮女神。在这幅画中蒂曼提斯并没有画出父亲阿伽门农的面貌，而是用长袍遮住了他的脸，如此，让观赏者想象那位父亲痛苦的表情。

帕姆弗路斯、尼西亚斯等画家创作的许多作品也不逊色于宙克西斯和蒂曼提斯。阿佩莱斯的代表作是《亚历山大大帝》。据说，亚历山大大帝请朋友阿佩莱斯为一位美丽的女子坎帕斯普（Campaspe）画像。那位国王看到阿佩莱斯似乎对坎帕斯普一见倾心，便将坎帕斯普赐给了阿佩莱斯做妻子。

希腊画家作画只有四种颜色：白、红、黄、黑。人们认为，用这些有限的色彩无法描绘出世界的多姿多彩，但近现代最伟大的画家之一乔舒亚·雷诺兹[1]对此不甚苟同，他认为用上述颜色完全可以描绘出艺术的魅力。

普拉克西特列斯（Praxiteles）是公元前4世纪希腊著名雕刻家。与菲迪亚斯庄严肃穆的作品相比，普拉克西特列斯的作品风格柔和细腻、优雅秀美，其主要作品都保存在雅典。他依据希腊神话中的形象创造出了一尊美轮美奂的大理石女性裸体雕像，这就是著名的《尼多斯的阿佛洛狄忒》（*Aphrodite of Cnidus*），来自世界各地的游客慕名前去欣赏此作品。

据一位参观者描述，这座雕像由帕罗斯岛的大理石制成，矗立在一座阿佛洛

---

[1]　Joshua Reynolds，英国18世纪肖像画家。

狄忒神庙中。这尊爱神雕像形体极尽优美，凸显出极为和谐的比例，光洁的肌肤表现得至善至美，细致逼真。

希腊化时代另一位杰出的雕塑艺术家是波利克里托斯（Polycletus），出生于伯罗奔尼撒阿尔戈斯，约活动于公元前5世纪末期。他最著名的作品是一个巨大的黄金象牙雕像《阿尔戈斯的赫拉女神像》（*A figure of Argive Hera*）。他的大部分作品都已失传，只留下了罗马时期的几件复制品，其中最著名的是《执矛者》《束发带的青年》[1]等。尽管与菲狄亚斯相比，波利克里托斯的作品缺乏高贵肃穆和内在的美，但他对人体比例和构图均衡方面的探索，对希腊雕塑的发展具有非常重大的意义。

卡马丘斯（Camachus）、纳西得斯（Naucides）和利西波斯[2]（Lysippus）也是这一时期的著名雕塑家。希腊的建筑与雕刻是紧密结合的，这些雕刻家手下的大理石或青铜雕塑作品让希腊众多庙宇和公共建筑显得更加神秘、高贵、完美、和谐。从现存为数不多的希腊艺术遗迹之中，我们可以看到古代作家对雕刻作品的夸赞并未言过其实。

---

[1] 又称《代阿多美纽斯》。

[2] 利西波斯是当时声望最高的雕塑家波利克里托斯的继任者，他的代表作有《刮汗污的运动员》《海尔梅斯整理鞋履》等。但其原作均已失传，人们只能从少数罗马时代的大理石复制品中考察其艺术风貌。

第五阶段
从罗马征服希腊至今

第122章　希腊政局变化

前文提到希腊归降罗马后成为罗马的一个行省，继续延续了四个世纪。虽然这段时期希腊在政治舞台上不再扮演重要角色，在文学方面却有着举足轻重的地位。曾经有这么一句话，"罗马军队征服了希腊，但希腊文化征服了罗马"。这片土地虽然被奴役，但仍然是当时的文化中心。

罗马的达官显贵大多会访问雅典，并在雅典学习雄辩术，否则便不算接受了完整的教育。因此，希腊训练出了包括著名雄辩家西塞罗（Cicero）在内的众多饱学之士，可以说希腊仍然在世界事务中具有广泛影响。可惜的是，虽然希腊培养了如此多的杰出人士，本地人才却寥寥无几。

希腊被罗马征服后不到两个世纪，保罗每日在犹太教堂和其他公共场合上与犹太人和虔诚的公民辩论。有些人会嘲笑他，但也有一些人相信他。不久，他在希腊建立了一个教会，但后来被偏执迷信的人破坏。

公元前330年，希腊的政局发生了重大变化。罗马皇帝君士坦丁（Constanti—ne）一世将其宫廷和政府迁到了希腊的拜占庭城，并进行扩建，扩建后该城改名为君士坦丁堡（Constantinople）。

迁都后不久，罗马帝国于公元395年正式分为两部分：即以君士坦丁堡为中心的东罗马帝国和以罗马城为中心的西罗马帝国。

东罗马帝国包括亚该亚行省（即希腊）、小亚细亚、埃及、叙利亚等地，西罗马帝国包括意大利、西班牙、中欧、北非等地。君士坦丁成为基督教徒，并在其统治时期将这一信仰传向了希腊和其他欧洲国家。

强大的罗马帝国迁都至希腊本来有望让希腊获得转机，恢复往日的荣耀。但长期以来罗马内乱不断，外敌也纷纷入侵，导致整个欧洲动荡不安。所以希腊并未从此次变化中受益。

新的部落登上历史舞台，开始与罗马和其他长期占据地中海沿岸的国家争夺控制权。这些入侵的部落有哥特【Goths，分为东哥特（Ostrogoths）和西哥特（Visigoths）】、汪达尔（Vandals）、匈奴（Huns）。它们来自欧洲大陆北部和东部边界勇猛好战的游牧民族。

这些部落侵占了大量罗马的殖民地，并与罗马统治者展开激烈较量。公元410年，西哥特国王阿拉里克（Alaric）击败了彼时的西罗马帝国皇帝弗拉维乌斯·霍诺里乌斯（Flavius Honorius），还攻陷了罗马城并大肆劫掠。

西罗马帝国存在的时间较短。公元476年，日耳曼（Germanic）蛮族国王奥多亚克（Odoacer）废黜西罗马末代皇帝罗慕路斯·奥古斯都[1]，西罗马帝国覆灭。西罗马帝国灭亡时，东罗马帝国正在与哥特人较量。

公元6世纪查士丁尼一世（Justinian）统治时期，东罗马的一位将军贝利萨留（Belisarius）镇压了首都君士坦丁堡的尼卡起义（Nika Insurrection），成功解救出被困的皇帝。随后他率兵侵入北非，灭了汪达尔—阿兰王国（Vandals-Alani Kingdom）并俘其国王。但这位"常胜将军"晚年遭皇帝猜忌，被指控参与谋反而遭到短暂拘禁，后被释放。一年后贝利萨留虽得以出狱，却被查士丁尼弄瞎了双眼，一代军神流落街头靠乞讨度日，一年后病死。

从公元6世纪到公元11世纪，东罗马帝国更替了数十位皇帝，几乎每一个朝代都发生过残酷的国内外斗争，希腊人民在这一动荡时期遭受了沉重打击。基督教在东罗马的地位已趋稳固，但宗教势力和世俗权力盘根错节，矛盾冲突时有发生。

与此同时，位于亚细亚的阿拉伯人在先知穆罕默德的带领下迅速崛起，并从

---

[1]　Romulus Augustus，罗慕路斯二世。

拜占庭皇帝手中夺回了他们曾在亚细亚和非洲拥有的大片土地。

11世纪末期，为了收复耶路撒冷，拜占庭和其他信奉基督教的欧洲国家拉开了十字军东征的序幕。历史上十字军东征共计9次，持续近200年。总体说来，十字军东征是以失败收场的，也让拜占庭帝国摇摇欲坠。

公元1204年，弗兰德斯伯爵包德温（Baldwin, Count of Flanders）攻占了拜占庭帝国的首都君士坦丁堡并当选拉丁帝国皇帝，即包德温一世（Baldwin I）。从君士坦丁堡出逃的拜占庭贵族建立了由三个希腊人主导的拜占庭流亡政权。分别是伊庇鲁斯专制君主国、特拉布松帝国（Empire of Trabzon）和尼西亚帝国（Empire of Nicaea）。被彻底削弱的拜占庭帝国四分五裂，导致土耳其人轻而易举地占领了君士坦丁堡。土耳其是来自亚细亚的强大游牧民族，在14世纪的欧洲占有一席之地。

1261年尼西亚帝国皇帝迈克尔八世率军收复了君士坦丁堡，君士坦丁堡重建后成为东罗马帝国的首都。1454年，经过两年的包围，穆罕默德二世攻克君士坦丁堡，拜占庭最后一代皇帝君士坦丁十一世壮烈殉国，自此多瑙河以南的所有罗马行省（包括希腊在内）都归征服者土耳其统治。

第123章　希腊革命——围困的黎波里扎——马科斯·博察里斯

彼时希腊面临的形势比以往任何时候都要严峻。拜占庭帝国时期，希腊一直由君主统治，他们说希腊语，并时常吹嘘自己有希腊血统，还宣称与希腊人信奉同一宗教。

拜占庭帝国被土耳其帝国[1]所灭，希腊人转而沦为了异乡人的奴隶。对方持有不同的信仰，说着不同的语言。鉴于此，希腊人和土耳其人从未真正融为一体，他们之间的战争也从未停止过。土耳其人在君士坦丁堡建立政权后的三个多世纪里，土耳其各统治阶层的帕夏[2]和副官对希腊人一直是高压态势，而并非正

---

[1]　又称奥斯曼帝国。

[2]　pacha，旧指土耳其古代对大官的尊称。

常的统治管理。

在这段漫长的时间里，欧洲其他基督教国家似乎也没有对希腊人伸出援手。18世纪末期，希腊人对独立的渴望日渐浓烈，于是开始成立秘密团体。他们为实现希腊民族解放制定计划，同时还捐助成立了众多协会。

接着土耳其帝国局部爆发起义，但基本都被该国政府成功镇压。直至1821年，一个自称赫塔主义者的秘密组织率领起义军在罗马尼亚（Romania）的雅西（Iasi）号召希腊人民起义，并呼吁所有希腊人站起来反抗压迫者。不久，起义军几乎席卷整个希腊的大部分陆地和爱琴海的许多岛屿。这场起义到了沸反盈天的地步，以至于土耳其帝国苏丹决定暴力镇压叛乱。

苏丹马哈茂德（Sultan Mahmub）二世决定杀一儆百，下令将德高望重的希腊主教格里高利（Gregory）五世和另外九名主教一同绞死，还将尸体悬挂在王宫门前两天以示惩戒。随后土耳其军队在君士坦丁堡大肆屠杀希腊人，破坏、掠夺了希腊教堂，摧毁了圣人雕塑。

紧接着的黎波里扎（Tripolitza）的围攻战打响。的黎波里扎位于伯罗奔尼撒半岛中心，是土耳其帝国的一座大城。希腊爆发起义后，许多富有的土耳其人和犹太人逃亡至此处避难。后来希腊起义军包围了的黎波里扎，并占领了该城周围的山丘。这场围城战持续了六个月之久，城内的土耳其人开始因食物短缺而食不果腹；不久城内还爆发了瘟疫，每天有数百人丧生。

在此危急存亡之际，城中有人向希腊人提议投降，并派出城中的几位富豪作为和谈代表。其中有一个犹太人腰带上佩戴着一对镶钻金手枪，引起了希腊指挥官科洛科罗尼（Colocotroni）的注意。这位指挥官随即大声喊道："看，这个犹太人拿着武器，他们绝非诚心要投降！"说毕他一把抓住对方腰带，夺走了两把手枪，作为合法战利品。结果此次希腊方指挥官与土耳其使者之间达成的唯一协议是休战几天，以期有条不紊地商量具体的投降条件。

休战的第三天，一支希腊军偷偷靠近城墙，发现有一处无人防守，于是登上了城墙并挥舞希腊的旗帜。希腊起义大军见状立即从四面八方袭来，城门被打开，希腊军毫无阻拦地涌进城中，一路砍杀土耳其人。土耳其人虽英勇奋战，但很快就被希腊军击败。据统计，大约有15000名土耳其人在此次围城战中死去。

占领的黎波里扎更加激起了希腊人的士气，他们开始抓住一切可以战斗的机会，使得整个希腊成为一个巨大战场。但在这场斗争中，希腊人常以小团体在被称为"队长"（capitani）或"首领"（chief）的带领下作战。

起义爆发后的两年内，希腊人取得了不小的成功。他们从未绝望，但也一直没有放弃恳求欧洲各国助希腊人摆脱土耳其人的残暴统治。1823年，希腊的爱国志士马科斯·博察里斯（Marco Bozzaris）奋勇抗争，激起了同胞的斗志。

马科斯·博察里斯出生于阿尔巴尼亚地区的苏利，1823年8月20日晚，他决定带领500名苏利士兵在午夜时分袭击一座土耳其帕夏的营地。他鼓励身后忠实的追随者，身先士卒，带头发起攻击。帕夏手下有12000名士兵，完全没有意识到危险的临近。

希腊人的突然袭击让土耳其人惊慌失措。等后者反应过来时，博察里斯已经深入到帕夏帐前。土耳其方再做抵抗已是徒劳，胜利已然属于希腊一方。但博察里斯在进入帕夏的帐篷时，被土耳其人袭击，身负重伤。他被抬出战场后不久便离开了人世。临死前博察里斯还大呼喊："苏利的领导者死得其所！"

> 他们战斗着——像勇士一样，
>
> 他们刀下的敌人尸横遍野。
>
> 他们胜利了，可博察里斯却倒下了，
>
> 他血如泉涌。
>
> 他的几位战友看见，
>
> 当他们为胜利欢呼时，他颔首微笑，
>
> 胜利属于他们了。
>
> 然后他渐渐合上双眼，
>
> 平静地，恰似夜晚时的安眠，
>
> 仿佛斜阳西下的花朵。

由于希腊的独立战争日益激烈，对欧洲大国利益的影响加深，所以引起了欧洲和美洲的特别关注。最初，这些国家并没有采取明确措施，反倒有许多来自法国、俄罗斯、英国和美国的知名人士志愿为希腊而战。其中包括来自英国的拜伦勋爵（Lord Byron）。他于1824年1月奔赴迈索隆吉翁（Missolonghi）参加希腊起义，承担起筹集战款、购买兵械的重任。在一次行军途中，拜伦偶遇风寒，从此便一病不起。1824年4月19日，拜伦因治疗无效在军中病逝。临终时，拜伦留下遗嘱："我的财产、我的精力都献给了希腊的独立战争，现在连生命也献上吧！"他的死使希腊人民深感悲痛，希腊独立政府宣布拜伦之死为国丧，全国哀悼三天。

◎ 拜伦勋爵鼓舞希腊人

第124章　迈索隆吉翁城沦陷——纳瓦里诺海战

1825年，土耳其部队包围了希腊人在埃托利亚的主要据点迈索隆吉翁城。该要塞守军拒不投降，围城战持续了四个半月，9000名土耳其人丧生于此。由于战事未取得进展，应土耳其帝国苏丹马哈茂德二世的请求，易卜拉欣·帕夏

（Ibrahim Pacha）率领埃及大军前来支援，迈索隆吉翁城遭到猛攻。见此形势，希腊守军决定强行穿过围城军的包围圈。

突围发生在一天夜里8点，城中的老弱病残和许多妇女都自愿留在一个装有大量火药的大磨坊里，他们准备在土耳其人进磨坊时点燃火药与敌人同归于尽。一名年迈的伤兵坐在炸药上方，当土军进来时，他毅然点燃了火药。在马科斯·博察里斯的叔父诺托·博扎里斯的指挥下，约1800希腊人成功突围，后来前往雅典继续斗争。

迈索隆吉翁城的沦陷和易卜拉欣大军的到来，给希腊革命的前景笼罩上一层厚厚阴霾，希腊方一时间军心动摇。但是，迈索隆吉翁保卫战中那些突破十倍于己方军队的勇士们，以及那些为了让战友成功突围而甘愿牺牲自己的人们，引起了各国政府的深切关注。

彼时法国也开始支持希腊革命，为此成立慈善社。法国众多知名人士都参与其中，其中包括法国著名作家、政治家夏多布里昂[1]。不久之后，法国巴黎的上流社会开始为希腊募捐。

随后德国巴伐利亚国王路易（King Louis of Bavaria）签署文件捐助希腊，并允许德国士兵为希腊事业而战。后来，希腊的许多孤儿被送到德国、瑞士和法国接受教育。惠灵顿（Wellington）也和英法俄三国在圣彼得堡[2]签署协定，宣布对驻扎希腊的土埃军队实行"和平封锁"，要求交战双方立即停火。同时他们敦促土耳其接受希腊自治，否则三国将采取联合军事行动。就这样，在希腊人为争取独立而深处绝境之时，一些国家开始伸出援手。

与此同时，埃及军队在伯罗奔尼撒地区大肆杀戮，甚至将橄榄树[3]连根拔起。希腊人忍饥挨饿也不愿与那位压迫者签订和约。土耳其帝国的残暴令整个欧洲感到震惊。于是，英法俄三国的联合舰队于1827年8月22日在纳瓦里诺湾（Navatino）汇合。同年10月20日，三国联合舰队与易卜拉欣率领的土耳其—埃

---

[1]　Châteaubriand，1768—1848年。

[2]　St. Petersburg，俄国西北部城市。

[3]　这是当地唯一的农作物，也是唯一的食物来源。

及舰队在纳瓦里诺湾展开大战，史称"纳瓦里诺海战"。

纳里瓦诺海战是最后一次木制战船的大规模海战，最后以土耳其海军几乎全军覆没告终。土耳其—埃及舰队的110艘舰艇或是起火爆炸或是搁浅，余下的被土耳其士兵烧毁，以免成为联军的战利品。这场灾难性的战争根本没有产生预期的效果。土耳其帝国的统治者反而恼羞成怒，继续践踏了希腊那片土地。后来俄罗斯军队从陆地进攻土耳其，并最终于1829年9月14日迫使土耳其政府承认希腊独立。

此事发生前两年，即1827年，一次国民议会在埃伊纳岛召开。各派达成妥协，一致选举约翰·卡波季斯第亚斯伯爵（Count John Capodistrias）为希腊第一共和国的元首。这位卡波季斯第亚斯出生于爱奥尼亚群岛上的克基拉岛，是俄罗斯帝国的希腊籍外交家，资历颇高。但是他交友不慎，那位嚣张跋扈的顾问为他制造了不少敌人，以至于在1831年的一天，这位元首在前往教堂时遭暗杀身亡。

希腊第一共和国的元首遭刺杀身亡，顿时让该地区又一次陷入混乱。于是曾经给希腊带来和平的英法俄三国计划成立一个王国，立一位与欧洲王室关系密切的王子坐上王位。1832年2月20日，三国指派萨克森科堡（Saxe Coburg）的利奥波德王子（Prince Leopold）担任"希腊君主"。然而，三个月后，他辞去了这一职位。同年下半年，德国巴伐利亚王室中年仅17岁的奥托（Otho，即奥托一世）王子被选为希腊国王。

奥托一世统治的希腊王国疆域有限，总人口不到90万。但鉴于之前其他欧洲国家受到之前签订的条约约束，有义务维护希腊独立，所以这片土地上的战争硝烟得以平息。在英法俄的帮助下，希腊国家政府得以建立。随后一座座学校拔地而起，文学也得以复兴。长期遭受压迫的希腊人终于摆脱奴役，开始憧憬着以公正的方式恢复昔日荣光。

附：希腊神与罗马神

希腊神话人物	对应的罗马神话人物	备注
宙斯Zeus	朱庇特Jupiter	众神之王
赫拉Hera	朱诺Juno	天后
雅典娜Athena	密涅瓦Minerva	智慧女神
阿佛洛狄忒Aphrodite	维纳斯Venus	爱与美之神
阿尔忒弥斯Artemis	狄安娜Diana	月女神
德墨忒尔Demeter	克瑞斯Ceres	谷物女神
赫菲斯托斯Hephaestus	伏尔甘Vulcan	火神、工匠之神
阿瑞斯Ares	玛尔斯Mars	战神
波塞冬Poseidon	尼普顿Neptune	海神
安菲特里忒Amphitrite	莎拉西娅Sarah Thea	海后
哈迪斯Hades	普鲁托Pluto	冥王
珀耳塞福涅Persephone	普洛塞尔皮娜Proserpine	冥后
赫尔墨斯Hermes	墨丘利Mercury	众神的使者
赫斯提亚Hestia	维斯塔Vista	灶神
狄奥尼索斯Dionysus	巴克斯Bacchus	酒神
厄洛斯Eros	丘比特Cupid	小爱神
厄俄斯Eos	奥罗拉Aurora	黎明女神
克洛诺斯Cronus/Kronos	萨图恩Saturn	第二代神王
瑞亚Rhea	奥普斯Ops	第二代神后

乌拉诺斯Uranus	凯路斯Coelus	天空之神，第一代神王
盖亚Gaea	特拉Terra	大地女神
勒托Leto	拉托那Latona	暗夜女神
厄倪俄Enyo	柏洛娜Bellona	战争、毁灭与破坏女神
克洛里斯Chloris	芙罗拉Flora	花神
摩墨斯Momus	奎瑞拉Querella	嘲弄、谴责、讽刺之神
	忒耳弥努斯Terminus	守界之神
奥德修斯Odysseus	尤利西斯Ulysses	神话中的英雄